Las cuentas de Centroamérica

Las cuentas
de Centroamérica

Semblanza de la
Centroamérica contemporánea

Papel certificado por el Forest Stewardship Council®

Primera edición: septiembre de 2024

Índice

Presentación

Centroamérica, esa tierra incógnita

Sergio Ramírez[*]

La región centroamericana, ese estrecho istmo que enlaza las dos masas continentales, ha sido, a lo largo de la historia, un lugar de encuentro, desde las migraciones indígenas que llegaron del norte y el sur y allí mezclaron sus culturas y lenguas, hasta los hechos de la conquista, cuando se buscaba el paso entre los dos océanos a través de esa angosta cintura geográfica.

Un escenario de conflictos sangrientos y gestas heroicas desde la independencia, cuando los sueños de una república federal se vieron frustrados por luchas intestinas abanderadas por caudillos, hasta la llegada del siglo XX, cuando la búsqueda de la modernidad democrática se vio frustrada por dictaduras militares, golpes de Estado, intervenciones extranjeras y revoluciones fallidas.

¿Qué es Centroamérica en el siglo XXI? ¿Qué pasa con esta región de 500 000 km² y cincuenta millones de habitantes, volcánica en su geografía, y volcánica en su historia política, en cuanto a sus sistemas económicos, la distribución de la riqueza, la condición social de sus habitantes, la igualdad de género, las poblaciones indígenas, sus recursos naturales y el medio ambiente, el estado de la educación? ¿Y la suerte de la democracia, el autoritarismo, los derechos humanos, las elecciones, la libertad de expresión?

Centroamérica no está siempre en las cabeceras de las noticias en el mundo, y muchos siguen viéndola como una *terra incognita*. Democracia y autoritarismo, prosperidad y pobreza, equidad e injusti-

[*] Presidente de Centroamérica Cuenta.

cia, siguen jugando en cada uno de sus pequeños países su partida. Las migraciones masivas, el crimen organizado, el narcotráfico, las pandillas delictivas, la corrupción, la violencia, la represión, son actores permanentes del drama.

Este libro pretende levantar el velo y ofrecer una aproximación a esa realidad a través de la visión de un grupo de eminentes pensadores e investigadores de distintas disciplinas, bajo la coordinación del expresidente de Costa Rica, Luis Guillermo Solís, él mismo historiador y científico social y político. Una fotografía múltiple que ayudará al lector a conocer y entender Centroamérica, en esta serie de ensayos escritos con amenidad y sin distancias académicas.

Desde Centroamérica Cuenta, un emprendimiento cultural que promueve desde hace más de una década festivales literarios, hemos creado este nuevo instrumento de información y análisis, *Las cuentas de Centroamérica*, porque la realidad, vistos sus diferentes relieves, no es para nada ajena a la cultura.

Varios de los temas de los ensayos aquí reunidos han sido abordados por sus autores junto a otros participantes en mesas de debate en los festivales de Centroamérica Cuenta, tanto en España como en América Latina; y agregaremos en el futuro otros de contenido igualmente crucial, de modo que este libro sea el primero de una serie que buscará poner al día a quienes se interesen en Centroamérica, «la dulce cintura de América», de la que habla Neruda en *Canto general*.

Introducción

Las cuentas de Centroamérica

Luis Guillermo Solís Rivera*

Mi buen amigo y extraordinario escritor Sergio Ramírez Mercado, tuvo la feliz idea de incorporar, como uno de los productos del Festival Centroamérica Cuenta, una obra colectiva que recogiera, como semblanza, perfiles de la Centroamérica de la hora actual. Así nació la serie de ensayos que se reúnen en este libro, *Las Cuentas de Centroamérica*, un esfuerzo que me honro en coordinar y cuyo mérito mayor es el de haber reunido como autores a algunos de los más lúcidos y prolíficos analistas, investigadores y dirigentes sociales de nuestra región y más allá.

No obstante, debo aclarar que pese a la distinción intelectual de quienes han contribuido a darle contenido, y con su venia, este libro, todavía digital, pero que esperamos publicar en papel en un futuro próximo, no tiene pretensiones académicas. Valga decir, ha intentado apartarse de los rigurosos marcos de una obra que, guardando la indispensable profundidad analítica que cualquier ejercicio de este tipo demanda, sea asequible a todo público, especialmente al no especializado, desprovista de los pesados marcos teóricos que en ocasiones oscurecen más que iluminan la realidad social de nuestros pueblos y naciones. Tampoco se ha impuesto a las personas colaboradoras un diseño único para cada capítulo, pues reconocemos la legitimidad con la que algunas de ellas han decidido enfocar sus aportes desde un perspectiva más vivencial, testimonial e íntima, a veces

* Expresidente de la República de Costa Rica y coordinador editorial de esta publicación.

muy dolorosa, fruto de experiencias que no pueden separarse de sus largas luchas en favor de los derechos humanos y las libertades públicas. Esas aproximaciones han enriquecido el texto y lo han vuelto todavía más cercano a los dramas del presente centroamericano.

Pero si en algo insistimos en la planificación de la obra, que dada su naturaleza (lo reitero) es diversa y plural, fue en construirla a partir de las visiones de hombres y mujeres originarios de los cinco países de la Centroamérica histórica (Guatemala, El Salvador, Honduras, Nicaragua y Costa Rica), provenientes de múltiples trasfondos personales, ideológicos y culturales, y con una acreditada capacidad para retratar, en pocas páginas, con fidelidad y franqueza, pero también con aguda perspectiva analítica, la coyuntura centroamericana. Creo que ese esfuerzo se nota y se agradece. Tanto, como el aporte que nos han dado calificados observadores que miran a Centroamérica desde la distancia, cuya perspectiva nos ha permitido superar los inevitables sesgos de la perspectiva local que en ocasiones requiere, como en esta, un foco que le adicione amplitud.

Llegado a este punto, es menester aclarar que los temas que se discuten en este libro se escogieron *a mano alzada* por el equipo editorial siguiendo criterios de oportunidad y prioridad impuestos por el sentido común y por tres factores esenciales: su relevancia en todos los países de la región centroamericana, constituir desafíos pendientes en las agendas nacionales y compartir un sentido de urgencia estratégica ineludible. Ello entendiendo que pudieron haberse seleccionado muchos otros, igualmente torales para el Istmo, los cuales quedan pendientes para abordarse en futuros ejercicios.

Pido la indulgencia de quienes lean estas líneas para no entrar en el acostumbrado recuento de los autores y sus textos en esta obra. Espero que ello no se interprete como una falta de respeto hacia nuestros contribuyentes que solo merecen gratitud y reconocimiento. Sin embargo, en aras de aprovechar el limitado espacio disponible, deseo concluir esta brevísima introducción proponiendo una reflexión personal sobre estas hermosas, aunque perpetuamente convulsas tierras de nuestro hemisferio.

He dedicado casi medio siglo de mi vida, como historiador y politólogo, al estudio de Centroamérica desde el Darién hasta el Petén. He sido afortunado porque desde mi temprana juventud pude viajar

—varias veces por tierra— a lo largo de todo el istmo y conocer de primera mano la inmensa belleza natural de sus parajes y los extraordinarios pueblos que en ellos habitan. Aborígenes, mestizos, afrodescendientes, mulatos, caucásicos, constituyen una sinfonía genética que, no sin mucha sangre derramada y todavía abrumados por la exclusión socioeconómica, la violencia y el racismo, siguen siendo la columna vertebral de sus respectivas comunidades nacionales.

Asimismo, un poco más maduro, y debido a los avatares de la diplomacia y la política, tuve ocasión de participar en la negociación y desarrollo del Plan Arias y, posteriormente, del Procedimiento de Esquipulas II. Ya después, como presidente de Costa Rica, aporté modestamente en lo que pude, y no sin sobresaltos, como el producido por los flujos migratorios de los años 2016 y 2017, con la democracia, la integración y la justicia social de las cuales la inmensa mayoría de nuestras gentes siempre han estado ayunas.

En este sentido, debo decir que, con excepción de la década de 1980, nunca vi a Centroamérica atravesar por una crisis tan compleja, generalizada y profunda como la actual. Y eso lo digo tanto debido a los factores políticos y estructurales que la aquejan en la presente coyuntura, como a aquellos más bien de orden histórico y geopolítico cuya existencia se remonta en muchos casos a los primeros años de nuestra vida republicana y que en algunos lugares se mantienen invariables. Deploro que ello sea así. Al finalizar la Guerra Fría en 1989, Centroamérica contaba con condiciones si no ideales, al menos muy positivas para realizar una transición exitosa de la guerra a la paz, de las dictaduras a la democracia y del subdesarrollo al progreso humano. Todo ello, facilitado por un entorno global optimista, que estaba dispuesto a aportar, y aportó, ingentes recursos financieros, técnicos y humanos con el fin de que la región finalmente se librara de casi dos siglos de violencia y pobreza. Alentada por el *espíritu de Esquipulas*, Centroamérica retomó el camino de la integración regional tras la promulgación del Protocolo de Tegucigalpa (1991) y, posteriormente, la adopción de la Alianza para el Desarrollo Sostenible (ALIDES,1995), primer esfuerzo concreto realizado en el mundo, para la implementación de la ambiciosa Conferencia de Río de Janeiro de 1992. Todo aquello, lamentablemente, empezó a hacer aguas tras el devastador paso del huracán Mitch en 1998.

Hoy, más de treinta y cinco años después de la firma de Esquipulas II, Centroamérica vuelve a padecer los embates de una dictadura atroz en Nicaragua, los excesos de un gobierno crecientemente autocrático —aunque también inmensamente popular— en El Salvador, de un sistema político tomado por los poderes fácticos y el crimen transnacional organizado en Guatemala (que podría iniciar una transformación prometedora bajo la Administración recién electa del presidente Arévalo de León), y de una Honduras que sigue dominada por el flagelo de la violencia y la pobreza. Hasta Costa Rica y Panamá, los dos países que tradicionalmente se habían contado entre los más estables del área, experimentan hoy disfuncionalidades democráticas mayores en el caso de la primera, y de un fenómeno de corrupción galopante en la segunda, considerada como la Singapur de las Américas hasta hace pocos años. Todo ello, además, en un marco en el que la pobreza y la pobreza extrema superan, como promedio regional, el 50 %, en el que la desigualdad sigue siendo de las más altas de América Latina, en el que la inseguridad y la corrupción no ceden y las economías, todavía agroexportadoras en la mayoría de los países, son incapaces de generar el crecimiento sostenido y suficiente para lograr una transición real hacia el desarrollo.

Se podría argumentar que nada de esto es nuevo ni debería sorprender al observador interesado. Esto es cierto, sin duda. Sin embargo, tal valoración es aún más grave en nuestros días. La historia de injustas relaciones económicas, la ausencia de libertad y democracia y el predominio de una cultura machista, racista y excluyente, todo ello enmarcado en unas relaciones internacionales que han promovido la ocupación y el intervencionismo cuando lo han requerido, han dejado a Centroamérica a merced de sus propias violencias y miserias. Ese cuadro tan desolador en la coyuntura actual, a diferencia de otras en el pasado, obliga a asumir (y adaptarse o perecer) procesos de cambio global que se suceden a una velocidad sin precedentes. Cambio cuya naturaleza y vertiginosa dinámica produce transformaciones productivas, humanas, políticas y culturales que, tanto por razones tecnológicas como de impacto negativo en el ambiente natural, están generando convulsiones globales que son aún más profundas y dramáticas en los países más subdesarrollados y vulnerables, entre los que se cuentan los centroamericanos. ¿Cómo logrará nuestra región responder efectiva y eficazmente a esa llamada *triple transición* y a los embates de un cambio climático al que se suman los desastrosos impactos de los eventos naturales extremos que periódicamente la afectan y que son propios de su ubicación geográfica?

Algunas claves son evidentes. Para empezar, Centroamérica no puede continuar por mucho tiempo dependiendo de exportaciones agrícolas y maquilas textiles, del turismo convencional o de actividades industriales y de manufacturas de muy bajo valor agregado. Además de ser insuficientes como generadoras de ingresos sostenibles y superiores al 5% anual, tales actividades carecen de la potencia que se requiere para desarrollar verdaderos ecosistemas productivos con la capacidad de mejorar la productividad y la competitividad de nuestras economías. Ello, por supuesto, no es posible lograrlo sin una verdadera revolución en los sistemas educativos, todos ellos, tanto los académicos como los vocacionales, que atraigan inversión extranjera directa y no depredadora, indispensable para mover la fuerza de trabajo desde los bajos niveles actuales hacia umbrales más intensivos en el desarrollo y uso de nuevo conocimiento. Tampoco será posible consolidar ese nuevo momento mientras los sistemas políticos sean opacos, las instituciones públicas disfuncionales y débiles, las élites corruptas y entreguistas, y el Estado de derecho inexistente o melifluo.

Este es, sin embargo, solo el principio del desafío regional, pues los pendientes son múltiples. Por ejemplo, todo lo anterior será siempre insuficiente mientras las mujeres, más del 50% de la población y de la fuerza laboral, no estén incorporadas a los mercados en condiciones iguales que los hombres y continúen siendo víctimas de la discriminación y la violencia. También lo será si las juventudes permanecen sin empleo y sin educación, sumándose a las actividades ilegales o a los flujos de migrantes (que además de una tragedia social, son una sangría de talento humano) frustradas por un presente sin oportunidades y un futuro aún más desesperanzador. Y claro, todo ello requiere de recursos financieros y de tiempo, un bien siempre escaso, pero más todavía cuando el populismo, la polarización y la crispación, potenciadas por las redes sociales, han convertido a las disfunciones sistémicas, que no son pocas, en un poderoso ariete contra la democracia y sus instituciones, principios y valores esenciales.

Pero si de algo adolece Centroamérica en esta hora es de visión o, si se quiere, de un horizonte de mediano y largo plazo al cual aspira llegar antes de que acabe el presente siglo. Ese déficit de perspectiva requiere de nuevos y mejores liderazgos que sustituyan a las élites depredadoras que, por demasiado tiempo, han impedido que las sociedades y pueblos de la región estén verdaderamente representados en los procesos de toma de decisiones. Liderazgos que, también, rompan con los ciclos de exclusión y violencia, patriarcales y machistas, que han obstaculizado la modernidad de las sociedades del área. Desafortunadamente, y contrario a lo dicho, los liderazgos que han surgido en las últimas dos décadas, en vez de ser agentes de cambio y de nuevas ideas, se han dejado arrastrar por tendencias claramente reaccionarias, como el populismo y el fundamentalismo religioso, por no mencionar otras acciones propias del terrorismo de Estado como las perpetradas por la dictadura en Nicaragua. El asesinato de activistas sociales y comunicadores por sus críticas al *statu quo*, adicionalmente, constatan la creciente connivencia de estos liderazgos con el crimen organizado, en especial en las zonas rurales donde los poderes fácticos ya han logrado cooptar a las autoridades estatales y someter los territorios a su control y arbitrio.

¿Será posible imaginar un escenario menos ominoso que el anterior en los próximos años?

Me resisto a sucumbir ante el pesimismo. Ello sería tanto un gran error histórico como también un despropósito político que acarrearía nefastas consecuencias a toda la región. Centroamérica cuenta con recursos humanos, naturales y geopolíticos extraordinarios que potencialmente la colocan en un buen lugar para posicionarse dentro de la economía global en los términos en los que convocan los Objetivos de Desarrollo Sostenible. Esos recursos incluyen poblaciones jóvenes en casi todos los países, una abundante biodiversidad (entre las más grandes del mundo) y una ubicación geográfica envidiable entre dos hemisferios, cuya condición ístmica la vuelve ideal para potenciar su histórico papel de puente para el tránsito de personas, mercancías y servicios del este al oeste y del norte al sur. Es precisamente por ello que contar con un sistema de integración regional se vuelve tan imperativo, algo que de nuevo hoy está impidiendo la dictadura y la mala política, pero que podría resolverse en el futuro.

Un factor que no puede dejar de mencionarse y que nuestros colaboradores han utilizado como uno de enorme importancia en sus análisis, es el de la coyuntura internacional, la cual ha sido siempre decisiva —para bien, pero casi siempre para mal— en la historia de la región. Tanto las potencias de antaño como las de la hora actual, por ejemplo Rusia y China, han entendido la importancia de controlar el paso interoceánico y han buscado hacerlo incluso desafiando la preponderancia que sobre Centroamérica ha impuesto, cada vez con mayor dificultad, la potencia hegemónica, Estados Unidos. Evidentemente, los ciclos de intervencionismo y ocupación extranjera han sido múltiples y han involucrado a agentes de la más diversa catadura. Sin embargo, lo fundamental de esa dinámica no son tanto los agentes como su impacto en la cotidianidad de millones de personas de decenas de generaciones, cuyas vidas se han visto condicionadas por fuerzas ajenas a nuestra región.

Las cuentas de Centroamérica, entonces, procura visibilizar Centroamérica para que eventos muy acuciantes en otras partes del mundo no terminen ocultándola. En especial, en momentos en que las viejas tendencias dictatoriales y los nuevos autoritarismos se ha asentado en el vecindario. Frente a esta realidad, que pareciera devolvernos a otro tiempo, no hay más alternativa que resistir como primer paso hacia el *bien-estar*. Una resistencia que no puede ser pasiva y que requiere, como uno de sus elementos esenciales, desatar la creatividad de la mente y el espíritu que es la marca identitaria del festival que nos cobija.

Termino expresando mi mayor gratitud a Claudia Neira Bermúdez, directora del Festival Centroamérica Cuenta, así como a María Helena Hernández, su administradora, cuya complicidad, buen humor y eficientes gestiones han sido vitales para la concreción de este proyecto. Mi agradecimiento también se extiende a nuestra dedicada y talentosa editora, Eugenia Vega, así como a las diversas agencias y entidades filantrópicas patrocinadoras, sin cuyos aportes y consejo esta obra nunca habría visto la luz.

Barrio Escalante, Montes de Oca,
Costa Rica, agosto de 2023

Gobernabilidad y Estado de derecho en Centroamérica: el pulso entre democracias y dictaduras; entre justicia e impunidad

Ana María Méndez-Dardón

> Y cuando despertó, el dinosaurio estaba allí.
>
> AUGUSTO MONTERROSO

Introducción

He vivido las últimas tres décadas de la historia de Centroamérica de primera mano. Debido a nuestro compromiso en defensa de los derechos humanos, mi familia salió al exilio en 1987, por serias amenazas de muerte durante la guerra civil guatemalteca. Regresamos en 1994 con los diálogos para la firma de la paz. Aunque sobrevivimos a la crudeza de la represión militar, tristemente no quedamos incólumes en la vida tras los acuerdos de paz: durante la violencia del crimen organizado que siguió, mi hermano José «Pepe» Méndez Dardón, quien era controlador aéreo, fue asesinado en 2007 por las mafias que cooptan el Estado. Este hecho marcó mi vida para siempre, pero reafirmó mi convicción de seguir trabajando por la justicia y los derechos humanos que desde muy temprana edad me inculcaron. Siguiendo el ejemplo de mis padres, luché contra la impunidad desde el Ministerio Público y la Comisión Internacional contra la Impunidad en Guatemala (CICIG), entre 2011 y 2019. Viví dos años en San Salvador y desde hace año y medio trabajo desde Washington D. C. buscando apoyo internacional para defender la democracia y el respeto a los derechos humanos en Guatemala, El Salvador, Honduras y Nicaragua.

En este texto abordaré cómo Centroamérica y la comunidad internacional han luchado durante los últimos cuarenta años por construir democracias y Estados de derecho en estos cuatro países del istmo, con éxitos y fracasos, con avances y retrocesos. Mi objetivo con este análisis es fomentar una discusión intergeneracional y pensar nuevas rutas de transición democrática que sean sostenibles para que las democracias puedan ganar el pulso a las dictaduras.

La situación política electoral

Los cuatro países incluidos en este ensayo experimentaron lo que podrían considerarse democracias estables, aunque insuficientes, durante más de dos décadas (1985-2005). Sin embargo, a partir de entonces comenzaron a deslizarse hacia una deriva autoritaria que finalmente los condujo a un punto crítico en 2020, cuando los cuatro estaban doblegados ante prácticas antidemocráticas. Guatemala, Honduras y El Salvador vivían bajo presidencias sin contrapesos reales, mientras Nicaragua ya estaba inmersa en una sanguinaria dictadura ejercida por Daniel Ortega y su esposa Rosario Murillo. Ahora, tres años después, Honduras y Guatemala están intentando reconstruir sus democracias por la vía electoral, El Salvador vive en un régimen que tiende hacia el totalitarismo y Nicaragua se encuentra en una dictadura que recuerda a los peores tiempos de los Somoza en el siglo pasado. ¿Cómo llegó Centroamérica a este punto?

Los cuatro países empezaron con sus democracias a tropezones, por llamarlo de alguna manera (Rivas, 2010). Entre los años 1970 y 1980, los cuatro vivieron regímenes dictatoriales y atravesaron guerras civiles, lo que les convirtió en un escenario de disputa entre Estados Unidos y la Unión Soviética como la última frontera de la Guerra Fría, por su ubicación geográfica estratégica. Así, las dos potencias globales financiaron o apoyaron una solución bélica para los altercados de los centroamericanos. A pesar de estos patrocinios y de las élites acostumbradas a resolver con la violencia, en los años ochenta Guatemala, Honduras, El Salvador y Nicaragua empezaron sus transiciones hacia la democracia (Botella, 2006).

Las coaliciones por la democracia han variado, así como las coaliciones autoritarias, cuyos gobernantes han tenido orígenes tanto en la derecha como en la izquierda. La primera transición hacia la democracia en los años ochenta fue impulsada por la ciudadanía centroamericana, la centroderecha y el apoyo de la comunidad internacional de América Latina, Europa y las Naciones Unidas. Estados Unidos, tras haber participado con apoyo financiero y militar con las dictaduras en Centroamérica durante los años ochenta, cambió su enfoque en los noventa y comenzó a promover la paz y la democracia después de enfrentarse a la insostenibilidad de los conflictos y las graves violaciones a los derechos humanos que ello supuso (Rojas, 1993).

En los primeros años de las transiciones democráticas (1985-2005) hubo avances y éxitos porque se construyeron instituciones electorales independientes y contrapesos entre el poder político, judicial, legislativo y electoral. Es el modelo que ha funcionado en otras regiones con democracias sólidas. Funcionaron tanto que permitieron que los grupos armados o regímenes autoritarios se transformaran en partidos políticos que compitieron en democracia, tanto en Guatemala y El Salvador como en Nicaragua. Además, se logró un consenso: las elecciones se convirtieron en competitivas y todos los perdedores aceptaron los resultados.

¿Qué ocurrió en los últimos veinte años para que ahora estas cuatro democracias centroamericanas estén en crisis o en peligro?

Autoritarismos fortalecidos, aunque disputados

Me parece importante arrancar con un punto: así como las democracias tienen apoyos conservadores y progresistas, los autoritarismos han sido de izquierdas y de derechas. Ortega y Murillo eran guerrilleros de izquierda y tienen relación estrecha con Cuba, Venezuela y Corea del Norte. Bukele empezó su carrera como alcalde del Frente Farabundo Martí para la Liberación Nacional (FMLN). Juan Orlando Hernández y Alejandro Giammattei vienen desde la derecha más dura, cercana al ala más radical del Partido Republicano. Los cuatro han sido gobernantes que han vulnerado valores democráticos e impuesto otros dictatoriales, como es el caso de Nicaragua, donde muchos de sus funcionarios, personas allegadas, jueces, fiscales y otros han sido sancionados por ser considerados como actores corruptos/ antidemocráticos por el Departamento de Estado de Estados Unidos (Oficina en Washington para Asuntos Latinoamericanos WOLA, 2022).

En Centroamérica las actividades criminales, tanto las ordinarias como las relacionadas con el crimen transnacional organizado, han contado con la complicidad de importantes factores de poder que incluyen a agentes del Estado y del sector privado. Estos actores, ya sea individualmente o en colaboración, han construido verdaderas redes delincuenciales de características *cuasi monopólicas* en algunos territorios, asociadas a sectores como el contrabando y hasta el narcotráfico (Véliz, 2015). La transición a la democracia trajo consigo la infiltración del crimen organizado en la política a nivel municipal, regional y nacional. Este ha sido un reto no menor para las incipientes democracias centroamericanas y un apoyo para los políticos autoritarios sin escrúpulos, en especial en Honduras y en Guatemala.

Los autoritarismos centroamericanos también han seguido un modelo. El primero fue el régimen nicaragüense de Daniel Ortega y Rosario Murillo. Llegaron al poder por la vía democrática en 2007, forjando una alianza con la élite empresarial conservadora y, gradualmente, cooptando el sistema de justicia y los órganos electorales. Su primer paso fue romper el Estado constitucional de derecho. La Constitución de Nicaragua prohibía la reelección consecutiva y optar al cargo luego de haber estado en dos mandatos en períodos distintos. Pero en 2009, la Corte Suprema de Nicaragua emitió un fallo en el que declaró *inaplicable* el artículo de la Constitución que prohibía la reelección. El resultado ha sido el fin de la democracia y la consolidación de una dictadura familiar, en donde las elecciones son una pantomima.

Otro caso de autoritarismo exitoso durante esta década fue el hondureño. El Ejército, el Partido Nacional (conservador) y la élite empresarial dieron un golpe de Estado en 2009 contra el presidente izquierdista Manuel Zelaya, acusándolo de haber convocado a un plebiscito para permitir la reelección. Desde entonces, y hasta 2021, el Partido Nacional se aferró al poder durante doce años, siguiendo el modelo autoritario, bajo el manto de elecciones periódicas y *legales*, aunque fueran restringidas o fraudulentas. Juan Orlando Hernández

(JOH) fue electo en 2013 bajo acusaciones de fraude. A pesar de la prohibición constitucional, la Corte Suprema de Justicia, controlada por JOH, permitió su candidatura para un segundo mandato en 2017. Controlando al Tribunal Supremo Electoral, logró que se avalara un fraude denunciado por la Organización de Estados Americanos (OEA) y, con el aval de la Casa Blanca bajo la Administración de Donald Trump, logró su reelección.

Una característica de este gobierno autoritario hondureño entre 2009 y 2021 fue su relación profunda con el crimen organizado. En un momento dado, la influencia del narcotráfico sobre la política y el Estado fue tan extensa que Honduras dejó de extraditar capos a Estados Unidos, como en la Colombia de Pablo Escobar. Cuando un jefe policial entregó a uno de los narcos requeridos por Estados Unidos, ese policía fue destituido por JOH.

Este régimen autoritario del Partido Nacional y JOH solo pudo ser revertido por la presión de la sociedad civil hondureña, la oposición política y la presión de la Casa Blanca bajo un gobierno demócrata. Así, en 2021, Xiomara Castro de Zelaya fue electa como la primera presidenta del país con el partido LIBRE, rompiendo dos siglos de bipartidismo en Honduras y un techo de cristal para las mujeres al llegar a la jefatura del Estado. Un mes después de entregar el poder, en enero de 2022, Juan Orlando Hernández fue extraditado a Estados Unidos por cargos de lavado de dinero y narcotráfico.

Durante tres décadas, las democracias de El Salvador y Guatemala mantuvieron un nivel de estabilidad superior al de sus vecinos Honduras y Nicaragua. Pese a que no ha habido un modelo de desarrollo que proporcione acceso a recursos y servicios básicos, estas democracias aún garantizaban la alternancia de poder, la libertad de expresión y de prensa, y en caso de abusos gubernamentales, otras instituciones y la sociedad civil podían llevar a los responsables ante los tribunales para rendir cuentas.

Sin embargo, esto empezó a cambiar en El Salvador tras unas elecciones clave en 2019. En la primera vuelta el candidato Nayib Bukele arrasó, rompiendo el bipartidismo de veinticinco años de ARENA y el FMLN. Bukele sedujo a las nuevas generaciones y se posicionó como una ruptura con el pasado, y lo está siendo, en lo negativo y lo positivo (Labrador, 2021). Su consolidación en el poder se basó en una estrategia de comunicación basada en un manejo muy efectivo de las redes sociales. Mediante esta estrategia, que el presidente utiliza para presentarse como un líder *cool*, pero también como una figura potente, decidida y, sobre todo, defensora de las personas más humildes, Bukele ha logrado concitar la más alta popularidad entre la población salvadoreña dentro y fuera del país, así como en todos los segmentos etarios. Con el fin de la Guerra Fría, las demandas de los jóvenes ya no hacen eco a las pasadas ideologías de izquierda y derecha. Temas como la lucha contra la corrupción o el manejo de redes sociales en El Salvador, México o Colombia parecen ser más importantes en la actualidad.

Ensayando el manual de autoritarismo, Bukele hizo una purga en el Organismo Judicial de El Salvador, similar a la ocurrida en regímenes iliberales como el de Orbán en Hungría. *Jubiló obligatoriamente* a los jueces mayores de sesenta años, quienes eran un tercio de los 690 magistrados del país, luego logró colocar a jueces afines a su gobierno, para que, en septiembre de 2022, la Sala de lo Constitucional dictaminara que el artículo que impedía la reelección ya no tenía validez.

Arrinconados electoral y políticamente, los antiguos enemigos ARENA y FMLN se habrían aliado junto a un nuevo partido de jóvenes, Nuestro Tiempo, para hacer contrapeso a Bukele y Nuevas Ideas en las elecciones de 2024, pero esta alianza no logró materializarse. Se da por hecho que Bukele buscará la reelección de manera inconstitucional (artículo 88 de la Constitución). Sus políticas represivas y autoritarias de control de las pandillas gozan del respaldo popular, a pesar de las graves violaciones a los derechos humanos asociadas con estas políticas. Además, su modelo de gobernanza, que no permite el escrutinio público, ha exiliado a las voces críticas, como el medio de comunicación *El Faro*. En este escenario, la falta de contrapesos institucionales hace que sea improbable que la reelección de Bukele se vea amenazada. La democracia salvadoreña está moribunda, pero todavía hay ciudadanos y ciudadanas que han anunciado que darán la batalla.

El éxito de lo que algunos llaman ya el *modelo* o *doctrina* Bukele dentro y fuera de El Salvador, tiene que ver principalmente con el manejo de las políticas de seguridad pública. En particular, con el control y la eliminación de las acciones de las maras (pandillas) que, durante décadas, aterrorizaron a la población salvadoreña y que se habían convertido en verdaderas dueñas de barrios y ciudades, afectando la vida cotidiana de millones de personas a las que sometían a permanentes actos de gran violencia física y material. En menos de tres años, y utilizando métodos muy cuestionables que han incluido violaciones masivas de los derechos humanos en un contexto de estado de sitio, Bukele puso fin a esa realidad tan abrumadora y con ello se ha asegurado el apoyo ciudadano e incluso una posible reelección.

En Nicaragua hubo competitividad electoral que empezó a ser amañada por el pacto entre Daniel Ortega y Arnoldo Alemán, que en 2002 reformó la Ley Electoral para que las elecciones pudieran ser ganadas con el 35% de los votos. Así, en 2006, Ortega regresó al poder con apenas 38% de los sufragios. A medida que consolidaba su régimen, fue ilegalizando a los potenciales opositores. Primero, sus antiguos aliados del Movimiento Reformador Sandinista (MRS) fueron proscritos en 2009. Después, tras las protestas y la masacre de trescientos ciudadanos en 2018 (Luna, 2021), y el recrudecimiento del régimen frente a las elecciones de 2021, encarceló a la precandidata liberal Cristiana Chamorro y también a la política de UNAMOS (antes MRS), Dora María Téllez. Chamorro cumplió condena en prisión domiciliar y Téllez en las mazmorras de la cárcel del Chicote. La OEA respondió de manera inmediata y designó a un grupo interdisciplinario de expertos independientes en 2018 para que recopilara información sobre la verdad de los hechos. Sus conclusiones fueron contundentes: en Nicaragua el gobierno del presidente Daniel Ortega cometió crímenes de lesa humanidad (Informe sobre los hechos de violencia ocurridos entre el 18 de abril y el 30 de mayo de 2018). Cinco años después del inicio de esta crisis, y luego de campañas internacionales humanitarias, la dictadura nicaragüense liberó y desterró a 222 presos políticos hacia Estados Unidos en febrero de 2023, incluidas sus antiguas rivales políticas, miembros del sector privado, feministas y líderes estudiantiles.

En Guatemala, la democracia electoral inició en 1985 con espacio para el centro y la derecha, y a partir de la firma de la paz, esta fue plural y competitiva para todas las ideologías entre 1996 y 2015. Sin embargo, en 2019 empezó a restringirse, cuando se le impidió participar, como candidata presidencial, a la principal opositora, la exfiscal Thelma Aldana, quien correría con el Movimiento Semilla. Su candidatura fue bloqueada desde el otrora independiente Tribunal Supremo Electoral (TSE) y desde la mayoría de la entonces progresista Corte de Constitucionalidad (CC), liderada por la magistrada Gloria Porras. Thelma Aldana fue forzada al exilio en 2019 y un año después la misma magistrada Porras corrió con la misma suerte.

Entre 2020 y 2023, Guatemala ha tenido un retroceso institucional con niveles cercanos a las dictaduras militares de los años setenta, antes del llamado quinquenio negro de 1978 a 1983. El denominado Pacto de Corruptos es un grupo compuesto por distintos actores, tanto políticos como del sector privado, élite militar y otros. Como estrategia clave ha colocado alfiles en todas las instituciones que debían servir como contrapesos al poder político (Gutiérrez, 2023). Así, en 2023, el TSE y la CC impidieron todas las candidaturas que consideraron una amenaza para la estabilidad de su régimen. Tres de las candidaturas canceladas ocupaban los primeros lugares en las encuestas: Thelma Cabrera (izquierda indigenista), Roberto Arzú (derecha populista) y Carlos Pineda (derecha populista). Permitieron la participación de candidaturas consideradas marginales para darle un barniz de legitimidad al proceso electoral, pero no contaban con que el electorado joven urbano apoyara al opositor Movimiento Semilla, socialdemócrata y anticorrupción. Mientras que la impunidad por la corrupción y el autoritarismo es lo que cohesiona al Pacto de Corruptos, la lucha contra la corrupción y por la democracia es lo que une a los ciudadanos que votaron por Bernardo Arévalo el 20 de agosto, desde algunos empresarios, grupos indígenas hasta la clase media urbana conservadora.

En Guatemala, el sistema electoral podría estar sobreviviendo a su mayor intento de anulación. El Tribunal Supremo Electoral, cuestionado por sus arbitrariedades en el proceso, ha reconocido y defendido la voluntad popular expresada en las urnas en la primera vuelta de junio y la segunda vuelta de agosto. Por su parte, la Corte de Constitucionalidad ha ordenado, aunque de manera ambigua, que esto debe respetarse. No obstante, ambas instituciones han permitido la represión política contra el partido de Arévalo, el Movimiento Semilla, llevada a cabo por parte del Ministerio Público, cuya titular, Consuelo Porras, ha sido sancionada por Estados Unidos por sus actuaciones corruptas y antidemocráticas. Es importante destacar que Porras es cercanísima a Giammattei, pues fue él quien la reeligió en su puesto como fiscal general.

Las últimas semanas han sido de ataques e intimidación del MP en contra del TSE y el partido Semilla, que fue suspendido provisionalmente el 28 de agosto de 2023. Además, Arévalo denunció ante la Comisión Interamericana de Derechos Humanos que *agentes del Estado* estarían detrás de un plan denominado Colosio, para asesinarlo antes de la toma de posesión del 14 de enero de 2024. Esta será una transición compleja y Bernardo Arévalo se enfrentará a un Estado cooptado que podría activarse en su contra. La democracia en Guatemala, incluso con un jefe de Estado democrático, todavía tendrá que lidiar con muchísimos cañones judiciales y políticos en su contra.

Libertades individuales, bajo ataque

La organización de derechos humanos Freedom House evalúa el acceso de las personas a los derechos políticos y a las libertades civiles en doscientos diez países a través de su informe anual *Libertad en el mundo*. En 2022 muestra a una Centroamérica deteriorada y marcada por democracias débiles y autoritarismos fortalecidos. En Nicaragua, Daniel Ortega lleva en el poder catorce años, mientras que Guatemala y El Salvador son catalogados como países *menos libres* que antes. Ambos comparten con Nicaragua el clima de temor por la persecución y criminalización a cualquier voz crítica, instrumentalizando las instituciones de justicia y un poder legislativo que emite normas a conveniencia de una élite corrupta.

Es interesante que este informe ubica a Honduras como un país *más libre* debido a la elección de Xiomara Castro como presidenta en 2022, que ha abierto espacios políticos de transición democrática. No obstante, a pesar de estos avances en temas democráticos y de construcción de Estado de derecho, que abordaré más adelante, el país sigue siendo uno de los más peligrosos para las personas defensoras de derechos humanos.

Finalmente, Freedom House (Global Freedom Scores, 2022) presenta a Panamá y a Costa Rica como democracias más fortalecidas, que probablemente podrán sobrevivir a intenciones autoritarias contra la libertad de expresión por parte del presidente Rodrigo Chaves Robles (de centroderecha).

Figura 1. Índice de libertades individuales

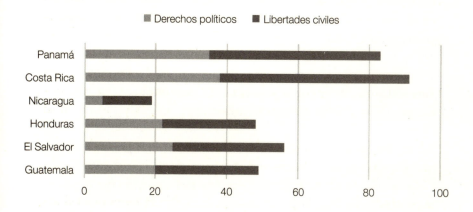

Fuente: elaboración propia a partir de datos de Freedom House.

Como he explicado en las primeras páginas de este ensayo, Guatemala, El Salvador, Honduras y Nicaragua avanzaron hacia democracias estables, aunque insuficientes. Sin embargo, desde hace veinte años han empezado a avanzar autoritarismos, con mayor o menor grado de consolidación, en ellos. De buscar el reconocimiento de derechos sociales, económicos y culturales, se ha regresado a pelear por los derechos civiles y políticos, como la libertad de expresión, la participación política y el voto libre e informado en elecciones transparentes y justas.

Aunque este ensayo no esté escrito desde la mirada de las relaciones económicas, es importante señalar que la crisis de gobernabilidad pasa por el fracaso de las democracias centroamericanas en reducir la pobreza y la desigualdad, pues no han *democratizado la prosperidad económica*. La democracia y los modelos de desarrollo en estos cuatro países de Centroamérica están diseñados para proteger los intereses económicos de las élites a costa del despojo de las grandes mayorías. Este modelo, al agravarse, ha generado un descontento con la idea de democracia, que ha sido aprovechado por caudillos autoritarios como Bukele.

A pesar de este deterioro en los derechos políticos y las libertades civiles, es importante resaltar que tanto la ciudadanía de Honduras en 2021 como la de Guatemala en 2023 han reivindicado, con millones de votos mayoritarios, que quieren un futuro en democracia, en el que se respeten las libertades civiles y políticas, y se rechace la corrupción y el crimen organizado.

Los sistemas de justicia y estado de derecho: cooptación y falta de independencia

En el apartado anterior escribí que los cuatro países centroamericanos alcanzaron democracias estables pero insuficientes entre las décadas de 1980 y 2000. Podemos decir que el recorrido fue similar en la construcción del Estado de derecho: estabilidad, pero insuficiencia para garantizar acceso a la justicia de manera plena y a una institucionalidad estable (La reforma de la justicia en Centroamérica, 2013). En ciertos períodos de las épocas posconflicto, la estabilidad se alcanzó, entre otros factores, gracias a la estructura y a las reformas para construir sistemas de justicia más independientes, eficaces y transparentes. Sin embargo, la insuficiencia se debió a que estos sistemas de justicia no pudieron procesar estructuras de poder paralelas integradas por cúpulas militares y del sector económico. En el caso de Guatemala, estas estructuras fueron llamadas *cuerpos ilegales* y *aparatos clandestinos*, heredados de las guerras y las dictaduras. Además, surgió una nueva amenaza que se empezó a enquistar en el Estado: el crimen organizado y la corrupción, que, si bien ya eran un problema en las dictaduras, se hicieron más evidentes.

Durante el período 2008-2020, Guatemala, Honduras y El Salvador dieron pasos sólidos en el combate contra la impunidad estructural y en la construcción de un Estado de derecho, instalando mecanismos internacionales independientes para investigar y desarticular las estructuras de poder paralelas: la Comisión Internacional contra la Impunidad en Guatemala (CICIG, apoyada por las Naciones Unidas), la Misión de Apoyo contra la Corrupción y la Impunidad en Honduras (MACCIH) y la Comisión Internacional contra la Impunidad en El Salvador (CICIES), ambas apoyadas por la Organización de Estados Americanos. Con excepción de la CICIES en El Salvador, fueron iniciativas innovadoras y exitosas que llamaron la atención mundial. No obstante, en los últimos tres años, Guatemala y El Salvador han dado pasos hacia atrás, desmantelando algunos de los logros institucionales relacionados con reconstruir la justicia y combatir la corrupción. Actualmente, muchos consideran que solo Honduras aporta algunas reformas esperanzadoras. A continuación analizaré ese péndulo entre construcción del Estado de derecho, nuevas amenazas y cooptación de la justicia.

La situación en Nicaragua merece una mención aparte en el tema de justicia, pues desde hace cinco años (2018), las Cortes fueron convertidas en un apéndice de la dictadura de Ortega-Murillo, convirtiéndose en una máquina de crímenes de lesa humanidad, represión, prisión política y el despojo de la nacionalidad y los bienes a ciudadanos o bien el exilio de miles de nicaragüenses (Grupo Interdisciplinario de Expertos Independientes, 2018). La cacería dictatorial contra las voces críticas y opositores es bien conocida a nivel internacional, por lo que, debido a la restricción de espacio en este ensayo, me enfocaré en las experiencias de Guatemala, El Salvador y Honduras.

Los sistemas de justicia están llamados a ser el contrapeso del poder. Puede apreciarse en las democracias consolidadas de Europa, Estados Unidos y América Latina. Sin un sistema judicial sólido e independiente, la democracia puede desvanecerse en un parpadeo.

Empezaré por Guatemala. Los magistrados de la actual Corte Suprema de Justicia llevan en el poder nueve años, excediendo el plazo constitucional establecido de cinco años, ya que en 2019 el Congreso de la República debía elegir nuevos magistrados y magistradas. La independencia judicial ha sido objeto de cuestionamiento, en parte debido a fallos en el diseño del sistema y los mecanismos de selección de magistrados. Guatemala y Honduras son los únicos países en Latinoamérica que cambian la totalidad de sus magistrados de manera simultánea, lo que a menudo se vuelve una pugna política por cuotas de poder.

A partir del primer gobierno de militares retirados tras la firma de la paz (FRG, 2000-2003), en el que había sospecha de connivencia con el narco, según la Administración de Control de Drogas (DEA, por sus siglas en inglés), hubo un recrudecimiento de los ataques contra las organizaciones de derechos humanos. En 2003, las organizaciones de la sociedad civil y la Procuraduría de los Derechos Humanos propusieron a la ONU la creación de una comisión internacional que pudiera desmantelar las redes ilícitas enquistadas en el Estado, esas que negocian magistraturas para sus beneficios, uno de los compromisos a los que el Estado de Guatemala se había comprometido en los acuerdos de paz. Sin embargo, esto no fue bien recibido por el *establishment* político, militar y empresarial en Guatemala y no fue sino hasta 2007 cuando, con mayoría calificada de diputados, se aprobó la creación de la Comisión Internacional contra la Impunidad en Guatemala. Fue necesario el asesinato de tres diputados del Parlamento Centroamericano por parte de agentes de la Policía Nacional Civil, que a su vez fueron asesinados por un comando dentro de una prisión gubernamental, para que la sociedad civil lograra presionar lo suficiente y obtuviera el apoyo del gobierno de Oscar Berger y Eduardo Stein.

Vivir en un país con mafias enquistadas en el Estado tiene consecuencias personales para los ciudadanos que están del lado de la búsqueda de la verdad y de la justicia. Compartiré una experiencia que tocó directamente a mi familia. Mi hermano, José «Pepe» Méndez-Dardón, era controlador del Aeropuerto Internacional La Aurora y estudiaba aviación, sueño que tuvo desde niño y que logró cumplir. Mis padres nos enseñaron valores muy importantes, como la solidaridad y defender lo justo. Por eso, Pepe, sometido a mucha presión, no cedió ante las mafias que cooptaban (y siguen cooptando) el aeropuerto para permitir todo tipo de ilegalidades, como aterrizajes de aeronaves con droga. Esto provocó su asesinato el 17 de agosto de 2007. Para mi familia fue increíble cómo logramos esquivar las balas durante los peores años de la guerra, pero no las de la *época de paz*. Así que he podido vivir en carne propia cómo se echa en falta o se construye un Estado de derecho. Me es difícil encontrar las palabras para explicar en detalle la lucha, especialmente de mi papá, Amílcar Méndez, y lo que hemos pasado como familia para que a Pepe se le haga justicia. Regresa el vértigo y el dolor al recordar todas las reuniones infructuosas en el Ministerio de Gobernación, las largas esperas en salas del Ministerio Público, las audiencias repetitivas en tribunales, abogados mafiosos leyendo mentiras y defendiendo a delincuentes. Pasamos hasta por una exhumación del cuerpo de Pepe por la negligencia e incapacidad en la investigación del caso. No hay palabras, y no somos los únicos que hemos pasado por esto en Guatemala. Mi vida y la de mi familia fueron truncadas ese 17 de agosto de 2007, se marcó una pausa y ya nada volverá a ser igual. El daño está hecho y ninguna sentencia nos regresará a Pepe. Nuestra experiencia nos ha enseñado que hay que resistir para vivir y ser felices; y aunque el dolor nos permita vivir *un día a la vez*, no debemos de perder la esperanza para que en Guatemala algún día podamos, como lo anheló el poeta guatemalteco Otto René Castillo, «ser humanos, comer, reír, enamorarnos, vivir la vida y no morirla» (Nodo 50.org, s.f.)

Cerrado este paréntesis sobre cómo es vivir una injusticia en Centroamérica, regreso a la fórmula del invento guatemalteco de la CICIG: de traer a fiscales y policías latinoamericanos y europeos para fortalecer y empoderar a fiscales y policías guatemaltecos.

En su primera fase, entre 2008 y 2013, la CICIG empezó a desarticular las mafias enquistadas en el Estado de Guatemala, con investigaciones rigurosas, acusaciones penales y juicios públicos. Tres ejemplos fueron estructuras de policías que se dedicaban a la limpieza social durante el gobierno de la Unidad de la Esperanza UNE (2008-2011); policías que asesinaron presos durante el gobierno de la Gran Alianza Nacional GANA (2004-2007); y resolver crímenes políticos como el caso Rosenberg (2009). Estos crímenes e investigaciones fiscales de alto impacto no hubieran podido ser procesados por el sistema judicial sino se hubieran creado los Juzgados de Alto Impacto, promovidos por un magistrado, César Barrientos Pellecer, que llegó a la Corte Suprema de Justicia tras una elección en el Congreso marcada por una alianza de cabildeo entre organizaciones sociales, el sector privado y políticos democráticos en 2009. Este tipo de acciones rigurosas e independientes en la justicia, tanto desde la Fiscalía como desde las Cortes, abonaron en la construcción de un Estado de derecho en Guatemala.

Con esto avanzamos en institucionalizar las carteras encargadas de la seguridad y de la justicia, como el Ministerio de Gobernación y el Ministerio Público. Esta mayor certeza de castigo y fortalecimiento de capacidades permitió que Guatemala redujera a casi un tercio el índice de homicidios, pasando de 48 por cada 100 000 habitantes en 2009, a 18 por cada 100 000 habitantes en 2020. Fue una reducción de la criminalidad y de la impunidad acompañada del respeto a los derechos humanos y el debido proceso. Es importante recordar ese detalle.

En su segunda fase, entre 2014 y 2019, la CICIG identificó que las estructuras mafiosas tenían una fuente de financiamiento en la corrupción y que, en palabras del excomisionado de la CICIG Iván Velásquez sobre los partidos políticos, la génesis de la corrupción «es el financiamiento electoral ilícito» (Comisión Internacional contra la Impunidad en Guatemala, 2017). Entonces la comisión se enfocó en desarticular lo que denominó redes político-económicas ilícitas. Al investigar la corrupción, llegó hasta la jefatura del Estado en 2015, alcanzando a la poderosa vicepresidenta Roxana Baldetti y al presidente Otto Pérez Molina. Se realizó el trabajo de manera rigurosa, con evidencias como audios, fotos, transferencias y grabaciones. La ciudadanía tuvo acceso a información que la indignó, y entre 2015 y 2020, la ciudadanía se reactivó en manifestaciones en plazas como no ocurría desde los años setenta y ochenta. Estas investigaciones profundas del MP y la CICIG pudieron ser posibles gracias a los Juzgados de Alto Impacto y a una Corte de Constitucionalidad con una mayoría de magistrados independientes entre 2015 y 2020, liderados por Gloria Porras —hoy en el exilio—, Bonerge Mejía (q.e.p.d.), Francisco de Mata Vela y María Cristina Fernández, entre otros. Así se intentó sentar las bases para construir el Estado de derecho, con un sistema judicial independiente del poder.

Fue tal el impacto de las investigaciones de corrupción y sus consecuencias en Guatemala, que los ciudadanos y políticos salvadoreños y hondureños empezaron a pedir una CICIG para sus propios países. En Honduras se pidió con más fuerza desde 2015 con manifestaciones multitudinarias tras un escándalo de malversación de cantidades millonarias del erario asignado ese año a la Seguridad Social. El gobierno de Juan Orlando Hernández propuso algo intermedio: una comisión de expertos que no fuera tan potente como una instancia de Naciones Unidas calcada a la de Guatemala, sino una apoyada por la OEA, que finalmente nació a la vida como la MACCIH en enero de 2016. Esta misión realizó investigaciones, hizo acusaciones y tuvo avances concretos, tanto que Juan Orlando Hernández reculó y la canceló en enero de 2020. Pero la estafeta anticorrupción fue tomada por el principal partido de la oposición, LIBRE, de Xiomara Castro y Manuel Zelaya, quienes la tuvieron como principal ofrecimiento de campaña en el proceso electoral de 2021.

En El Salvador, la construcción del Estado de derecho no empezó desde investigaciones de la Fiscalía sino desde las altas cortes, en particular, de la Sala Constitucional (2009-2018). Como recogió el diario *El Faro* en una entrevista colectiva con los magistrados de la Sala Constitucional, desde 2010 los jueces acabaron con la partida secreta de gastos presidenciales que había sobrevivido de los gobiernos de ARENA (derecha) a los del FMLN (izquierda). «A golpe de más fallos, esta Sala transformó, en nueve años, el sistema electoral —abrió las planillas y obligó al voto por rostro y cruzado—; abolió la Ley de Amnistía y presionó por las investigaciones de crímenes de guerra; destituyó a un ministro de Seguridad, a un director de la Policía, a un presidente de la Corte Suprema y a cinco tandas de magistrados de la Corte de Cuentas» (Arauz y Labrador, 2018).

Por su parte, en febrero de 2019 el entonces candidato Nayib Bukele arrasó en las elecciones teniendo como principal promesa de campaña la creación de una CICIES. Ganó, tomó posesión en junio de 2019 y la CICIES arrancó tres meses después, sin el peso de la ONU, pero con el apoyo de la OEA, siguiendo la fórmula de Juan Orlando Hernández. Tras los primeros casos de investigaciones de la CICIES para desarticular las estructuras de corrupción en el gobierno de Bukele, el autoritario presidente salvadoreño la disolvió el 4 de junio de 2021, menos de dos años después de su creación. Entonces, su prioridad gubernamental dejó de ser la lucha contra la corrupción para dar paso a la guerra contra las pandillas. Su popularidad siguió intacta y le ha permitido avanzar en la cooptación del Estado y el control casi absoluto de la justicia. Su supermayoría parlamentaria obtenida en 2021 siguió ayudándole a socavar los controles democráticos. En marzo de 2022, la Asamblea Legislativa aprobó su solicitud de un estado de excepción para hacer frente a la violencia de las maras o pandillas, que ha llevado a graves violaciones a los derechos humanos, la detención indefinida de decenas de miles de personas, sin apenas respetar sus derechos al debido proceso o a la legítima defensa, garantizados en tratados internacionales en derechos humanos ratificados por el Estado salvadoreño. En virtud del estado de excepción, las autoridades también han suspendido los mecanismos anticorrupción que arrojaría luz sobre los gastos y contratos del Gobierno. Estas políticas de seguridad han convertido a El Salvador en el país con el mayor porcentaje de su población encarcelada del mundo, con 605 presos por cada 100 000 habitantes (Oficina en Washington para Asuntos Latinoamericanos WOLA, 2023).

En Guatemala, la estrategia de la CICIG de luchar contra la corrupción en todas las esferas del Estado, la política y la sociedad, resultó en una derrota política. Los políticos, jueces, militares, narcotraficantes, empresarios investigados y el entonces presidente Jimmy Morales se aliaron contra la comisión desde agosto de 2017 con la declaratoria de *persona non grata* de su comisionado Iván Velásquez y lograron terminar el mandato de esta instancia en septiembre de 2019. Desde entonces empezó la *contrarrevolución* de la justicia y la *reinstauración* de un régimen de corrupción e impunidad. Esto ha desmantelado, casi en su totalidad, al Estado de derecho y ha significado la persecución política y judicial contra los principales líderes de la lucha contra la corrupción y la impunidad, con un centenar de jueces, fiscales, periodistas y activistas en el exilio (Agencia Ocote, 2022). El poder, personalizado en el presidente Giammattei, cooptó el aparato judicial casi en su totalidad entre 2020 y 2023. No ha sido sino hasta junio y agosto de 2023 que los magistrados del Tribunal Supremo Electoral y de la Corte de Constitucionalidad han empezado a independizarse de su yugo al reconocer la victoria electoral de Bernardo Arévalo y el Movimiento Semilla. Los próximos meses, entre septiembre de este año (2023) y enero de 2024, serán claves para saber si en Guatemala todavía existe Estado de derecho para salvaguardar la democracia, así como si esto tendrá un efecto en la región.

En Honduras, en cambio, la lucha contra la corrupción por la vía de la construcción de una cultura contra la impunidad y la construcción de un Estado de derecho se la apropió la oposición, del partido LIBRE, y ha sido uno de sus pilares durante estos primeros veinte meses de gobierno, entre 2022 y 2023. Xiomara Castro y su partido han optado por la vía más institucional y difícil, la de una Comisión Internacional contra la Impunidad en Honduras (CICIH) respaldada por la ONU, con reformas institucionales en el Congreso y la elección de una Corte Suprema de Justicia más independiente. Espero que Honduras continúe este camino en la construcción del Estado de derecho, con las lecciones aprendidas de su pasado y de la historia reciente de Guatemala y que el nuevo Gobierno guatemalteco de Bernardo Arévalo pueda hacer mancuerna con el de Xiomara Castro en la construcción de un eje centroamericano que promueva la democracia y el Estado de derecho.

La presencia y presión internacional fueron determinantes para que el Tribunal Supremo Electoral y la Corte de Constitucionalidad se rebelaran contra el *Pacto* y validaran los resultados de la elección. La presión de Estados Unidos, la Unión Europea y la OEA es clave para que esta alternancia del poder pueda ocurrir. Este péndulo entre la cooptación del Estado y el Estado de derecho muestra cómo la democracia y la atención internacional pueden inclinar la balanza en varios de los países de Centroamérica, antes de que sea demasiado tarde y esté instalada una dictadura, como es el caso de Nicaragua desde 2018.

El espacio cívico

Para cerrar este ensayo sobre gobernabilidad en los cuatro países centroamericanos escogidos, escribiré sobre la situación del espacio cívico. Los Estados y las democracias no están conformados únicamente por instituciones que deberían ser contrapesos entre sí, sino también por un ecosistema, un espacio para que las personas dueñas de

las democracias, la ciudadanía, especialmente los grupos históricamente excluidos o en situación de vulnerabilidad como las mujeres y
colectivos LGTBQ+, puedan organizarse, expresarse e incidir en las
políticas públicas y en las decisiones que se toman desde el Estado.

Según las Naciones Unidas, el espacio cívico constituye «el entorno propicio para que la sociedad civil desempeñe un papel en la
vida política, económica y social. Concretamente, el espacio cívico
permite a las personas y a los grupos contribuir a la formulación y
aplicación de políticas que afectan sus vidas» (Oficina del Alto Comisionado de las Naciones Unidas para los Derechos Humanos, 2023).
Asimismo, iniciativas del Gobierno de Estados Unidos para la región
centroamericana, como la denominada Voces, buscan proteger el
espacio cívico en el cual se incluye protección legal y física para periodistas y operadores de justicia independientes que se encuentran
bajo amenaza.

Durante los últimos cuarenta años, si bien ha habido una hege-
monía del autoritarismo sobre la democracia y de la cooptación de la
justicia sobre la construcción del Estado de derecho, en la región se
han construido espacios cívicos vibrantes —más en Guatemala, El
Salvador y Nicaragua, aunque también, a pesar de las adversidades,
en Honduras—, con organizaciones civiles y populares, movimientos indígenas y de mujeres, medios de comunicación independientes
que han liderado causas y luchas clave a favor de los derechos humanos y la democracia. Con el triunfo hacia 2020 de los autoritarismos
y la dictadura en estos cuatro países, los poderosos se han cebado contra el espacio cívico, que actualmente se encuentra bajo constante
amenaza, acoso, ataques y criminalización. En países como Guatemala y Nicaragua se utiliza el marco jurídico para perseguir las voces
críticas, que en el peor de los casos se vuelven prisioneros/as de conciencia.

En Guatemala se documentaron más de 3574 agresiones contra
personas, organizaciones y comunidades que defienden los derechos
humanos, la cifra más alta registrada por la organización en veintidós
años (UDEFEGUA, 2022). La ACNUDH reportó el año pasado un
aumento del 70% en el número de operadores/as de justicia que enfrentan intimidaciones y cargos penales por su trabajo en el combate
de la corrupción o de las violaciones de derechos humanos. Al menos

treinta y siete operadores/as de justicia se encuentran actualmente en el exilio como resultado de esta persecución (Oficina del Alto Comisionado de las Naciones Unidas para los Derechos Humanos, 2023).

El espacio cívico no se restringe únicamente con los ataques directos a las personas defensoras de derechos humanos sino también con otras medidas —desde las instituciones públicas— que afectan a la ciudadanía, como la limitación al acceso a la información pública y el acoso a los medios de comunicación independientes. Así, se ha retrocedido a la cultura del secreto por parte de las administraciones, donde la reserva de la información es la regla, no la excepción. El acceso a la información pública es considerado como un *derecho llave* para proteger otros derechos y como una forma esencial para la consolidación de la democracia (Organización de Estados Americanos, 2013).

Con apoyo internacional, se construyeron medios independientes que se han convertido en referencia: *elPeriódico* en Guatemala (1996); *Confidencial* en Nicaragua (1996) y *El Faro* en El Salvador (1998). Para esta convocatoria, periodistas escribieron ensayos sobre la libertad de prensa y de expresión, así que no ahondaré sobre la materia. Quisiera resaltar que estos tres medios que menciono, fundados por José Rubén Zamora, Carlos Fernando Chamorro y Carlos Dada, dieron voz a una ciudadanía ávida de democracia, han fiscalizado al poder y permitido debates de ideas entre ciudadanos, que han hecho avanzar la gobernabilidad y el Estado de derecho. De hecho, cuando hay ecosistemas que permiten el espacio cívico, en este florecen más expresiones.

Estos tres medios independientes pioneros inspiraron a otros, como *Plaza Pública* (2011) y *Nómada* (2014) en Guatemala; *Factum* en El Salvador (2014); *ContraCorriente* en Honduras (2017) y *Divergentes* en Nicaragua (2020). Lamentablemente, en este momento de 2023, Zamora está preso desde el 29 de julio de 2022, como consecuencia de la persecución política del régimen de Giammattei y Consuelo Porras, y *elPeriódico* se vio obligado a cerrar por la persecución y el acoso judicial a sus reporteros en 2023. Chamorro y Dada están en el exilio tras el acoso judicial de la dictadura de Ortega y el régimen de Bukele. Las redacciones de *Confidencial* y *El Faro* ya no están constituidas legalmente en sus natales Managua y San Salvador, sino que ambas tienen su sede en San José de Costa Rica.

Una de las consecuencias del fracaso de las democracias y de los sistemas de justicia para procesar a los cuerpos ilegales y aparatos clandestinos, así como en la prevención del auge de los autócratas, es que las voces críticas se convierten en blanco de la represión. Estos regímenes ejercitan el modelo autoritario que busca limitar la labor de las personas defensoras de derechos humanos y restringir las demandas de escrutinio público y de transparencia. En Nicaragua y El Salvador, primero fueron por la oposición política —menos popular— y después por el espacio cívico.

Nicaragua fue pionera en ejercitar este modelo en contra de las organizaciones de derechos humanos y sin fines de lucro. Se implementó una ley mordaza que después se extendió contra todas las organizaciones no gubernamentales. Esta ley fue reformada sucesivamente hasta llegar a la ilegalización y confiscación de bienes de centenares de organizaciones, incluidas órdenes religiosas y universidades que apoyaron la rebelión cívica de 2018.

Los cuatro regímenes que gobernaban en 2020 perfeccionaron el perfilamiento de los actores del espacio cívico como nuevos *enemigos internos*. Desde entonces han implementado una variedad de acciones para silenciar las voces críticas por medio de la represión, la criminalización y la persecución. Las redes sociales se han convertido en uno de los espacios más utilizados para este propósito, especialmente aquellas que tienen políticas de seguridad débiles que limitan la capacidad de contrarrestar intimidaciones y permitir investigaciones criminales. Estos regímenes han empleado la estigmatización por medio de órganos de propaganda, creando una clara delimitación de enemigos internos, para lo cual se utilizan repeticiones de exageraciones, endilgándoles todos los males a ciertos actores. Los adversarios preferidos de los regímenes autoritarios han sido la comunidad internacional, la prensa y los grupos de derechos humanos.

Entre 2010 y 2015, Honduras se convirtió en el país más peligroso del mundo para activistas ambientales o de derechos humanos (Global Witness, 2017). En 2016 fue asesinada Berta Cáceres, la defensora más prominente. Las organizaciones civiles han sido la primera línea de resistencia desde el Golpe de 2009 y los fraudes electorales de 2013 y 2017, y un baluarte de la oposición de Xiomara Castro de Zelaya. Con su gobierno, desde 2022, algunos activistas han sido llamados a formar parte del Gobierno y la situación ha mejorado levemente, aunque siguen los asesinatos contra ambientalistas por parte de otras fuerzas dentro del país.

Desde 2018, la dictadura de Nicaragua tomó el relevo en ser el régimen más sanguinario contra los activistas de derechos humanos en la región, destruyendo el espacio cívico con masacres en las manifestaciones de ese año y manteniendo a centenares de presos políticos en condiciones de tortura hasta 2023, además de forzar el exilio a miles, en su mayoría hacia Costa Rica. A pesar de la represión, el espacio cívico nicaragüense ha logrado mantenerse vivo gracias al apoyo internacional, especialmente en Costa Rica, Estados Unidos y España.

En Guatemala y El Salvador, los regímenes de Giammattei (2020-2023) y de Bukele (2019-2029, al menos) han sofisticado el proceso de asfixia del espacio cívico, recurriendo al acoso psicológico y judicial. No lo hacen sobre páginas en blanco. La mayor parte de la ciudadanía y los actores políticos que ocupan los espacios cívicos tienen (tenemos) historias de vida que fueron marcadas por la represión militar durante la guerra civil, y los cuerpos represivos estatales o paraestatales lo saben. Activan botones de terror psicológico que llevamos en nuestro ADN personal o familiar. Como resultado, Centroamérica ya no es solo una fuente de inmigración indocumentada por millares, sino también de exiliados, por centenares.

Lo más grave de todo esto es que las y los defensores de derechos humanos dejaron de hacer su trabajo por tener que defenderse ellos mismos frente a la ola de ataques. El exilio ha tenido un impacto enorme a título personal. Antes de salir de Guatemala, cuando era niña, tengo recuerdos de cuando mi madre nos levantaba de la cama temprano para ayudarle a recoger volantes esparcidos por aviones militares, que contenían amenazas contra mi papá, firmadas por un grupo llamado Jaguar Justiciero, que lo declaraba *reo de muerte* y *comunista*. Los ataques ahora se dan por redes sociales, pero tiene el efecto deseado: sembrar zozobra y terror. Durante la guerra, quienes estuvimos exiliados teníamos la esperanza de que la paz, tarde o temprano, se materializaría y que podríamos volver. Los exiliados contemporáneos también sueñan con lo mismo.

El terror psicológico tiene muchas formas y la criminalización y el encarcelamiento injusto de media docena de periodistas, fiscales y activistas son mensajes suficientemente poderosos para que la antigua vanguardia contra la corrupción y la impunidad de Guatemala y El Salvador esté repartida entre Estados Unidos, México, Costa Rica y España. Estos actores del espacio cívico centroamericano sobreviven personal, profesional y políticamente solo gracias al apoyo internacional.

La comunidad internacional, que ha invertido cuatro décadas en construir democracias, Estados de derecho y espacios cívicos en toda Centroamérica no puede abandonar a la sociedad civil que resiste a una dictadura cruel en Nicaragua y a una población que afronta a un régimen autoritario en El Salvador que avanza a pasos agigantados, bajo la complicidad de otros países de la región. Momentos esperanzadores en Honduras desde 2022, con sus limitaciones, y desde junio de 2023 en Guatemala, en un pulso por la democracia y una nueva primavera, muestran cómo recobra importancia seguir amplificando las voces críticas, así como seguir promoviendo derechos civiles y políticos.

Conclusiones

Aprender lecciones de países en los que los actores autoritarios han implementado estrategias para mantenerse en el poder es indispensable para defender las democracias y evitar el avance de prácticas que vulneran los valores democráticos que tanto han costado mantener en la región. Así, se requiere de esfuerzos desideologizados para proteger los derechos civiles y políticos, la alternancia del poder y los derechos humanos; promover elecciones libres, transparentes y justas con base en modelos que, junto con defender el voto, promueva una ciudadanía activa y participativa.

Para consolidar la democracia se necesitan sistemas de justicia eficaces e independientes de cualquier interés político, económico o de otra índole. Resolver problemas complejos como el crimen organizado, la violencia contra las mujeres. La herencia de la impunidad estructural en la región no es tarea sencilla y requiere del apoyo internacional para generar cambios estructurales. Una nueva ola de reformas es necesaria, especialmente para mejorar el diseño de los sistemas de elección de funcionarios públicos. El reto principal es llegar al *punto de no retorno* para que todo avance sea blindado y no pueda ser desmantelado por cualquier cambio de autoridad o de intereses políticos.

En los próximos cinco o diez años, quienes trabajamos por la democracia y los derechos humanos en toda Centroamérica, deberíamos empezar a debatir cómo construimos democracias y Estados de derecho para que puedan quedar blindados y se garantice que la próxima generación no sufra la repetición de estas violaciones a los derechos humanos. También necesitamos que las democracias sigan hablando a sus ciudadanos más jóvenes, en la clave que a ellos y a ellas les resuena, dejando atrás las viejas dicotomías de izquierda y derecha e incluyendo preocupaciones como la crisis climática, la diversidad sexual, el papel protagónico de las mujeres y los pueblos indígenas o el acceso a empleos formales dignos. Estas batallas recientes por la defensa de la democracia electoral deberían ser el primer paso para otras que hemos soñado en el pasado, de derechos sociales y culturales. Así, nuestras democracias podrán responder a los anhelos de la ciudadanía y podremos desterrar los autoritarismos del istmo, diciéndoles un *nunca más*.

Estados Unidos y Centroamérica: los límites de la influencia

Cynthia J. Arnson*

En los últimos cuarenta años, Centroamérica ha suscitado la atención de los formuladores de políticas en tiempos de crisis. En los años ochenta, durante el gobierno de Ronald Reagan, Estados Unidos gastó más de seis mil millones de dólares para frenar una insurgencia guerrillera inspirada por el marxismo en El Salvador, así como incontables miles de millones más en la guerra de la *contra* para derrotar al gobierno revolucionario sandinista en Nicaragua. El final de la Guerra Fría y el colapso de la Unión Soviética —en conjunto con el escándalo Irán-Contra en Estados Unidos— sirvieron como telón de fondo para los acuerdos de paz que terminaron con estos conflictos en Nicaragua (1989), El Salvador (1992) y, algo más tarde, en Guatemala también (1996). Estados Unidos otorgaron alguna ayuda económica y militar para la implementación de los acuerdos de paz, pero en términos generales se fue apagando su interés por Centroamérica.

Luego de los estragos causados por el huracán Mitch en 1998, el gobierno de Bill Clinton movilizó sus aliados internacionales y logró casi mil millones de dólares en asistencia para tratar con las necesidades humanitarias y de reconstrucción. Algunos años más tarde, en 2005, el gobierno de George W. Bush invirtió un significativo capital político para asegurar la aprobación por parte del Congreso del Tratado de Libre Comercio entre Estados Unidos y Centroamérica (CAFTA-DR), con la intención de alentar el crecimiento económico por medio del comercio, la inversión privada y la creación de opor-

* Miembro distinguido, Woodrow Wilson International Center for Scholars.

tunidades de exportación para empresas estadounidenses. Sin embargo, poca fue la atención que se prestó a los temas estructurales de fondo, que en los casos de El Salvador y Guatemala deberían haber sido solucionados por los acuerdos de paz: la marginalización socioeconómica, la desigualdad, la violencia crónica y las debilidades institucionales y del Estado. En Nicaragua, el Gobierno de Estados Unidos consideró que la elección en 1990 había inaugurado una nueva era de democracia electoral. Su interés por el país se desvaneció, aun cuando el líder sandinista Daniel Ortega regresó a la presidencia en 2007.

El final de las insurgencias guerrilleras en Centroamérica profundizó los procesos de una limitada transición hacia la democracia que había empezado ya a mediados de los años ochenta. Sin embargo, en el así llamado Triángulo Norte —El Salvador, Guatemala y Honduras— más bien aumentó la violencia, impulsada por una proliferación de armas, el desempleo juvenil, los procesos incompletos de reforma de la Policía y la práctica de Estados Unidos de deportar a miembros de pandillas que habían sido condenados por cometer delitos en ciudades estadounidenses, con poca o ninguna notificación a las autoridades regionales. Durante 2006, una investigación realizada por las Naciones Unidas encontró que en Guatemala «ahora hay más asesinatos por día que durante el período después del genocidio en el enfrentamiento armado». El Programa de las Naciones Unidas para el Desarrollo (PNUD) reportó en 2009 que los siete países de Centroamérica tenían los niveles más altos de violencia no política del mundo, siendo el Triángulo Norte donde la situación era más crítica.

Por su parte, los gobiernos no invirtieron en la sostenibilidad de las áreas rurales, lo cual contribuyó al colapso de la agricultura campesina y a la migración del campo a las ciudades. Al mismo tiempo, los aumentos masivos en las poblaciones de los países del Triángulo Norte aumentaron la presión sobre un ya de por sí caótico proceso de urbanización y la expansión de tugurios y asentamientos informales con pocos o ningún servicio o infraestructura (esta migración interna se vio exacerbada por el huracán Mitch y otras tormentas subsiguientes). Asimismo, ocurrieron profundos cambios demográficos. Entre 1980 y 2000 la población de Honduras aumentó en un 75% y la de

Guatemala en un 68%. Durante 2010 la población de ambos países era el doble de la que tenían en 1980. Estas explosiones poblacionales contribuyeron tanto a la migración interna como a la emigración hacia afuera, a medida que las oportunidades de empleo no pudieron mantener el ritmo de la demanda, que era cada vez mayor.

No obstante, hubo un crecimiento económico moderado. La liberalización comercial y financiera, acompañada de una estabilidad macroeconómica en los años noventa conllevó a nuevas inversiones extranjeras, un dramático aumento en la exportación de bienes manufacturados y el crecimiento de las clases trabajadoras y media en las urbes. En combinación con el impacto de las remesas enviadas por emigrantes que ya vivían en el extranjero, las tasas de pobreza se redujeron entre 1989 y 2009. Pero los niveles de pobreza permanecían siempre altos: cerca de un 70% de la población de Honduras, 55% en Guatemala, y solo un poco por debajo de un 50% en El Salvador.

En una encuesta del Banco Mundial (2010) sobre oportunidad humana, se midió cómo las circunstancias personales de un individuo, como su lugar de nacimiento, nivel económico, raza o género, tienen un impacto en la posibilidad de acceder a servicios básicos, tales como agua potable y saneamiento, electricidad y educación. Honduras, Nicaragua, El Salvador y Guatemala fueron los países peor clasificados entre dieciocho países de América Latina y el Caribe. Las calificaciones para los países del Triángulo Norte estuvieron 20 o más puntos por debajo del promedio regional.

Las condiciones difíciles imperantes en Centroamérica no fueron de por sí el tema de debate: esto solo llegaría más tarde, con los gobiernos de Barack Obama y Joe Biden, con su énfasis en las *causas fundamentales* de la emigración del Triángulo Norte hacia Estados Unidos. No obstante, lo que volvió a colocar a Centroamérica en la agenda de Estados Unidos, aunque inicialmente en compás de espera, fue el cambio en las dinámicas del narcotráfico en las Américas. En términos históricos, la estrategia para contrarrestar la entrada de drogas al país había sido la de buscar cómo reducir el suministro en la fuente, o sea, en los países productores de coca y cocaína, que eran Colombia, Perú y Bolivia. Asimismo, buscaba interceptar la droga en su tránsito por las rutas establecidas en México y el Caribe. Sin embargo, en 2008, Centroamérica se había vuelto un centro importante del tráfico de cocaína. Esto ocurrió debido al éxito de los esfuerzos de intercepción logrados en otras partes, así como por su proximidad a Estados Unidos, el mercado más grande de consumo de drogas en el mundo. En 2008, el Departamento de Estado calculó que un 42% de la cocaína que entraba a Estados Unidos desde los Andes estaba siendo traficada por Centroamérica. Dos años más tarde, había aumentado a un 60%, y en 2011, el jefe del Comando Norte de Estados Unidos dijo al Congreso que casi toda la cocaína destinada a Estados Unidos cruzaba la frontera entre México y Guatemala.

Este énfasis en el narcotráfico como la preocupación central de la estrategia de Estados Unidos hacia Centroamérica tuvo varias consecuencias. La primera fue que el gobierno, empezando con él de Bush y luego durante el primer período de Obama (2009-2012), aumentó considerablemente la asistencia de Estados Unidos para la seguridad y el cumplimiento de la ley en la región. Este incremento en recursos empezó despacio, luego de un acuerdo entre Bush y el presidente mexicano Felipe Calderón de expandir la cooperación en materia de seguridad para poder combatir el narcotráfico mexicano y la violencia de los carteles de la droga. La primera Iniciativa de Mérida, así nombrada por la ciudad en la que se reunieron Bush y Calderón en 2007, fue aprobada por el Congreso en 2008, el que asignó cuatrocientos cinco millones de dólares a México y solo cincuenta millones de dólares para Centroamérica, República Dominicana y Haití. Dos años más tarde, el gobierno de Obama separó los programas para México y Centroamérica, y se creó una iniciativa propia: la Iniciativa Regional de Seguridad para Centroamérica, (CARSI, por sus siglas en inglés), que abarcaba a los siete países de la región. Entre sus propósitos centrales estaba el de proveer de «asistencia para el cumplimiento de la ley, con el fin de enfrentar el tráfico de drogas y armas, las maras, el crimen organizado, superar las deficiencias existentes en la seguridad fronteriza, así como trastocar la infraestructura criminal, como el lavado de dinero y las rutas y redes del narcotráfico». Otras metas fueron las de fortalecer el sector judicial, promover la policía comunitaria, contribuir a la prevención de la formación de maras y desarrollar «programas económicos y sociales para jóvenes en riesgo y comunidades afectadas desproporcionadamente por la delincuencia». Entre los años fiscales de 2008 y 2015 el Congreso aprobó casi 1,2 millones de dólares para los programas CARSI.

Otra importante consecuencia del CARSI fue hacer que los funcionarios estadounidenses tuvieran que lidiar también con el problema de cómo mejorar las condiciones en el terreno en vista de la corrupción y ausencia de voluntad política por parte de los gobiernos centroamericanos. Abundan ejemplos de este vacío de liderazgo. Un funcionario estadounidense se quejó, luego de una visita a Honduras, de que un equipo detector de mentiras que había sido entregado a la Policía Nacional con el fin de contribuir a la selección de futuros miembros de una unidad de élite no había siquiera sido enchufado. El propio jefe de la Policía Nacional fue acusado de estar involucrado en asesinatos cometidos por escuadrones de la muerte. Mucho tiempo después, el Departamento de Estado acusó al presidente hondureño Porfirio «Pepe» Lobo (2010-2014) de estar «involucrado en significativos actos de corrupción» durante su período presidencial, entre ellos el haber aceptado sobornos de una organización de narcotraficantes a cambio de favores políticos. En Guatemala, el presidente Otto Pérez Molina (2012-2015) y su vicepresidenta se vieron obligados a dimitir y fueron encontrados culpables de malversar millones de dólares de fondos públicos por medio de un esquema de defraudación aduanera. Los intentos por ejecutar reformas se fortalecieron con la creación de comisiones contra la impunidad con el auspicio de las Naciones Unidas y de la Organización de Estados Americanos (la CICIG en Guatemala y la MACCIH en Honduras, respectivamente), que trabajaron de la mano con valientes fiscales para investigar y enjuiciar a miembros de redes delictivas. Pero al final, la CICIG y la MACCIH fueron obligadas a salir de ambos países, y algunos fiscales y jueces tuvieron que ir al exilio luego de recibir amenazas de muerte.

Con el tiempo, la ejecución de la CARSI se benefició de aprendizajes obtenidos en el terreno, en particular en relación con los programas de reducción de la violencia que se concentraron en algunos focos de delincuencia y la prevención comunitaria de delitos, apoyo al desarrollo rural y soportes técnicos y políticos para aquellos que se empeñaban por reformar el Gobierno. No obstante, en términos generales, hubo críticas debido a las dificultades planteadas por la necesidad de coordinar a una gama de agencias del Gobierno de Estados Unidos que participaban en su ejecución; un continuado énfasis excesivo en el combate a los narcóticos en lugar de un amplio espectro de impulsores de la violencia; insuficientes esfuerzos por parte de Estados Unidos para reducir la demanda de drogas y frenar el tráfico de armas de fuego; y la ausencia de una estrategia de seguridad generalizada, a diferencia de una amalgama de programas e iniciativas. Impidiéndolo todo estaba la «falta de compromiso para lidiar con la corrupción, la penetración de las instituciones estatales por la delincuencia y las diversas causas de la violencia en sus sociedades» por parte de los países anfitriones.

No obstante lo anterior, la ayuda de Estados Unidos sí contribuyó al logro de algunos resultados positivos. Por ejemplo, con su apoyo una comisión de ciudadanos/as hondureños despidió a unos cinco mil seiscientos oficiales bajo sospecha de corrupción y se capacitaron a ocho mil oficiales nuevos; asimismo, se cortó a la mitad la tasa de homicidios. En El Salvador, la USAID desarrolló programas comunitarios para la prevención de la violencia en municipios de alto riesgo, logrando bajar la tasa de homicidios en un 61% entre 2015 y 2017. Entre 2014 y 2019, el ingreso per cápita aumentó en casi un 9% en el Triángulo Norte, no solo debido a las remesas, sino también a los programas para expandir el acceso a los mercados por parte de campesinos, así como inversiones en agua potable y apoyo para la nutrición infantil. El año siguiente, estos avances fueron borrados por la pandemia de la COVID-19.

Durante el segundo período de Obama (2013-2016) hubo otra significativa reformulación de la política de Estados Unidos hacia Centroamérica. Esta fue ocasionada —en efecto, forzada— por un inesperado aumento de la migración a mediados de 2014, durante el cual aparecieron en la frontera sur decenas de miles de niños/as no acompañados desde El Salvador, Honduras y Guatemala. La ola de migrantes era no solo de menores de edad, sino que también venían madres con infantes y niños/as pequeños/as, a diferencia de los auges anteriores, que consistían principalmente de varones jóvenes. Estas grandes cifras no tenían precedentes: entre el 1 de octubre de 2013 y el 15 de junio de 2014 las autoridades estadounidenses detuvieron a más de cincuenta y dos mil niños/as no acompañados, casi el doble que durante el mismo período del año anterior y diez veces más que en el año fiscal 2011. A finales de septiembre de 2014, la cantidad de menores no acompañados superaba los sesenta y ocho mil.

En respuesta a la ola de niños/as migrantes, el gobierno del presidente Obama solicitó en julio de 2014 una asignación suplementaria de emergencia de 3.7 mil millones de dólares «para tratar con la urgente situación humanitaria». Pero esta conllevó a cuestionamientos en el seno del Gobierno acerca de por qué la CARSI y otros programas, como el CAFTA-DR y los acuerdos económicos especiales o *pactos* para promover el desarrollo por medio de la Corporación del Desafío del Milenio (MCC, por sus siglas en inglés) no habían logrado hacer más para estabilizar a la región. Una crítica desde adentro del Gobierno fue que los esfuerzos anteriores se habían enfocado demasiado en asuntos de seguridad y que el nivel de recursos había sido insuficiente para producir un cambio substantivo. Además, la falta de liderazgo por parte de los gobiernos regionales y las élites políticas requeriría de una participación mucho más activa de la sociedad civil y del sector privado, así como un énfasis en la gobernabilidad y reformas legales, incluidas aquellas relacionadas con los sistemas tributarios. Obama convocó a los tres presidentes de los países del Triángulo Norte a la Casa Blanca en julio de 2014 y les exigió una mayor cooperación para evitar que la gente siguiera emigrando. Al mismo tiempo, el Gobierno desplegó una campaña mediática en idioma español, advirtiendo a los padres de familia en no enviar a sus niños/as en un viaje peligroso hacia el norte y dejando claro que, en el momento de llegar a Estados Unidos, serían deportados.

Durante agosto de 2014, y luego de unas intensas deliberaciones internas, el gobierno de Obama había adoptado una nueva estrategia. Esta fue formalmente desplegada bajo el título de *Estrategia de Estados Unidos para abordar las causas de la migración en Centroamérica*. La estrategia describe un «proceso inclusivo y con participación de todo el Gobierno» con tres líneas generales de acción: prosperidad e integración regional, una seguridad reforzada y mejoras en la gobernabilidad. Obama le dio al vicepresidente Joe Biden la tarea de conseguir mil millones de dólares en nueva ayuda, con el fin de «tratar con los desafíos entrelazados que enfrenta la región en materia económica, de seguridad y de gobernabilidad». Estos temas se encontraban en el centro de una estrategia que se concentraba en las *causas fundamentales* de la migración. Asimismo, el gobierno de Obama también solicitó la cooperación de México para que reforzara su frontera sur con Guatemala y así frenara el avance de los migrantes antes de que llegaran al río Grande. También prestó apoyo político a los gobiernos del Triángulo Norte al lograr que contribuyeran con recursos de sus propios presupuestos —con respaldo del Banco Interamericano de Desarrollo— por medio de una Alianza para la Prosperidad, desplegada con bombos y platillos en septiembre de 2014.

Pero había un detalle. En un artículo publicado en el *New York Times*, Biden hizo referencia a la voluntad política demostrada por Colombia cuando se vio enfrentada con amenazas de seguridad existenciales y se asoció con Estados Unidos en un programa bilateral y multianual de seguridad y desarrollo conocido como Plan Colombia. La mención de Biden referente al compromiso asumido por el país anfitrión no fue casual. Estados Unidos estaba preparado para apoyar a los líderes en Centroamérica «siempre y cuando se responsabilizaran del problema». Se trataba de una apuesta del Gobierno, pero sobre la cual existían serias dudas. Como lo expresó la misma Casa Blanca: «Al final, el éxito dependerá de la buena disposición de los gobiernos centroamericanos de seguir demostrando voluntad política y asumir compromisos políticos y económicos considerables con el fin de lograr cambios positivos». De esta forma, el gobierno de Obama le dio voz a un tema que había sido una constante en las relaciones entre Estados Unidos y Centroamérica. La ayuda estadounidense no podía hacer mucho sin contar con el liderazgo en la propia región.

Los años Trump

Las inconsistencias por el lado de Estados Unidos también tuvieron un papel importante en socavar las perspectivas de lograr reformas en Centroamérica. Los cambios de gobierno, casi por definición, implican discontinuidades en las políticas. Pero la elección de Donald Trump como presidente en 2016 cambió radicalmente el enfoque fundamental hacia Centroamérica. Trump había instrumentalizado su antipatía hacia los migrantes durante su campaña presidencial. El tema central de su presidencia fue la toma de medidas enérgicas para frenar la migración, resumido en el plan de construir una muralla de casi dos mil millas a lo largo de la frontera entre Estados Unidos y México. Cuando se le preguntó durante una audiencia en el Congreso acerca de la ayuda para Centroamérica, un funcionario del Gobierno lo resumió como sigue: «La única métrica que importa es la situación migratoria en nuestra frontera sur».

Sin embargo, al menos al inicio, algunos elementos del enfoque en las causas fundamentales sobrevivieron. A pesar de que el gobierno de Trump formulaba grandes recortes en la ayuda para la región, el vicepresidente Mike Pence, el secretario de Estado Rex Tillerson, el secretario de Seguridad Nacional John Kelly y otros miembros de alto nivel del gabinete, en conjunto con altos funcionarios del Gobierno de México, convocaron a una cumbre a realizarse en Miami en junio de 2017 titulada «Conferencia para la Prosperidad y Seguridad en Centroamérica». Pence informó a los líderes centroamericanos que «los Estados Unidos se enorgullece de apoyar a los programas en el Triángulo Norte que fortalecen a la sociedad civil, aumentan los niveles de alfabetismo, mejoran la educación y fomentan el crecimiento económico en áreas empobrecidas». Elogió el compromiso de la región con la Alianza para la Prosperidad e hizo un llamado a los líderes para que «siguieran rompiendo las barreras a la creación de empleos y al crecimiento, las reformas a sus sistemas tributarios y regulatorios, y la erradicación de la corrupción a todos los niveles de sus gobiernos». El secretario de Estado Tillerson hizo énfasis en el tema del desarrollo económico, al decir que «una Centroamérica más segura y próspera hará mucho para frenar la migración ilegal y peligrosa, derrotar a los carteles transnacionales de la droga, las maras y acabar con la corrupción en sus economías».

Poco tiempo después, sin embargo, una política represiva contra la migración acalló todo mensaje alternativo. En opinión de altos funcionarios del gobierno de Trump, las políticas migratorias indulgentes de Estados Unidos estaban atrayendo a migrantes al país y eran las deficiencias en las leyes que regulaban la inmigración, y no los *factores de empuje*, como la violencia y la falta de oportunidades, las que estaban causando el aumento de las llegadas de niños/as y familias.

Se llevaron a cabo una serie de medidas que resultaron en la eliminación de las protecciones para los migrantes. Entre octubre de 2017 y mayo de 2018, el gobierno de Trump suspendió el Estatus de Protección Temporal (TPS por sus siglas en inglés) para ciudadanos/as de Nicaragua, Haití, El Salvador y Honduras, con lo cual cientos de miles de residentes, a pesar de su larga estadía en el país, ahora enfrentaban la posibilidad de ser deportados. En abril de 2018, el Gobierno desplegó una política de *cero tolerancia* con un fin disuasorio que incluía la separación de niños/as de sus padres en la frontera. Trump anunció el cese de estas separaciones forzadas dos meses más tarde debido a la vociferante condena tanto doméstica como internacional. Sin embargo, durante el período de Trump, casi cuatro mil niños/as fueron separados de sus padres, y hasta febrero de 2023, casi mil de ellos/as todavía no se habían reunido con sus padres, no obstante los intentos del gobierno de Biden para que eso ocurriera.

Cuando estas drásticas medidas del gobierno de Trump no pudieron reducir el nivel de llegadas de migrantes, el vicepresidente Pence endureció su tono en una reunión en junio de 2018 con los presidentes centroamericanos en Guatemala. Citó la cantidad *abrumadora* de guatemaltecos, hondureños y salvadoreños que habían intentado entrar ilegalmente en Estados Unidos en los primeros seis meses del año y advirtió que «este éxodo tiene que terminar. Es una amenaza para la seguridad de Estados Unidos. Y así como nosotros respetamos sus fronteras y su soberanía, esperamos que respeten las nuestras». «Estados Unidos necesita que sus naciones hagan más», dijo. «Si Ud. desea venir a los Estados Unidos, venga legalmente o no venga».

Poco tiempo después, el gobierno de Trump actuó para castigar a los líderes del Triángulo Norte por lo que consideraba un interés insuficiente por frenar la migración. En una movida draconiana, en marzo de 2019 el Gobierno suspendió la mayor parte de la ayuda externa de la Agencia de Estados Unidos para el Desarrollo Internacional (USAID por sus siglas en inglés) y del Departamento de Estado para El Salvador, Guatemala y Honduras, «hasta que el gobierno de estos países tome suficiente acción para reducir la abrumadora cantidad de migrantes [que están] llegando a la frontera de Estados Unidos» Asimismo, el Gobierno revocó casi cuatrocientos millones de dólares que ya se habían asignado para Centroamérica y los transfirió a la oposición en Venezuela y otros beneficiarios. Nada menos que 92 de los 114 proyectos de Estados Unidos y 65 de 168 proyectos supervisados por el Departamento de Estado fueron *afectados adversamente*, según la Oficina General de Contabilidad de Estados Unidos (GAO por sus siglas en inglés), debido a cancelaciones, recortes, atrasos, una *pérdida de credibilidad* e incluso amenazas al personal de los proyectos.

Este enfoque de mano dura pareció generar resultados, por pírricos que fueran. Empezando con Guatemala en julio de 2019 y seguido por El Salvador y Honduras en septiembre del mismo año, el gobierno de Trump concluyó lo que eufemísticamente se llamaron Acuerdos de Cooperación de Asilo o acuerdos de *tercer país seguro*. Según estos, las personas aspirantes al asilo debían primero hacer sus solicitudes en el Triángulo Norte, en esencia, pidiendo protección de los mismos países de los que estaban huyendo. Se dice que hubo funcionarios del gabinete, entre ellos el secretario de Estado Mike Pompeo, que se opusieron a los acuerdos, argumentando que los países centroamericanos no tenían la capacidad de ponerlos en práctica. Mientras tanto, el presidente salvadoreño Nayib Bukele copió una página del libro de estrategias para transacciones de Trump y firmó un acuerdo de *tercer país seguro* en septiembre de 2019, pero pidió que se restaurara el TPS y el apoyo para la inversión estadounidense. «El presidente Trump es muy amable y un buen tipo, y yo también soy amable y un buen tipo», dijo Bukele después de una reunión con el presidente de Estados Unidos: «Ambos utilizamos mucho Twitter, así que ya saben que nos llevaremos bien».

Una vez concluidos los acuerdos, Pompeo anunció en octubre que se reanudaba la ayuda externa. Al final, estos acuerdos resultaron ser efímeros. Guatemala suspendió el suyo en marzo de 2020, al inicio de la pandemia de la COVID-19 y en los casos de El Salvador y Honduras no llegaron a implementarse ya que pocas semanas después de llegar a la presidencia, Biden canceló los acuerdos. Dicho lo cual, al verse enfrentado con un continuado auge en la llegada de migrantes a la frontera, Biden adoptó en 2023 otras limitaciones de acceso al asilo.

El enfoque implacable del gobierno de Trump en el tema de la migración hizo que para los gobiernos del Triángulo Norte se pasara por alto asuntos relacionados con la gobernabilidad democrática. Los indicadores del Banco Mundial sobre la corrupción empeoraron marcadamente en Guatemala y Honduras durante los años de Trump, a medida que ambos países lograron cerrar las comisiones antes mencionadas que con el auspicio de la ONU y la OEA habían investigado con éxito y enjuiciado a miembros de redes de crimen organizado. A pesar de denuncias generalizadas de que hubo fraude en las elecciones presidenciales de 2017 en Honduras, un sonriente presidente Trump apareció al lado del presidente Juan Orlando Hernández en la Asamblea General de las Naciones Unidas en septiembre de 2019. El secretario de Seguridad Nacional se refirió a Hernández como un *socio valorado y probado*, al mismo tiempo que el Departamento de Justicia de Estados Unidos lo estaba investigando como coconspirador no nombrado en un caso de tráfico de cocaína por el cual su hermano sería condenado a cadena perpetua. En El Salvador, la Embajada de Estados Unidos brindó un sólido apoyo al trabajo anticorrupción de un procurador general militante, pero esta iniciativa tuvo poco eco en Washington.

En contraste con la actitud pasiva del gobierno de Trump frente a prácticas poco democráticas en el Triángulo Norte, tomó acción rápidamente en respuesta al fuerte deterioro de la situación de los derechos humanos en Nicaragua. En abril de 2018, la policía sandinista y grupos paramilitares abrieron fuego contra manifestantes pacíficos, matando a sangre fría a más de trescientas cincuenta y cinco personas. Miles más, en su mayoría jóvenes, fueron arrestados y muchos de ellos torturados mientras se encontraban en manos de las autoridades.

El presidente Trump, en noviembre de 2018, firmó una orden ejecutiva en la que se establecía una amplia autoridad para castigar «el régimen de Ortega y sus partidarios, quienes siguen involucrándose en una corrupción generalizada, el desmantelamiento de instituciones democráticas, serias violaciones de los derechos humanos, y la explotación de los recursos públicos y del pueblo para beneficio propio». El Gobierno estadounidense sancionó y congeló los activos de la vicepresidente Rosario Murillo, la esposa del presidente Daniel Ortega, así como los de su asesor de seguridad nacional. Más adelante, añadió a la lista a tres de los hijos del presidente, a la Policía Nacional y a BANCORP, al que acusó de financiar al régimen. El asesor de Seguridad Nacional John Bolton acusó al régimen de Ortega de formar parte de una *troika de la tiranía*, junto con Cuba y Venezuela. Por su parte, el Congreso de Estados Unidos aprobó la Ley sobre Derechos Humanos y contra la Corrupción en Nicaragua, conocida como Ley Nica, la cual requería que el Gobierno de Estados Unidos votara en contra de préstamos para el país en las instituciones financieras internacionales, entre otras disposiciones. En términos generales, tanto el Congreso como el gobierno de Biden siguieron lo que había sido determinado durante los años de Trump, y las condiciones referentes a los derechos humanos en Nicaragua empeoraron considerablemente.

La presidencia de Biden

La política de Estados Unidos hacia el Triángulo Norte cambió de nuevo en 2020 con la elección de Joe Biden a la Casa Blanca. Cuando era vicepresidente, Biden había liderado la implementación de las políticas de Estados Unidos en Centroamérica durante el segundo período de Obama. El único tema latinoamericano mencionado en la plataforma de la campaña de 2020 fue la estrategia de *causas fundamentales* en Centroamérica. Dicho lo cual, este enfoque sufrió algunos cambios, sutiles pero importantes, a raíz de un trabajo concertado por parte de personas ligadas a la formulación de políticas durante los años de Obama para aprovechar los aprendizajes del período 2014-2016. Estos cambios también reflejaron las nuevas circunstancias en la región, no solo los retrocesos democráticos que ocurrieron durante la presidencia de Trump, sino también los devastadores efectos de la COVID-19, así como de dos fuertísimos huracanes, el Eta y el Iota, en noviembre de 2020.

Debido a la pandemia, el PIB per cápita en El Salvador y Honduras se contrajo en más de un 9% en 2020, lo que representó un declive más fuerte que en el promedio de la región. Se calculó que los dos huracanes seguidos causaron cerca de tres mil millones de dólares en daños solo en Honduras y Guatemala, damnificando a cientos de miles de personas y arrasando pueblos costeros. Las valoraciones realizadas por la Comisión de las Naciones Unidas para América Latina y el Caribe (CEPAL) en 2021 muestran que casi la mitad de la población en el Triángulo Norte padecía de inseguridad alimentaria, una condición que se agravó con la invasión de Ucrania por parte de Rusia en 2022.

Una de las preocupaciones centrales del gobierno de Biden siguió siendo el control de la migración. Las olas de migrantes en la frontera sur de Estados Unidos alcanzaron niveles récord en los años fiscales 2022 y 2023. Las declaraciones por parte de funcionarios del gobierno de Biden según las cuales pasarían a adoptar un enfoque más humanitario hacia la migración —compromisos que por cierto fueron explotados por traficantes de migrantes— sin duda contribuyeron al *factor de atracción* de migrantes desesperados, no solo de Centroamérica, sino de una creciente cantidad de venezolanos, haitianos y otros que huían desesperados de sus respectivos países de origen. En 2022 y, por primera vez en la historia, los migrantes de Venezuela, Cuba y Nicaragua superaban numéricamente a los del Triángulo Norte. Esta tendencia se mantuvo en 2023, cuando el número de migrantes procedentes de México y el Triángulo Norte continuó siendo inferior al de otros países de las Américas, como Venezuela, Colombia, Cuba, Ecuador y Nicaragua.

En Estados Unidos, el debate político sobre la migración se enardeció aún más, en paralelo con la profundización de la polarización debido a las afirmaciones de Trump de que hubo fraude en las elecciones presidenciales de 2020. Biden intentó mantener un delicado equilibrio entre una política migratoria enérgica, pero humana, al aumentar tanto el uso de permisos humanitarios como el número de migrantes considerados legales. Sin embargo, mantuvo algunas de las medidas más duras implementadas por Trump, como la expulsión de solicitantes de asilo a México bajo disposiciones existentes en las leyes de salud pública de Estados Unidos y el envío de tropas a la frontera en 2023 en anticipación de un esperado aumento de migrantes al terminar las restricciones por la COVID-19.

En mayo de 2023, el Gobierno actual impuso nuevas restricciones de acceso al asilo que recordaban los acuerdos de *tercer país seguro* que habían concluido en los años de Trump. A la postre, estas disposiciones fueron dejadas sin efecto por un juez federal, a solicitud de grupos de incidencia en defensa de los derechos de las personas migrantes. Al mismo tiempo, el Gobierno dobló su apuesta por la estrategia de *causas fundamentales*, concentrándose en las condiciones subyacentes de inseguridad, falta de oportunidad y corrupción que se encuentran tras el origen del fenómeno de la migración.

Las modificaciones en la política de *causas fundamentales* de Biden parecen haberse originado, al menos en parte, a raíz de una evaluación de esa política realizada por parte de uno de sus principales arquitectos, Ricardo Zúñiga, un diplomático de carrera que había servido en la Casa Blanca durante la Administración Obama como director senior para el hemisferio occidental del Consejo de Seguridad Nacional (NSC por sus siglas en inglés) y a quien Biden más tarde nombró su primer enviado especial para Centroamérica. Un informe escrito por Zúñiga y otras personas llegó a la conclusión de que «el factor más importante que contribuye al limitado crecimiento y progreso social en el Triángulo Norte es la resistencia a la lucha contra la corrupción y en pro de la gobernabilidad por parte de un pequeño, pero poderoso grupo de actores políticos y económicos que tienen sumo interés en que se mantenga el *statu quo*». Dada la falta de voluntad política entre las élites, el Gobierno de Estados Unidos tiene una *capacidad limitada* para transformar las condiciones estructurales, pero sí posee herramientas políticas para «contrarrestar aquellos que participen en acciones corruptas que puedan obstaculizar las reformas». Para mejorar las condiciones y crear empleos, el informe aboga por trabajar con grupos del sector privado y de pequeñas y medianas empresas que también desean ver reformas.

Castigar la corrupción, crear oportunidades económicas y brindar asistencia humanitaria de alto impacto surgieron como los ejes centrales del enfoque de Biden. La nueva administradora de USAID, Samantha Power, tuvo un papel vital, al igual que la vicepresidenta Kamala Harris, a quien se le encomendó supervisar la política hacia Centroamérica. Las innovaciones de la nueva estrategia de Biden, titulada *Estrategia para abordar las causas fundamentales de la migración*, son las siguientes: 1) tratar el cambio climático como uno de los impulsores de la migración, considerando los largos ciclos de sequías así como eventos climáticos extremos; 2) aumentar la financiación para el empoderamiento de las mujeres, incluyendo programas para combatir la violencia de género y los altos niveles de femicidio en la región; 3) canalizar cantidades significativas de ayuda no a los gobiernos, sino directamente a la sociedad civil, por medio de una estrategia de *localización* dirigida a brindar apoyo a grupos locales de manera directa y no por medio de grandes consultorías basadas en Estados Unidos y organizaciones no gubernamentales internacionales; 4) realizar una expansión significativa de ayuda alimentaria y humanitaria, apuntando a comunidades con altos niveles de emigración, utilizando datos nuevos de la Oficina de Aduanas y Protección Fronteriza; 5) movilizar compromisos considerables por parte de corporaciones estadounidenses (hasta febrero de 2023, se habían comprometido a invertir casi cuatro mil millones de dólares en apoyo a la creación de empleos, la conectividad por internet, la sostenibilidad agrícola y la inclusión financiera); 6) aumentar la cantidad de visas para trabajo temporal emitidas a trabajadores agrícolas y no agrícolas; y 7) utilizar restricciones financieras y visados para sancionar a aquellas personas que participen en actos de corrupción o que de otra manera socaven la democracia.

Una nueva herramienta para combatir la corrupción emanó de una ley aprobada por el Congreso de Estados Unidos en diciembre de 2022. Esta legislación requiere que el Gobierno publique una lista de actores corruptos en el Triángulo Norte y les deniegue la entrada al país. A mediados de 2021, el Gobierno publicó la primera versión de esta lista, conocida como la Lista Engel en honor a su principal auspiciador, Eliot Engel, quien en ese momento era presidente del Comité de Asuntos Exteriores de la Cámara de Representantes. La Lista Engel incluyó a más de cincuenta funcionarios actuales y antiguos, entre ellos a la exjefa de gabinete del presidente Bukele y a seis ministros o viceministros actuales o antiguos. También se mencionó a un expresidente y a cuatro jueces actuales y antiguos de la Corte Suprema de Guatemala, así como a un expresidente, su esposa y trece legisladores en Honduras.

El Departamento del Tesoro aplicó sanciones financieras más duras a un puñado de centroamericanos en virtud de la Ley Global Magnitsky sobre Responsabilidad de Derechos Humanos, que se enfoca en violadores de los derechos humanos y funcionarios corruptos. Además, el Departamento de Justicia estableció, junto con el DHS, una fuerza «para robustecer las actividades de Estados Unidos en contra de los grupos traficantes y contrabandistas de personas más prolíficas y peligrosas que operan en México y el Triángulo Norte». El objetivo de la nueva Fuerza de Tarea Conjunta Alpha es el de «complementar los esfuerzos del Departamento de Justicia en su lucha contra la corrupción» por medio de otras disposiciones en la legislación estadounidense.

A pesar de estas intenciones de perseguir a la *élite depredadora* y de colocar a la corrupción en el centro de la política de Estados Unidos, el continuado deterioro de la gobernabilidad en el Triángulo Norte demostró los límites de su influencia. Solo en Guatemala, entre 2021 y 2022 unos quince jueces de alto rango y fiscales encargados de investigar actos de corrupción se vieron obligados a huir del país, elevando así el total a más de dos docenas. Uno de los mejores periodistas investigativos y editor de un periódico fue arrestado, luego de la publicación de artículos sobre la corrupción en el Gobierno. Fue condenado a seis años de cárcel y su periódico se vio obligado a cerrar. En El Salvador, el partido de Bukele orquestó el retiro del procurador general y de cinco magistrados de la Sala Constitucional de la Corte Suprema de Justicia, todos los cuales estaban investigando a su gobierno por actos de corrupción o habían bloqueado iniciativas de su gobierno. En respuesta a las críticas de Estados Unidos y otros, Bukele utilizó X, antes Twitter, su medio de comunicación preferido, para expresar, en pocas palabras: «Con todo respeto… eso no es de su incumbencia».

La impotencia de Estados Unidos para influir en los comportamientos fue especialmente evidente en Nicaragua. Antes de la elección de Daniel Ortega para un cuarto período consecutivo en noviembre de 2021, el régimen encarceló a siete precandidatos presidenciales así como a docenas de otros opositores, entre ellos héroes de la guerrilla en tiempos de la revolución sandinista, uno de los cuales falleció en prisión. El régimen también canceló la personería jurídica de varios partidos de oposición, hostigó y cerró medios de comunicación independientes, y no permitió el ingreso al país de observadores electorales neutrales. Además, una ley de *agentes extranjeros* promulgada en 2020 intimidó y forzó el cierre de organizaciones de la sociedad civil. *The Economist* señaló a mediados de 2021 que: «Desde los años setenta no se habían visto arremetidas contra la disidencia tan descaradas en América Latina».

Tras las elecciones, que Joe Biden denunció como una farsa, la represión en Nicaragua aumentó de manera significativa. El régimen canceló la personería jurídica de al menos dieciocho universidades —incluida la reconocida Universidad Centroamericana dirigida por los jesuitas— y profundizó sus ataques a la Iglesia católica, arrestando y condenando al prominente obispo Rolando Álvarez a una larga pena de prisión. La cantidad de organizaciones de la sociedad civil clausuradas por el Gobierno superó las tres mil.

En respuesta, el gobierno de Biden insistió en sanciones. Hasta marzo de 2023, el Departamento de Estado había revocado las visas de más de ochocientos funcionarios nicaragüenses, miembros de sus familias y sus asociados, mientras que el Departamento del Tesoro congeló los activos de cuarenta y tres nicaragüenses —miembros de la policía, de la Asamblea Nacional, del sistema judicial y del partido sandinista— así como a once entidades, entre ellas, la empresa minera estatal. En noviembre de 2023, la Administración aplicó sanciones adicionales a los nicaragüenses que operaban o facilitaban vuelos a Nicaragua para haitianos y cubanos que querían migrar a Estados Unidos.

Asimismo, a mediados de 2022, el gobierno de Biden limitó la cuota de azúcar de Nicaragua al restarle elegibilidad para optar por aranceles más bajos. Con el objetivo de mantener la presión sobre el régimen, promulgó una orden ejecutiva que amplió su capacidad para restringir las inversiones de empresas estadounidenses en Nicaragua y establecer limitaciones comerciales, sugiriendo la posibilidad de excluir a Nicaragua del CAFTA-DR. A finales de 2023 abrió un proceso de consultas para determinar si las prácticas laborales en Nicaragua eran conformes a los requisitos del tratado de libre comercio. Por su parte, el Congreso aprobó la ley RENACER, que refuerza las disposiciones de la Ley Nica de 2018 y que, entre otras disposiciones, hace un llamado por una estrategia que vincule las sanciones con esfuerzos por recuperar la democracia en Nicaragua y continuar la coordinación entre los aliados de Estados Unidos.

A la fecha, es imposible determinar hasta qué punto las acciones subsiguientes del Gobierno nicaragüense estuvieron vinculadas a estas sanciones. Pero en febrero de 2023, el régimen liberó a doscientos veintidós presos políticos, a quienes envió a Estados Unidos en una operación coordinada por el Departamento de Estado y la USAID. No obstante, la esperanza de que esta acción pudiese abrir las puertas para un diálogo o una apertura política se desvanecieron rápidamente. A pocos días, los líderes de la oposición, incluidos muchos que ya se habían marchado al exilio con anterioridad, fueron despojados de su ciudadanía nicaragüense. Docenas de prisioneros políticos permanecen encarcelados, entre ellos el prominente obispo Rolando Álvarez, quien se había negado a abordar el avión con los demás prisioneros para el vuelo a Estados Unidos y que más tarde sería condenado a veintiséis años de prisión bajo acusaciones de *traición*.

Conclusión

El involucramiento de los últimos tres gobiernos de Estados Unidos en el Triángulo Norte tiene su origen en la forma en que las crisis en estos países impactan directamente los intereses de Estados Unidos. Inicialmente, la preocupación se centró en el narcotráfico y, posteriormente, en las olas sin precedentes de migrantes. En respuesta, los gobiernos de Estados Unidos han intentado cambiar las condiciones en Centroamérica que han permitido la expansión de estos dos fenómenos. Sin embargo, las acciones tomadas han sido todo menos consistentes. El gobierno de Trump hizo un daño substancial —quizá irreparable— al obviar aspectos vinculados a la gobernabilidad en la región, cortando (y luego restaurando) la ayuda, como si la mano dura contra la migración fuera lo único que realmente importara.

Bajo los gobiernos tanto de Obama como de Biden, el Gobierno de Estados Unidos buscó y encontró socios donde pudo, a veces entre los ministerios de los gobiernos centroamericanos, en el sector privado y, cada vez más, entre las organizaciones de la sociedad civil. Funcionarios de alto rango han hablado claro, criticando prácticas no democráticas y defendiendo a las víctimas de este comportamiento. El gobierno de Biden ha sido claro y consistente, desde un muy alto nivel, en condenar las acciones de altos funcionarios guatemaltecos, quienes buscan prevenir la toma de posesión del presidente electo Bernardo Arévalo y así obviar los resultados contundentes de la elección democrática celebrada en agosto de 2023. Asimismo, han buscado cómo crear oportunidades verdaderas para el desarrollo y se han abstenido de imponer medidas que colapsarían a las economías regionales, lo que solo serviría para causar una migración todavía mayor dentro de la región o hacia Estados Unidos. En todo caso, en ambos gobiernos del Partido Demócrata hubo un optimismo excesivo acerca de su capacidad para transformar a las sociedades por medio de grandes infusiones de ayuda externa. Es cierto que el gobierno de Biden hizo énfasis en las limitaciones de la ayuda, en ausencia de socios sólidos en el terreno. Pero sus medidas contra la corrupción, basadas en la imposición de sanciones individuales, parecen haber tenido poco impacto en la reducción o la detención del deterioro de la democracia en el Triángulo Norte.

En lo concerniente a Nicaragua, los gobiernos de Obama, Trump y Biden fueron más consistentes. Sancionaron a la familia gobernante, una amplia gama de funcionarios de alto rango y algunos entes gubernamentales. En un momento se informó que uno de los hijos de Daniel Ortega se había contactado con funcionarios del gobierno de Biden para hablar de un alivio de las sanciones; es posible que la liberación de los prisioneros políticos en febrero de 2023 tuviera relación con este breve diálogo. A más largo plazo, las sanciones impuestas por Estados Unidos podrían tener un papel en los cálculos internos del régimen en relación con el sucesor de Ortega. No obstante, por el momento no hay señales de grietas en el régimen. La intensa ola de represión, tanto antes como después de las elecciones de noviembre de 2021, parece haber eliminado prácticamente todo espacio para la oposición y la sociedad civil.

En última instancia, hay que preguntarse por qué ha sido tan difícil para Estados Unidos lograr un cambio en Centroamérica. Hay múltiples razones para ello. En primer lugar, como vimos anteriormente, la ausencia de líderes comprometidos a los más altos niveles que compartan los objetivos y las prioridades de Estados Unidos. En segundo lugar, la falta de consistencia en las políticas y el énfasis de Estados Unidos a lo largo del tiempo, lo cual hace que funcionarios regionales renuentes pueden simplemente decidir esperar hasta que cambien las prioridades de Estados Unidos bajo otro Gobierno. En tercer lugar, la ayuda de Estados Unidos ya no provee el apalancamiento que tuvo en el pasado. Por ejemplo, El Salvador (2018), Nicaragua (2021) y Honduras (2023) cambiaron su reconocimiento de Taiwán a China, con la esperanza de beneficiarse del generoso financiamiento y las inversiones en infraestructura de este último, como se ha visto en otras partes de América Latina. Por su parte, Nicaragua ha recibido de Rusia cantidades significativas de armas y capacitación militar y de inteligencia. Durante su apogeo, el programa venezolano

Petrocaribe brindó subsidios generosos al petróleo, si bien opacos, a los países de Centroamérica y el Caribe. Aunque Petrocaribe casi ha desaparecido debido al colapso económico de Venezuela, Estados Unidos, otrora dominante, ya no es la única alternativa en la región. Más bien, debe competir con múltiples influencias autoritarias, una de las cuales —China— tiene una chequera grande.

Finalmente, y tal vez más importante, los intereses de Estados Unidos en Centroamérica son diversos y no siempre están alineados. Durante la Guerra Fría, en ocasiones en las que la promoción de los derechos humanos entraba en conflicto con algún imperativo de política de seguridad nacional, prevalecían estos últimos. En los tiempos actuales, el peso del tema migratorio en la política doméstica de Estados Unidos, junto con la necesidad de lograr la cooperación de los gobiernos del Triángulo Norte, relega a un segundo plano otros aspectos, tales como la lucha anticorrupción o la preservación de la democracia liberal.

Basta señalar como ejemplo el cambio de actitud de la Administración Biden hacia El Salvador. En agosto de 2023, el secretario de Estado Antony Blinken recibió calurosamente a la canciller salvadoreña, Alexandra Hill, diciendo: «El Salvador, los Estados Unidos, estamos profundamente conectados. Nuestras economías están conectadas, nuestros pueblos están conectados, y nosotros en Estados Unidos tenemos un verdadero interés en el éxito de El Salvador». En 2021, el Departamento de Estado había calificado la decisión de la Sala de lo Constitucional para permitir la reelección de Nayib Bukele como un «deterioro de la gobernabilidad democrática que daña la relación» entre los dos países. Dos años más tarde, en una visita a San Salvador, el subsecretario para Asuntos Hemisféricos, Brian Nichols, suavizó el discurso, declarando que la reelección «es un tema para los salvadoreños».

En el futuro previsible, Centroamérica seguirá siendo una prioridad en las políticas de Estados Unidos, aunque sea solo por su capacidad de generar un impacto negativo en Estados Unidos por medio del tráfico de drogas, la migración o la presencia de poderes hostiles como Rusia, todos los cuales muestran pocas señales de que se estén desvaneciendo. Cómo tratar estos temas sin abandonar los valores fundamentales de la democracia, los derechos humanos y un desarrollo inclusivo será el principal desafío en los años venideros.

¿Qué significa ser mujer en Centroamérica?

Marcia Aguiluz Soto

Me gustaría dar una respuesta sencilla y aplicable a todas las mujeres en esta región, sin embargo, mientras escribo estas líneas, pienso en mi condición de mujer privilegiada y cómo mi vida, aunque no exenta de desafíos, no representa casi en nada la experiencia y la condición de mis hermanas centroamericanas.

Tengo cuarenta y siete años, nací en Costa Rica, producto de una relación entre mi madre tica de treinta y cinco años y mi padre hondureño de sesenta y tres años; de pequeña me decían que era *hija natural* porque mis padres no se casaron y no convivían juntos; soy la menor de trece hermanos y hermanas, la mayoría de los cuales no conocí por ser hijos de diferentes mamás. Crecí en un pueblito en las afueras de San José llamado Pozos, que para el momento de mi niñez y juventud era considerada una zona rural; me formé en la educación pública, desde mi primaria hasta la universidad; soy mamá de dos personas espectaculares: Adrián e Isabel, sin duda alguna mis mayores maestros. Estudié Derecho y gracias a una beca obtuve una maestría. Hace casi veinte años inicié mi camino como defensora de los derechos humanos y, desde ese lugar, he tenido el honor de representar a centenares de personas víctimas de diversos tipos de violencias.

Me gusta pensar que mi identidad es centroamericana, una identidad forjada a través de las experiencias, aprendizajes y energías adquiridas en las múltiples luchas que todavía enfrentamos como región. Soy feminista, puedo decir que me *convertí* al feminismo hace algunos años cuando fui consciente de que, pese a mis privilegios, había decisiones que no tenía derecho a tomar debido a que soy mujer. Asimismo, creo en la interseccionalidad y, en tal sentido, reivindico que las mujeres somos diversas, con necesidades e impactos diferenciados a partir de la orientación sexual, identidad de género no normativo, raza, etnia, condición de discapacidad, condición de migrante, entre otras múltiples identidades. Ser feminista interseccional es, quizá, la identidad que más me define en esta etapa de mi vida.

Y ustedes se preguntarán ¿qué tiene que ver su vida con las mujeres centroamericanas? Pues, en primer lugar, les comparto un poquito de mi vida como un acto de transparencia porque la información que brindaré no es neutral. Si bien encontrarán cifras y ejemplos concretos que ilustran los retos que tenemos las mujeres en esta región, también es importante que tengan en cuenta que les hablo desde un determinado lugar, desde mis experiencias: las de mi pasado y las de mi presente y, por tanto, desde la imperfección que reivindico como derecho. Además, aunque privilegiada, mi vida también está cruzada por las mismas discriminaciones y violencias que caracterizan la condición de otras mujeres, reconocerlo es un paso importante para mí y la invitación que hago a las personas lectoras es a situarse desde sus experiencias e identificar ¿qué de lo que leerán también aplica en sus vidas?

Dicho lo anterior, ¿qué podrán encontrar ustedes en este capítulo? Principalmente, muchas reflexiones sobre los desafíos que enfrentamos en el momento actual (año 2023). Iniciaré abordando algunos elementos conceptuales esenciales para entender las problemáticas que más adelante se describirán, las cuales serán ilustradas con estadísticas, cuando estén disponibles, así como con ejemplos concretos.

Empecemos por el principio: el patriarcado del que se derivan todos los males

Seguramente habrán escuchado este término, mucho se ha escrito al respecto, incluso existen arengas emblemáticas que son himnos de los movimientos feministas y que nunca faltan en las marchas alusivas a los derechos de las mujeres. En palabras sencillas, el patriarcado es un orden o sistema en el que predomina lo masculino sobre lo femenino y este dominio se expresa en todas las relaciones que son la base de la sociedad actual. Gerda Lerner lo definió en 1986 como: «La manifestación e institucionalización del dominio masculino sobre las mujeres y niños/as de la familia y la ampliación de ese dominio sobre las mujeres en la sociedad en general» (Fontenla, 2008).

En la práctica, el patriarcado es la estructura que sostiene la discriminación y las violencias contra las mujeres, es una especie de concepción de mundo según la cual ellas ocupan un determinado lugar de subordinación y sometimiento a otro grupo que son los hombres. Estos, por el solo hecho de ser hombres, ostentan una serie de privilegios en el hogar, el trabajo, los espacios públicos y privados, mientras se les exime de otras responsabilidades, como las tareas domésticas. En virtud de este *orden*, las mujeres y los hombres deben asumir una serie de roles para ser socialmente aceptados; cuando esto no se cumple, el sistema se pone en riesgo y entonces se recurre a la violencia para intentar mantener el *statu quo*. ¿Cómo opera esto? Acá un ejemplo: Juana le es infiel a su esposo Pedro, él se entera y no soporta la idea de que ella lo haya traicionado; en su visión de mundo, ella le pertenece, ella tiene que comportarse de cierta manera, ella le debe respeto, pero como no lo hace, él decide ponerla en su lugar y demostrarle quien manda: una noche, mientras Juana duerme, Pedro le dispara en la espalda, dejándola con una discapacidad física. Él dice: «Ahora tendrá que depender de mí para siempre».

Este caso es solo un ejemplo de las violencias que sufren las mujeres de manera cotidiana y que se derivan de un problema estructural como lo es la vigencia del patriarcado. Si se quieren solucionar adecuadamente las violencias y la discriminación contra este grupo, es indispensable combatir y cuestionar el patriarcado. No hay otra salida.

Los estereotipos: la gasolina que necesita el patriarcado
para seguir operando

Un día, hace aproximadamente veinticinco años, iba manejando por San José un carro automático, llegué al semáforo en rojo e hice el alto; luego, por error, puse mi marcha en reversa, de manera que cuando el semáforo se puso en verde yo presioné el pedal de gas y, por supuesto, el carro se desplazó hacia atrás, golpeando al vehículo que venía detrás de mí. El golpe realmente fue pequeño, y yo sabía que había sido mi error, por lo que pedí muchas disculpas al otro conductor; como respuesta, me profirió una serie de insultos, entre estos me dijo: «Tenía que ser mujer para manejar tan mal». ¿Cuántas veces pasa que se observa a una mujer conducir un vehículo de cierta manera y se hace el mismo comentario? ¿Qué hace pensar que las mujeres son malas conductoras? ¿Será acaso que se piensa que los hombres son mejores para manejar? Bueno, pues esos pensamientos —muchas veces inconscientes—, que dicen que las mujeres no son buenas en algo y que los hombres son mejores, generalmente son estereotipos que han sido construidos a lo largo de los años y asignados a las personas según el sexo o el género con el objetivo de que tengan un papel determinado en la sociedad.

Las mujeres deben ser madres para realizarse. Los hombres no lloran. Las mujeres son más ordenadas y aptas para las labores domésticas. Los hombres son infieles. Las mujeres son mejores cuidadoras. Los hombres nacieron para liderar. Estos son solo algunos ejemplos de estereotipos que tienen serias consecuencias en la vida de las mujeres. Gracias a estos, la sociedad encasilla o asigna roles que generalmente implican una desventaja para las mujeres. Así, por ejemplo, si se considera que estas son mejores cuidadoras, lo lógico es que les corresponda cuidar a sus hijos e hijas o a sus padres, si están enfermos. De manera que asumir esta labor de cuidado implica que algunas mujeres no puedan estudiar o trabajar de manera remunerada, limitando así sus posibilidades de tener una mejor calidad de vida.

Se verá a lo largo de este capítulo cómo una buena parte de las violencias y discriminaciones que sufren las mujeres centroamericanas surgen cuando estas desafían roles preconcebidos y se rebelan contra el sistema que, incluso desde antes de nacer, ya les ha asignado la vida que deben vivir. Patriarcado, privilegios y estereotipos generan una tríada perfecta que tiene como objetivo mantener las relaciones desiguales de poder y, consecuentemente, la subordinación de las mujeres.

En Centroamérica, ser mujer implica estar expuesta a diversas formas de violencia

En 2022, 1128 mujeres fueron víctimas de femicidio en la región (Méndez, 2023). Estas personas a su vez fueron hijas, hermanas, madres, abuelas, amigas, de manera que el impacto de esta cifra debe multiplicarse de manera exponencial.

El femicidio ocurre cuando una persona, que generalmente es un hombre, asesina a una mujer por el hecho de serlo. Algunas personas se preguntarán ¿es esto posible? La respuesta es sí y, lamentablemente, es más común de lo que se puede imaginar. Esposos, convivientes o novios asesinan a sus parejas porque presuntamente les fueron infieles, porque quieren castigarlas por atreverse a cuestionar los roles de género, porque las consideran una cosa de la que pueden disponer a su voluntad, porque creen que sus vidas no tienen valor o son un mero objeto sexual que pueden poseer y desechar. Esa es la realidad.

En julio de 2020, la costarricense María Luisa Cedeño decidió tomarse unos días de vacaciones en una playa en Quepos, para lo cual se hospedó en un hotel de la zona. Según señala la acusación de la Fiscalía, el día 20 de julio, la mujer estaba en su habitación cuando varios sujetos, entre ellos, presuntamente el dueño del hotel, abusaron sexualmente de ella y posteriormente la asesinaron (Villalobos, 2022). Por estos hechos solo una persona fue sentenciada (Muñoz, 2023). La joven tenía cuarenta y tres años y era médica anestesióloga. Algunas personas pensarán que esto es un hecho común de delincuencia, pero no es así. Lo primero que debe llamar a la reflexión es si un hombre soltero habría corrido el mismo riesgo; la respuesta es no. Quizá a un hombre lo pueden asaltar, incluso podría ser víctima de un asesinato por diversas razones, pero es improbable que sea víctima de abuso sexual y que su cuerpo sea ultrajado como ocurrió con la señora Cedeño. Para los perpetradores de este crimen, esta joven no era una persona, sino un mero objeto del que podían disponer.

Otros casos también ilustran que la violencia contra las mujeres no solo se genera desde personas particulares, sino también desde el propio Estado. Un ejemplo emblemático ocurrió en Honduras en febrero de 2021 en relación con la joven Keyla Martínez. Ella fue detenida por la policía presuntamente por escándalo en la vía pública e incumplimiento del toque de queda que estaba vigente a raíz de la pandemia por la COVID-19, posteriormente, fue trasladada a una celda policial, lugar donde fue asesinada (La Prensa, 2021). Inicialmente, la policía informó que se trataba de un suicidio, sin embargo, la autopsia demostró que la muerte había sido producto de una asfixia mecánica, es decir, fue provocada (BBC News, 2021). Solamente un agente policial fue acusado por este hecho. El juzgado a cargo del caso aceptó juzgarlo por homicidio y no por femicidio agravado, delito que conlleva una pena más gravosa (OMCT, 2022). No se ha investigado la cadena de mando y todavía se está a la espera de la condena del único implicado (Hernández, 2023).

Las mujeres transgénero también son víctimas de violencia. El caso de Vicky Hernández en Honduras es uno de los más emblemáticos. Ella fue asesinada en el marco del golpe de Estado que ocurrió en este país en 2009. Su muerte no fue investigada pese a la existencia de indicios sobre la participación de autoridades estatales. Ante esta omisión, su caso llegó a la Corte Interamericana de Derechos Humanos, órgano que se refirió a la violencia contra las mujeres trans, declaró la responsabilidad del Estado hondureño y ordenó una serie de medidas de reparación (Corte IDH, 2021).

Adicionalmente, es relevante mencionar el caso de Lala en Nicaragua, mujer trans asesinada en marzo de 2021 cuando dos sujetos la arrastraron atada a un caballo y luego la lapidaron en un camino rural (Luna, 2021).

El feminicidio o femicidio es, sin duda alguna, la máxima expresión de la violencia contra las mujeres, pero no es la única. La Convención Interamericana para Prevenir, Erradicar y Sancionar la Violencia Contra la Mujer, mejor conocida como Convención Belém do Pará establece en su artículo 1: «Debe entenderse por violencia contra la mujer cualquier acción o conducta, basada en su género, que cause muerte, daño o sufrimiento físico, sexual o psicológico a la mujer, tanto en el ámbito público como en el privado».

Tomando esa definición como base, en Centroamérica, otra forma de violencia que afecta a las mujeres es la violencia sexual; las cifras en algunos países son verdaderamente alarmantes. Por ejemplo, en Guatemala, solo durante los meses de enero a abril de 2022 se documentaron mil trece casos de violación de niñas y adolescentes, durante los primeros ocho meses de ese año. El Observatorio sobre Salud Sexual y Reproductiva (OSAR) registró 1448 nacimientos de embarazos de niñas menores de catorce años violadas, es decir, casi cinco casos diarios (Toro, 2022). Por su parte, la Asociación Nacional contra el Maltrato Infantil (CONACMI) afirma que en entre los quince y los diecinueve años, la proporción es que por cada caso de un hombre víctima de violencia sexual ocurren veintidós casos de mujeres (Ruiz, 2022).

En El Salvador, según los datos de la Policía Nacional Civil (PNC), en 2022 se registró un aumento en las denuncias por el delito de violación sexual en comparación con el año anterior. Los casos pasaron de 2370 a 2559 (Espinoza y LPG Datos, 2023), lo que representa un promedio de siete casos diarios.

En Nicaragua, datos disponibles del Instituto de Medicina Legal señalan que, todavía en 2022, cada dos horas ocurre un caso de violencia sexual contra las mujeres. Esto se desprende al conocer que dicho instituto realizó 3652 peritajes por violencia sexual (Mujeres activas contra la violencia de género en Centroamérica, 2022). Es decir, alrededor de quince casos por día.

Esta forma de violencia, ya de por si detestable, cuando afecta a niñas o mujeres en situación de discriminación histórica genera experiencias más graves que ameritan la aplicación de una mirada interseccional. ¿Qué significa esto? Que la violencia no se experimenta de igual manera en todas las víctimas y, por tanto, se requiere identificar estos impactos diferenciados para lograr reparar adecuadamente el daño causado.

Para ilustrar este tema, es crucial tener en cuenta el caso de Xiomara, una adolescente de catorce años. Cuando era más pequeña, ella migró con su madre, pero meses después la niña apareció en Guatemala, encontrándose en ese momento con una discapacidad visual. Las autoridades guatemaltecas contactaron al padre de Xiomara, quien logró recuperarla y llevarla de regreso a El Salvador. Luego de esto, la niña compartió techo con su papá y su abuela. A los doce años, Xiomara quedó embarazada producto de una violación sexual cometida presuntamente por un familiar cercano (Hernández, 2021). Como solución, las autoridades decidieron separarla de su abuela y su papá y entregarla a una tía lejana para que la cuidara. Xiomara no tuvo opciones, dio a luz a un niño y actualmente vive en condición de extrema pobreza. Debido a su discapacidad visual y a la falta de apoyo estatal, ella no puede hacerse cargo de la crianza de su hijo.

En este caso convergen una serie de identidades que agravan la ya precaria situación de Xiomara, por una parte, es una niña, además vive en una situación de pobreza y en una zona rural. Además, su discapacidad visual complica aún más su situación. La intersección de estas condiciones hace que Xiomara requiera una serie de apoyos y oportunidades para sobrellevar las secuelas de la violencia y, en particular, para construir un proyecto de vida. Desafortunadamente, hasta la fecha, las autoridades no han brindado una respuesta adecuada a sus necesidades.

Así como Xiomara, miles de niñas y mujeres sufren violaciones o actos de abuso sexual en Centroamérica. Muchos de estos casos no son denunciados por temor *al qué dirán* y porque nuestros sistemas de justicia suelen revictimizar a las víctimas y no son capaces de brindar respuestas adecuadas. De aquellos que se denuncian, solo un pequeño porcentaje llega a obtener condena y, prácticamente en todos los casos, las medidas de reparación son inexistentes, es decir, las víctimas deben cargar con el estigma y el dolor que genera una violación de este tipo, sin contar con los apoyos necesarios para sanar y recuperar sus proyectos de vida.

Es evidente que no existen reparaciones que tomen en cuenta la magnitud del daño que se causa, ni que consideren su impacto diferenciado o que busquen realmente responder a las necesidades de la persona afectada. En este sentido, las leyes que actualmente están vigentes en la región, si bien todas contemplan el delito de violencia sexual, ninguna contiene normas específicas sobre la reparación integral y con vocación transformadora para este tipo de violencia. Esta es una deuda pendiente.

A lo largo de este capítulo seguiremos explorando otras formas de violencia que afectan a las mujeres centroamericanas; vale por ahora tener presente que, como se señaló al inicio, la violencia contra esta población tiene como principal causa la discriminación estructural, y por eso, si se quiere hacer un abordaje adecuado e integral de este fenómeno, no se puede perder de vista el sistema que lo sigue alimentando: el patriarcado.

El acceso a derechos económicos, sociales y culturales: ser mujer en Centroamérica puede ser la principal barrera para acceder a ellos

En Mesoamérica, durante 2021, la inseguridad alimentaria moderada o grave afectó a poco más del 40% de las mujeres y a cerca del

29% de los hombres. Además, aproximadamente el 14.6% de las mujeres en edad reproductiva padecen anemia (FAO, FIDA, OPS, PMA y UNICEF, 2023, pp. 20-21, 31). Asimismo, en Centroamérica pocas mujeres tienen acceso a crédito para vivienda, en promedio menos del 40% de ellas tienen acceso a una cuenta bancaria y solo el 6% posee un préstamo de vivienda (Swissinfo.ch., 2020). La brecha laboral entre mujeres y hombres presenta cifras significativas en varios países de la región. Por ejemplo, en Guatemala asciende al 48.2%, mientras que en Panamá es del 24.6%, siendo la más baja de la región (López Marmolejo *et al.*, 2021, p. 8). Además, se observa una importante diferencia en cuanto a la población sin ingresos propios. En Panamá, el 16.1% de las mujeres no tiene ingresos propios, en contraste con el 6.8% de los hombres. En Costa Rica, estos porcentajes son del 34.4% para las mujeres y del 12.1% para los hombres. En El Salvador, la situación es similar, con un porcentaje del 39.4% para las mujeres y del 15.8% para los hombres. En relación con la feminización de la pobreza, en Centroamérica se destaca que por cada cien hombres viviendo en hogares pobres en la región, hay ciento dieciséis mujeres en similar situación (Observatorio de Igualdad de Género para América Latina y el Caribe, 2021). En suma, la falta de satisfacción de necesidades básicas como alimentación, vivienda y empleo digno son parte de la deuda que tiene el sistema con las mujeres.

La feminización de la pobreza es un fenómeno poco honroso y da cuenta de la discriminación histórica que persiste. Esto quiere decir que la pobreza tiene rostro de mujer y, si hay voluntad de acabarla, no hay otra forma que analizar esta problemática con los lentes del enfoque de género y la interseccionalidad. Esto supone reconocer que las mujeres rurales, las jefas de hogar con niñas y niños pequeños, aquellas con menor formación y educación, las mujeres con discapacidad, así como las indígenas y afrodescendientes, tienen acceso a menos derechos y oportunidades y, por tanto, más probabilidades de vivir en situación de pobreza. Las cifras generales demuestran que, en términos de derechos económicos, sociales y culturales, las mujeres centroamericanas siguen en desventaja.

Hay algunos casos que ilustran la perversidad del sistema económico, en particular, de cómo se usufructúa el cuerpo de las mujeres. Me refiero, específicamente, al trabajo doméstico remunerado y al trabajo en las maquilas. En el primer caso, uno de los problemas es la subvaloración de este tipo de labor; en todos los países centroamericanos, la remuneración es la más baja de la escala salarial (Fernández *et al.*, 2022). Incluso en países como Honduras se han establecido regulaciones especiales claramente discriminatorias; así, por ejemplo, las trabajadoras domésticas no tienen los mismos derechos que otras personas trabajadoras en cuanto a la jornada máxima laboral, preavisos, indemnizaciones, días de descanso, entre otros (Perdomo, 2022a). En este país, en 2020, las trabajadoras organizadas interpusieron una acción judicial ante la Sala Constitucional para acabar con esas normas. Sin embargo, han transcurrido más de dos años y dicho órgano no ha remitido una resolución al respecto (Perdomo, 2022b).

En el caso de Costa Rica, al menos un 33% de las trabajadoras domésticas son migrantes nicaragüenses (Fernández *et al.*, 2022). Aunque existe un salario mínimo, este no necesariamente se respeta debido a que las contrataciones se realizan de manera informal. Esto es así porque muchas de las mujeres no tienen su situación migratoria regularizada, por tanto, no pueden reclamar sus derechos. Aunque la legislación costarricense prevé una categoría especial para trabajadoras domésticas, este tiene ciertos costos que no son accesibles para todas las mujeres migrantes (Dirección General de Migración y Extranjería de Costa Rica). Además, la legislación costarricense establece que si la trabajadora abandona determinado trabajo, pierde su permiso laboral, lo cual es una potencial fuente de abuso. En estos casos, la mirada interseccional ayuda a tener una mejor comprensión de la discriminación. En términos generales, se podría afirmar que las mujeres trabajadoras domésticas son víctimas de discriminación porque el sistema no valora suficientemente su trabajo, pero si a eso se agrega la condición de inmigrante, mujer de zona rural o indígena, la situación discriminatoria adquiere dimensiones aún más graves.

Esta desigualdad está vinculada directamente con el patriarcado, es decir, con la idea preconcebida que nos señala que las labores domésticas y de cuidados son tareas que les corresponden a las mujeres y, por tanto, no deben tener un valor económico relevante. Si se elimina esta idea de la ecuación, lo que queda es un trabajo que explota el cuerpo de las mujeres y que no está adecuadamente remunerado: una evidente injusticia.

En relación con las maquilas, se dice que este sector está feminizado porque más del 50% de las trabajadoras son mujeres. En cuanto al perfil, suelen tener entre dieciocho y treinta y cinco años, con formación primaria o secundaria incompleta. Muchas de ellas son madres y jefas de hogar que provienen de zonas rurales (Oxfam, s.f.). La lógica de las maquilas es producir en masa en corto tiempo. Para lograrlo, estas empresas tienen horarios de doce horas diarias por cuatro días a la semana, con tres días de descanso, y establecen metas de producción que, si no se alcanzan, resultan en castigos como reducción de salario o incluso el despido.

Al igual que ocurre con las trabajadoras domésticas, el salario de quienes trabajan en las maquilas es bajo. Así, por ejemplo, un estudio realizado por el Equipo de Investigaciones Laborales (EIL, 2020) señaló que los salarios mínimos en Guatemala, Honduras y Nicaragua para personas trabajadoras de las maquilas son insuficientes para cubrir el costo de productos básicos alimenticios. A este problema se suman las implicaciones que este tipo de trabajos tiene en el cuerpo y la salud de las mujeres. Según la Colectiva de Mujeres Hondureñas, los trabajos repetitivos durante tantas horas diarias generan trastornos musculoesqueléticos y psíquicos que eventualmente ocasionan incapacidades temporales o permanentes (Colectiva de Mujeres Hondureñas, 2021). Además, las mujeres que trabajan en maquilas tienen, a su vez, la responsabilidad de los cuidados en sus familias, lo que implica que tengan que trabajar jornadas extenuantes y que, a muy corta edad, su cuerpo y salud mental se deterioren.

Lamentablemente, este sistema de trabajo se sostiene gracias a la explotación laboral de las mujeres, y cuando estas dejan de ser útiles, se les desecha sin mayores protecciones ni consecuencias. Es una lógica muy perversa.

Acá cabe hacerse una pregunta: ¿Hay algún sector laboral feminizado que tenga las mejores condiciones laborales? Si la respuesta es no, la siguiente pregunta es: ¿Será acaso porque las labores que realizan las mujeres tienen menor valor para la sociedad?

Si bien los ejemplos antes citados se refieren a sectores específicos con ciertas particularidades, en términos generales la brecha salarial es real: incluso en puestos similares, las mujeres reciben menos ingresos que los hombres. Según el Informe Estado de la Región (Programa Estado de la Nación, 2021), hay diferencias en los ingresos promedio percibidos entre hombres y mujeres. Las brechas más pequeñas se encuentran en El Salvador y Honduras con un 9.3% y en Panamá con un 9.8 %, aunque en los tres países la brecha tendió a ampliarse entre 2010 y 2019. En el caso de Costa Rica, la brecha disminuyó en ese mismo período, pasando de un 17.3% a un 12% (Brenes, 2021). Claramente, los desafíos persisten.

Ser mujer migrante en Centroamérica es una condición de vulnerabilidad y de riesgo

Las personas migran por diversas razones, como huir de la violencia, la pobreza, la desigualdad o la persecución política, generalmente en busca de mejores oportunidades. No es posible acabar con la migración porque es un fenómeno universal, generalizado, con profundas raíces históricas y resultado de situaciones que, estructurales o no, afectan la vida cotidiana de millones de personas. Migrar es un derecho.

En las Américas existen diferentes movimientos o flujos migratorios, algunos intrarregionales y otros extracontinentales. Dentro de estos desplazamientos hay personas migrando hacia el norte y algunas hacia el sur. En el caso de Centroamérica, convergen varias situaciones. Por un lado, miles de personas emigran hacia Estados Unidos desde la región centroamericana, el sur o de otros continentes. Además, un porcentaje significativo migra hacia Costa Rica y Panamá, principalmente desde El Salvador, Honduras, Guatemala y Nicaragua. Por tanto, en la región encontramos países expulsores, receptores y de tránsito.

En este proceso constante de expulsión, tránsito y recepción se originan múltiples formas de violencia que afectan a todas las personas migrantes. Sin embargo, como suele ocurrir en otras áreas de la vida, las violencias contra las mujeres son distintas y sus impactos son diferenciados.

Algunos datos recientes de la Organización Internacional de las Migraciones (OIM) ilustran la cantidad de mujeres migrantes que atraviesan la región. En mayo de 2022, se registraron 13 248 ingresos irregulares a Costa Rica a través de la zona de Paso Canoas, frontera con Panamá. De estos, el 14% correspondía a mujeres. Asimismo, de enero a mayo de 2022, se registraron 37 892 ingresos irregulares a Honduras a través de la frontera con Nicaragua, de los cuales el 29% eran mujeres y el 7% niñas. En cuanto a las personas retornadas a Guatemala, El Salvador y Honduras, durante los primeros cinco meses de 2022 se registraron 89 200 retornos, de los cuales el 27% fueron niñas y mujeres (OIM, 2022). En enero y febrero de 2023, la Agencia de Naciones Unidas para los Refugiados (ACNUR) registró la entrada de 49 291 personas por la Provincia del Darién en Panamá y el 34% de ellas eran mujeres (ACNUR, 2023). Estas mujeres tienen una mayor probabilidad de sufrir violencias diferenciadas, como violencia sexual, trata con fines de explotación sexual o laboral y violencia institucional que se ve reflejada, entre otras cosas, en la falta de acceso a servicios de salud sexual y reproductiva, como productos de higiene menstrual, anticonceptivos, aborto y anticoncepción de emergencia (OIM, 2016).

Estas prácticas violatorias ocurren en todo el trayecto migratorio y pueden ser responsabilidad de actores no estatales, como el crimen organizado o las maras, pero también de las autoridades. Recientemente salió a la luz pública la noticia sobre abusos sexuales contra migrantes por parte de funcionarios del Servicio Nacional de Migración y del Servicio Nacional de Fronteras (Senafront) en Panamá (Oquendo, 2023).

Así las cosas, ocurre que las mujeres están huyendo de la violencia en sus países en la búsqueda de mejores oportunidades en educación, salud, seguridad y otros aspectos (Onda Cero, 2023), sin embargo, el solo paso por la región centroamericana las coloca en un alto riesgo.

En Costa Rica, un país que recibe principalmente migrantes de nacionalidad nicaragüense, las mujeres que migran son potenciales víctimas de discriminación, xenofobia y explotación laboral (CIDH, 2019). Hace tan solo unos meses se conoció el caso de dos jóvenes, presuntamente de esa nacionalidad, que fueron agredidas brutalmente por un supuesto robo (100% Noticias, 2022). Las imágenes de este hecho evidencian el total desprecio hacia la dignidad humana (Chacón, 2022). Otras investigaciones han mostrado que las mujeres nicaragüenses en este país tienen barreras para acceder a la seguridad social, no se les respeta el salario mínimo (Fonseca, 2008) y tampoco tienen acceso pleno a la salud, a la educación o a la justicia (Barrantes, 2012).

El tema de la trata de personas es una problemática compleja que afecta a toda la región. Sin embargo, todavía existen importantes deficiencias para documentar la magnitud del problema, así como para identificar a las víctimas de este flagelo. Cuando se realiza esta identificación, el enfoque generalmente es punitivo, es decir, se privilegia la persecución del crimen por encima del bienestar integral de la mujer tratada, quien generalmente queda a la deriva en un país que no conoce.

Según el último Reporte Global sobre Trata de Personas (UNODC, 2022), en Centroamérica, la mayoría de las víctimas detectadas (un 71%) son tratadas con fines de explotación sexual. Del total de víctimas, el 89% son mujeres y de la cantidad total de víctimas de trata (de cualquier tipo), el 83% corresponde a mujeres y niñas. Sin embargo, el mismo reporte alerta que tan solo el 3% de las investigaciones iniciadas por estos delitos termina en una condena. La trata de personas es especialmente grave, por cuanto las reduce a meros objetos que pueden ser comprados o vendidos y violenta numerosos derechos humanos, como la vida, la integridad personal, la salud, la libertad y, en particular, la dignidad humana.

A lo anterior hay que sumar las particularidades que atraviesan las mujeres migrantes que además son indígenas, afrodescendientes, trans o que tienen alguna discapacidad. En estos casos, las experiencias de violencia o discriminación son aún más gravosas.

Una investigación realizada por el Observatorio del Desarrollo de la Universidad de Costa Rica en 2020 sobre las rutas migratorias de las comunidades indígenas miskita y ngöbe en Costa Rica da cuenta de las experiencias diferenciadas de mujeres de estas comunidades. Por ejemplo, están más expuestas a sufrir enfermedades de transmisión sexual, trabajan junto con sus parejas en fincas cafetaleras, pero el pago lo recibe el hombre, no pueden ser aseguradas en fincas bananeras porque carecen de documentación o se ven obligadas a la mendicidad para generar algunos recursos (Acuña, Ceciliano, Cruz, Gómez, Hernández, Mena, Rodríguez y Vargas, 2020).

Como se observa, no cabe duda de que migrar en Centroamérica es peligroso, pero para las mujeres esto puede significar atravesar el infierno.

En Centroamérica, la participación política de las mujeres es limitada y sigue sin impactar sus vidas

¿Cómo incidir para que nuestra realidad cambie si no formamos parte de la toma de decisiones? La participación política es un derecho humano, sin embargo, como en muchos otros temas, en Centroamérica este derecho no se ha garantizado plenamente para la mitad de la población. Hay avances, sí, pero no son suficientes.

En varios países de la región existen leyes que establecen cuotas mínimas para las mujeres en puestos de elección popular; esta es una acción afirmativa necesaria para avanzar hacia sociedades más equitativas y paritarias. Por ejemplo, en Costa Rica, la cuota es del 50%, en El Salvador es del 30%, en Honduras del 50%, en Nicaragua del 50% y en Panamá del 50%.

A pesar de estas leyes, las estadísticas demuestran que todavía estamos lejos de alcanzar la paridad. Vale mirar la conformación de los Congresos Nacionales en 2023: en Guatemala, menos del 20% de la totalidad del Congreso son mujeres (Quintela, 2019); en El Salvador el número asciende al 28.57 % (Tribunal Supremo Electoral, 2021); en Panamá es tan solo el 20% (Pichel, 2019) y en Honduras ronda el 27% (Carrasco, 2021).

En cuanto a los poderes ejecutivos, según datos del Observatorio de Igualdad de Género para América Latina y el Caribe (2023), a inicios de 2022, salvo Costa Rica, no había un solo gabinete paritario en la región, siendo Guatemala el de más baja participación (con tan solo 12% de mujeres).

Esa brecha es aún mayor si se usan los lentes de la interseccionalidad. Es decir, gracias a las normas aprobadas, hay más mujeres participando, sin embargo, todavía no se encuentra representada la maravillosa diversidad que nos caracteriza. El porcentaje de mujeres afrodescendientes, indígenas, migrantes, de zonas rurales, jóvenes o con alguna discapacidad es mínimo y, en algunos países, es inexistente. Simplemente, no es posible legislar o buscar cambios que incidan positivamente en estas poblaciones, si no hay mujeres que estén viviendo o hayan vivido estas realidades.

En la práctica, las cuotas numéricas no se han traducido en ampliación o garantía de los derechos de las mujeres, ya que los partidos políticos, con liderazgos generalmente patriarcales, aplican sus propios filtros para seleccionar a las mujeres que ocuparán esos puestos a cambio de sumisión y alineamiento con la agenda partidaria, convirtiéndose, de esta manera y, como dice la feminista boliviana María Galindo, en una mera *cuota biológica*.

Además de lo expuesto, es importante destacar que las barreras para participar en la política son muchas y son estructurales. Algunas están vinculadas con el papel históricamente asignado a las mujeres en las sociedades. Cabe recordar que la vida pública ha sido un espacio reservado para los hombres, mientras que ellas han sido las *reinas*, pero de sus hogares. Claro está, *reinas* que están destinadas a cuidar y a servir, como veremos más adelante.

Una de las barreras fundamentales está dada por ese mandato social que coloca a las mujeres en espacios privados. Además, el pequeño porcentaje que se atreve a desafiar este mandato enfrenta otros obstáculos a medida que se adentra en la vida pública y política. ¿Cuáles? Uno de ellos es el factor tiempo. Para involucrarse en acciones políticas se requiere tiempo y este es escaso cuando, además de estudiar o trabajar fuera de casa, se tiene la responsabilidad de gerenciar una familia, cuidar a los hijos o a los padres. En política, los horarios no existen, de hecho, las decisiones se toman muchas veces en espacios informales como mesas de tragos, desayunos o almuerzos, lo que dificulta aún más que una mujer con diversas cargas y trabajos se acople a estas dinámicas. En general, esta mujer tiene que hacer malabares para cumplir con todas las tareas y, cuando se ve abrumada, suele apostar por su familia y sacrificar lo demás.

Nicole Jirón, una socióloga costarricense, incursionó en la política partidista hace algunos años. Le consulté sobre su experiencia y mencionó que una de sus preocupaciones era que las reuniones se extendían hasta altas horas de la noche y durante los fines de semana. Ella está casada y tiene dos hijas. En sus palabras: «Nos daban las horas de las horas... nadie más estaba casado ni tenía hijos y competía con el tiempo de mi familia... así que tomé la decisión de irme porque no podía estar en todo al mismo tiempo».

Claramente, la vida política no está pensada para adaptarse a las necesidades de las mujeres. Entonces el dilema es: o las mujeres se adaptan y sacrifican aspectos de su vida privada y familiar para poder participar o se resignan y abandonan la participación política. Como se explicará más adelante, la raíz de este fenómeno se encuentra en el desigual e injusto arreglo de la economía del cuidado, que las obliga a destinar una buena parte de su tiempo diario a las tareas reproductivas, como garantizar comida caliente, ropa limpia y familia bien atendida, mientras que los privilegios del patriarcado eximen a los hombres de estas responsabilidades.

En el caso de Angélica Rivas, una abogada salvadoreña, ella también participó en un partido político como candidata al Congreso de su país. Uno de los primeros aspectos que mencionó fue la obligación de pertenecer a partidos políticos para participar y cómo estos están diseñados por hombres y para hombres. Según su experiencia, la lógica de funcionamiento es absolutamente patriarcal. Un obstáculo práctico que ella y otras candidatas enfrentaron fue la falta de acceso a recursos económicos. Además, mencionó que no existe formación política para las mujeres.

Además de lo anterior, en mi experiencia, otro obstáculo es la lucha permanente contra los estereotipos. Es frecuente leer o escuchar adjetivos despectivos para referirse a las mujeres en política, catalogándolas como manipuladoras, vividoras, vendidas, putas, mentirosas, entre otros. Difícilmente se reconoce su liderazgo, conocimientos, experiencia o formación. De igual manera, se especula sobre las razones por las que están en política o gracias a quien llegaron ahí. También ocurre que se utilizan calificativos como *mamita, reinita, princesa, muñequita* para hacer referencia a las mujeres y así minimizar su liderazgo.

Adicionalmente, para quienes logran llegar a cargos de importancia, el escrutinio siempre es mayor. Cuando no existían leyes de cuotas y una mayoría de hombres resultaban electos en diversas posiciones de poder, no había cuestionamiento alguno respecto de sus capacidades para ejercer cargos públicos. Ahora que existen estas acciones afirmativas, se escucha con frecuencia la crítica a las leyes porque *no se debe mirar el sexo o género sino la capacidad de las personas*. Esta crítica demuestra el escrutinio mayor al que están sometidas las mujeres a la hora de ejercer su derecho a la participación política: se tiene que demostrar que son capaces, que sí pueden, que están a la altura del cargo y que, además de ser políticas, son buenas madres, hijas, hermanas, esposas. La lista de requisitos continúa, es extensa e inalcanzable. Como me dijo Angélica Rivas: «Hay una sobreexigencia porque las mujeres tenemos que probar que podemos».

Y si se falla o si hay desacuerdo, el precio a pagar es enorme. La violencia política contra las mujeres es distinta a la que sufren los hombres; en muchas ocasiones ataca su cuerpo, sus familias, su inteligencia; en dos palabras: es cruel y despiadada.

En Costa Rica, durante el período 2018-2022, quedó electa en la Asamblea Legislativa Paola Vega, quien ejerció un liderazgo progresista y pagó muy cara su osadía. Basta revisar sus redes sociales para darse cuenta del nivel de violencia que se ejerció en su contra, mucha dirigida a criticar su cuerpo. En un tweet reciente, a propósito del Día Mundial contra la Gordofobia, ella narró parte de su experiencia, señalando que:

> Al inicio lloré, algunas veces me jodió la autoestima, me vi limitándome a mí misma de muchas cosas: tipo de ropa, las fotos, prohibirme poner una foto disfrutando de un postre por lo que iban a decir, etc. […] Ya luego se hizo costumbre. No me afectaba. Eran insultos huecos y predecibles. Tontos y faltos de astucia. Pero pienso que no a todas las chicas gordas que se meten en política les puede pasar lo mismo, acostumbrarse, hacer callo. (Vega, 4 de marzo 2023)

Este testimonio es consecuente con otras experiencias de violencia en redes sociales que han sufrido mujeres que tienen presencia en la vida pública y política. Un estudio realizado por la Alianza Regional por la Libre Expresión e Información y ONU Mujeres, que incluyó casos de Costa Rica, El Salvador, Guatemala, Honduras y Nicaragua, concluyó que el 80% de las mujeres que sufrieron algún tipo de violencia en línea limitaron su participación en las redes sociales, el 40% se autocensuró y un 80% temió por su integridad física y su vida (Alcaraz *et al.*, 2022).

Esta virulencia es un obstáculo más que inhibe la participación política de las mujeres, así como una manifestación de lo mucho que todavía falta para generar entornos seguros en los que las mujeres puedan ejercer este derecho en libertad, seguridad e igualdad.

En Centroamérica, las mujeres cuidan más y no son remuneradas por ello

Históricamente, las mujeres han asumido la responsabilidad del cuidado de los hijos e hijas, de los padres y familiares con alguna enfermedad o condición que genere dependencia. Como consecuencia, este grupo tiene dobles o triples jornadas laborales, muchas veces sin remuneración alguna.

En la práctica, mantener la responsabilidad de los cuidados en las mujeres implica que ellas enfrentan más barreras para acceder a una educación y empleo de calidad o que deben lidiar con jornadas extenuantes para cumplir con todas las tareas, lo cual puede afectar su salud física y mental.

En una entrevista realizada a Nasheli Noriega (Fundación Gabo, 2022) que cita datos de la Comisión Económica para América Latina y el Caribe (CEPAL) y la Organización Internacional del Trabajo (OIT), menciona que: «Las mujeres dedican tres veces más tiempo al sostenimiento del cuidado de la vida en América Latina y el Caribe» (párr. 2). En el caso de Centroamérica los promedios son similares. Por ejemplo, en Guatemala, mientras las mujeres dedican un 15.5% de su tiempo a trabajos domésticos y de cuidados no remunerados, los hombres solo lo hacen en un 2.3%. En Honduras, la proporción es del 15.5% para las mujeres y del 3% para los hombres. En Panamá las cifras equivalen al 18% para las mujeres frente al 7.6% para los hombres; en El Salvador, las mujeres dedican el 20.5%, mientras que los hombres el 7.3%. Finalmente, en Costa Rica las mujeres dedican un 22.6% de su tiempo a estas labores frente al 8.7% de los hombres (Observatorio de Igualdad de Género, 2021b).

Como mencioné anteriormente, en la cotidianidad la desigualdad en los cuidados implica condenar a las mujeres al cansancio permanente, a tener menos oportunidades de crecer, tanto en lo personal como en lo profesional, y a seguir reproduciendo los estereotipos de mujeres como mejores cuidadoras. Hace unas pocas semanas visité a una pariente que está enfrentando un cáncer. Ella es madre de seis hijos (cinco hombres y una mujer), todas personas adultas con sus respectivas responsabilidades familiares. De los seis, es la hija quien asume el cuidado de su madre, lo que le ha significado trabajar una doble jornada que se extiende a los fines de semana, es decir, no tiene descanso.

Quizá ustedes habrán escuchado el argumento de que el trabajo doméstico no se considera trabajo porque no genera ingresos económicos. Esta idea se encuentra tan normalizada que muchas mujeres que se dedican a labores domésticas, cuando se les pregunta sobre su ocupación, dicen: «No trabajo, soy ama de casa». Sin embargo, esto es una trampa del patriarcado porque, en realidad, este trabajo sí tiene valor monetario. Imaginen cuánto dinero costaría contratar a una persona externa para cada labor de cuidado, sin duda alguna sería mucho. Por tanto, el trabajo doméstico es monetizable, pero no se quiere asumir como tal para seguir favoreciendo a un sector de la población: los hombres.

En estas condiciones, redistribuir supone que otras personas también tengan que hacerse cargo, y esto implica corresponsabilidad, así como la necesidad de generar redes de apoyo institucionales. Además, los hombres deben asumir tareas domésticas o de cuidado, renunciando a algunos de los privilegios que han ostentado por siglos.

Determinados hombres o integrantes de las familias se sienten satisfechos porque pagan la mayoría o una buena parte de los gastos familiares, incluso algunos asumen tareas domésticas si se les solicita, sin embargo, aún en estos contextos más equitativos, la carga mental que tienen las mujeres sigue siendo desproporcionada. Son ellas las que gerencian los hogares, las que tienen que pensar en la logística de las vacaciones, de la entrada a clases, de las celebraciones, de lo que se debe comprar para tener alimentos en casa, del cuido de las mascotas, y así puedo continuar enumerando una cantidad de tareas que no se visibilizan porque de esto no se habla. Simplemente, se asume como normal que sean las mujeres las responsables, y esto es una carga sumamente agotadora.

Claro está, lo descrito en el párrafo anterior es un ejemplo de lo que puede ocurrir en un número pequeño de familias privilegiadas, es decir, mujeres que tienen esta carga adicional, pero a la vez disfrutan de suficientes derechos y recursos como para, al menos, darse el lujo de pensar en logísticas. Este no es el caso de la mayoría de mujeres que viven en situación de pobreza, para quienes asumir la responsabilidad primaria de los cuidados significa simplemente no poder trabajar de manera remunerada, no generar ingresos económicos, tener que soportar situaciones de violencia, no poder estudiar y, por tanto, estar condenadas a la pobreza. Esta es una verdadera tragedia y, por ello, el gran reto del presente siglo es tocar las estructuras económicas y patriarcales que perpetúan esta situación de explotación.

Al hablar de los cuidados, más allá de las cifras, les invito a mirar a su alrededor, a tomar consciencia de sus responsabilidades, como hombres o como mujeres, y a cuestionarse: ¿Qué de lo que hago o dejo de hacer está vinculado con mi sexo o género? ¿Es esto justo?

En Centroamérica, dependiendo del país y de la condición socioeconómica, ser mujer significa no poder decidir sobre tu vida sexual o reproductiva

La Declaración Universal de Derechos Humanos señala en su artículo primero que: «Todos los seres humanos nacen libres e iguales en dignidad y derechos». Sin embargo, en el caso de una gran mayoría de mujeres y personas con capacidad de gestar, el derecho a la igualdad y el reconocimiento a nuestra dignidad se violenta flagrantemente ante las numerosas barreras que existen para acceder a servicios de salud sexual y reproductiva de calidad y acordes con nuestras necesidades, en particular al aborto libre, seguro y gratuito.

En América Latina, ocho países permiten el aborto hasta cierto plazo, mientras que diez lo permiten en al menos una causal (que puede ser cuando la vida o la salud de la mujer está en riesgo, cuando el embarazo es producto de violencia sexual o en casos de incompatibilidad del feto con la vida extrauterina). Sin embargo, cinco países prohíben totalmente el aborto (BBC News Mundo, 2022). De estos cinco, tres están en Centroamérica: Honduras, El Salvador y Nicaragua. Esto significa que millones de mujeres y personas con capacidad de gestar tienen el riesgo de morir si llegan a necesitar un aborto o pueden terminar en la cárcel si deciden realizarlo.

En 2013, Beatriz, una joven salvadoreña de veintidós años que padecía lupus, quedó embarazada por segunda vez. Para ese momento, su bebé tenía un poco más de un año. Por la enfermedad que padecía, su embarazo era de alto riesgo, además, el feto era anencefálico, es decir, sin cerebro y, por tanto, sin posibilidad alguna de sobrevivir fuera del útero. Un comité médico conformado por trece personas recomendó realizar un aborto terapéutico para salvar la vida de Beatriz, sin embargo, como en El Salvador este servicio se encuentra completamente penalizado, los médicos no se arriesgaron y solicitaron permiso a otros órganos, que también se negaron a autorizar el aborto. Luego de varias gestiones a nivel nacional e internacional, cuando ya habían transcurrido ochenta y un días desde el diagnóstico inicial, los médicos realizaron una cesárea. Como era de esperarse, la criatura falleció unas horas después. Durante el tiempo que duró este proceso, Beatriz sufrió la incertidumbre de no saber qué pasaría con su vida, estuvo hospitalizada varias semanas esperando que una *autoridad* le diera una respuesta que la salvara, que le quitara su sufrimiento. Beatriz quería vivir por ella, por su hijo de un año, por su madre y su pareja. Ella también quería ser madre por segunda vez, pero no a costa de su propia vida. Puedo describir estas emociones porque tuve el privilegio de conocerla y visitarla mientras estaba en el hospital. Recuerdo que era una joven de zona rural, humilde, muy callada y tímida; le llevé chocolates y le encantaron. No sabía del feminismo, ni de los derechos de las mujeres, pero sí sabía que quería vivir y no entendía por qué otros tenían que decidir por ella, particularmente no entendía por qué su vida valía menos que la de un feto que no tenía ninguna posibilidad de vivir. Su caso, actualmente, está siendo conocido por la Corte Interamericana de Derechos Humanos (CIMACNoticias, 2010).

Unos años antes, en 2010, también me correspondió conocer y acompañar el caso de Amalia, una mujer nicaragüense diagnosticada con cáncer quien quedó embarazada y no le querían aplicar el tratamiento contra su enfermedad para proteger su embarazo.

Otros casos, como los de Ana y Aurora en Costa Rica, ilustran de igual forma esta situación de profunda injusticia. A ellas se les negó el aborto terapéutico, aunque en Costa Rica sí está permitido. En ambas circunstancias se les indicó que las criaturas no sobrevivirían al nacer, no obstante, se les obligó a llevar adelante el embarazo. El primer caso ocurrió en 2007 y el segundo en 2012. Ambos están siendo conocidos por la Comisión Interamericana de Derechos Humanos (Centro de Derechos Reproductivos, s.f.).

No es posible conocer las cifras exactas del impacto de la penalización del aborto, ya que este tipo de información no es recopilada por los gobiernos. Además, al ser un servicio tan estigmatizado, las mujeres que recurren a él lo hacen de maneras inseguras y difíciles de documentar.

Lo que sí está documentado y comprobado es que la penalización del aborto no es una forma efectiva de prevenirlo, todo lo contrario, la prohibición incentiva prácticas inseguras que ponen en mayor riesgo a las mujeres (Médicos sin Frontera, s.f.).

Entonces, si la penalización del aborto no disminuye la práctica, ¿por qué seguir insistiendo con prohibirlo? ¿Qué hay detrás de esta política? En mi opinión, este tipo de normas restrictivas lo que buscan es castigar a las mujeres, particularmente a aquellas que desafían el *statu quo* y que no aceptan la maternidad como mandato.

¿Por qué no confiar en que las mujeres son sujetas de derecho y pueden tomar las mejores decisiones sobre su vida y su cuerpo? Porque subyace un estereotipo sobre el papel que *naturalmente* les corresponde: ser madres. Porque, además, se les considera meras receptoras, seres que deben privilegiar su papel como madres por encima de cualquier otra aspiración hasta el punto, incluso, de tener que sacrificar su propia vida.

La penalización del aborto no tiene nada que ver con salvar una vida, porque ya se ha demostrado que esto no se logra, y sí tiene que ver con sostener el papel de subordinación que socialmente se les asigna a las mujeres. Es necesario generar una discusión seria y pausada sobre el verdadero propósito de este tipo de políticas.

Además del acceso al aborto, subsisten otros desafíos y barreras para la salud sexual y reproductiva, por ejemplo, el acceso a la educación sexual integral. Un dato curioso es que los mismos grupos fundamentalistas que se manifiestan contra el aborto, también se oponen a la educación sexual (Salud con Lupa, 2019), la cual sería una política idónea para evitar embarazos no deseados. Por ejemplo, en Costa Rica, en 2018, cientos de padres impidieron el inicio del curso educativo por estar en desacuerdo con la educación sexual integral que se daría a estudiantes de secundaria (DW, 2018).

Defender derechos humanos en Centroamérica: una actividad de alto riesgo y a la vez, la esperanza para el cambio

Cuando las personas levantan la voz frente a la injusticia, la opresión, la discriminación, la ilegalidad, ya sea por algo que les afecte directamente o a otras personas, están defendiendo derechos humanos, y esta acción, en sí misma, es un derecho humano.

Tener la posibilidad de hablar, criticar y expresarse en contra o a favor de diversas acciones, ya sea del Gobierno o de terceras personas; poder reunirse para manifestar ciertas posiciones; asociarse en torno a una causa común que motive o indigne; acudir a instancias judiciales o gubernamentales para reclamar respuestas o justicia; realizar denuncias a nivel nacional e internacional: todas estas son acciones que forman parte del derecho a defender los derechos humanos. Estas acciones han sido reconocidas por diversos organismos internacionales, como la Comisión Interamericana de Derechos Humanos, la Corte Interamericana de Derechos Humanos y la Asamblea General de la Organización de las Naciones Unidas.

La defensa de los derechos humanos no está vinculada con tener un determinado trabajo o cargo en particular; más bien, se relaciona con la actividad que se lleva a cabo. Esto significa que no importan los títulos, los cargos, el trabajo que se está ejerciendo en un determinado momento, ya sea de manera remunerada o no. Lo importante es si se ejerce una acción para defender algún derecho humano. En síntesis, todas las personas pueden ser defensoras de los derechos humanos.

¿Deberían estas acciones descritas constituir un riesgo para quienes las ejercen? No, pero sí lo son y, en el caso de las mujeres, se vive de manera diferenciada.

Datos de la Iniciativa Mesoamericana de Defensoras de Derechos Humanos (IM-Defensoras), organización que lleva diez años registrando las manifestaciones de violencia contra las mujeres defensoras de derechos humanos, dan cuenta de la gravedad de la situación y de los tipos de violencia que enfrentan. Por ejemplo, durante 2015 y 2016 se documentaron 2025 agresiones en Mesoamérica (Centroamérica y México). Sin embargo, en 2020 esta cifra se duplicó a 4650 (IM-Defensoras, 2022). Entre 2020 y 2021, treinta y ocho defensoras fueron asesinadas y otras veintiocho sufrieron atentados contra su vida. Solo en el último año, 2022, se registraron 4803 ataques a mujeres defensoras, que incluyeron asesinatos, hostigamientos, amenazas, violencia física, psicológica o verbal, criminalización, entre otros. Tan solo en ese año, IM-Defensoras (2023) documentó el asesinato de veinte mujeres, entre ellas cuatro mujeres trans defensoras de los derechos humanos.

En relación con el perfil de las mujeres que son víctimas de este tipo de violencia, llama la atención que una mayoría son defensoras del territorio, del medioambiente, así como de los derechos sexuales y reproductivos (IM-Defensoras, 2022). En mi opinión, esto no es casualidad. En el primer caso, estas mujeres se enfrentan a poderosos intereses económicos y políticos, a menudo oponiéndose a modelos de desarrollo extractivistas que buscan despojar a las comunidades de sus recursos naturales; como resultado de su lucha, reciben todo tipo de amenazas y, en algunos casos, pagan con su vida la osadía de oponerse.

Así ocurrió en el caso de Berta Cáceres Flores, lideresa indígena, ambientalista, feminista y luchadora social hondureña, asesinada el 2 de marzo de 2016. Berta era la coordinadora del Consejo Cívico de Organizaciones Populares e Indígenas de Honduras (COPINH). Desde muy joven luchó por defender los derechos de su pueblo lenca. En 2015 ganó el premio Goldman, el mayor reconocimiento del mundo para medioambientalistas, denominado Nobel Verde o Nobel de Medioambiente, lo cual dio más visibilidad a su lucha. Entre varias de sus causas, hasta el momento de ser asesinada, Berta venía liderando la oposición a la construcción de una hidroeléctrica denominada Agua Zarca. Según se denunció en su oportunidad, este proyecto, que afectaba principalmente a la comunidad de San Francisco, consiguió sus permisos de funcionamiento de manera irregular. Luego de recibir treinta y tres ataques y amenazas, que fueron oportunamente informados ante la Comisión Interamericana, Berta fue asesinada en su casa, en La Esperanza, Departamento de Intibucá (Frontline Defenders, s.f.).

Berta nos explica, con sus propias palabras, parte de lo que enfrentaba como mujer y lideresa: «No es fácil ser mujer dirigiendo procesos de resistencias indígenas. En una sociedad increíblemente patriarcal, las mujeres estamos muy expuestas, tenemos que enfrentar circunstancias de mucho riesgo, campañas machistas y misóginas»

(Mediavilla, 2022). En efecto, tan solo unas horas después de su asesinato, las autoridades de seguridad pública afirmaron que el crimen fue pasional (Tovas, 2017), intentando desviar las investigaciones de los hechos de amenaza que constantemente enfrentaba por su labor como defensora de derechos humanos. Años más tarde, el Grupo Asesor Independiente de Personas Expertas, que realizó una investigación sobre los hechos, hizo visible la misoginia en torno a la figura de Berta, así como la responsabilidad de personas vinculadas con la empresa Desarrollos Energéticos (DESA), propietaria del proyecto Agua Zarca, en el asesinato (GAIPE, 2017). Hasta la fecha, solo uno de los personeros de DESA ha sido condenado por el crimen (BBC News, 2022), mientras que otras personas accionistas, presuntamente vinculadas, no han sido siquiera investigadas por las autoridades.

Por otra parte, como mencioné antes, otro perfil de mujeres defensoras que constantemente sufren ataques es el de aquellas que defienden los derechos sexuales y reproductivos, en particular el acceso al aborto. En este caso, es evidente que la violencia surge como reacción virulenta ante quienes se atreven a cuestionar la maternidad como papel socialmente establecido y reivindican el derecho a decidir sobre su cuerpo. Esto molesta, y mucho, en particular a sectores fundamentalistas religiosos que se benefician del patriarcado porque les permite mantener el *statu quo* y, por ende, a las mujeres en condición de subordinación.

Un ejemplo que ilustra lo anterior es el caso de las organizaciones salvadoreñas que luchan por la despenalización del aborto en ese país. La Colectiva Feminista por el Desarrollo Local y la Agrupación Ciudadana por la Despenalización del Aborto son organizaciones con una amplia trayectoria en la defensa de los derechos humanos de las mujeres. Recientemente les fue otorgado el Premio Simone Veil (Contrapunto, 2023). Ellas son víctimas constantes de ataques en redes sociales por el solo hecho de luchar contra la penalización del aborto y evidenciar los impactos de esta situación. En el contexto del caso Manuela (Corte IDH, 2022), estas organizaciones recibieron trece mil intentos de sabotaje en su página web.

Adicionalmente, la criminalización o uso indebido del derecho penal es otra de las prácticas violatorias que se están usando en la región centroamericana para acallar voces críticas o para sancionar a quienes se atreven a defender los derechos humanos. En el caso de las mujeres, el impacto es claramente diferenciado y el ensañamiento puede ser oprobioso.

Es imposible tratar este tema y no pensar en las detenciones arbitrarias e injusta criminalización que sufrieron decenas de mujeres nicaragüenses luego de la crisis política que inició en 2018. Hasta febrero de 2023, había catorce mujeres presas políticas en Nicaragua (Artículo 66, 2022). Si bien es cierto el número de hombres detenidos era mayor, al analizar las condiciones de la detención de las mujeres es evidente el ensañamiento contra ellas. Varias estuvieron en aislamiento durante todo el período de su detención, sin poder ver la luz del sol o mantener comunicación con otras personas, a otras no les permitieron contacto frecuente con sus hijos e hijas. Además, las presas políticas han enfrentado diversas formas de abuso sexual (Benavides, 2022). Todo lo anterior porque las mujeres, en particular las feministas, han sido uno de los grupos más críticos del gobierno de Daniel Ortega desde que regresó al poder en 2006.

En Guatemala también se observa un patrón de criminalización que afecta especialmente a las mujeres que defienden el territorio y el medio ambiente. Un estudio realizado por el Movimiento de Mujeres Indígenas Tz'ununja' mostró que entre 2012 y 2017, doscientas treinta y nueve mujeres xincas fueron criminalizadas, la mayoría detenidas ilegal o arbitrariamente, denunciadas judicialmente y difamadas (Toro, 2018). Entre otros casos que han ocurrido recientemente, destaca la condena a dos años de prisión conmutables por el delito de usurpación agravada de María Choc, defensora maya Q'eqchí' (Frontline Defenders, 2021; Iniciativa Mesoamericana de Defensoras de Derechos Humanos, 2022).

Otros dos casos que ilustran que la criminalización en Guatemala no solo está afectando a las mujeres que defienden la tierra y el medio ambiente, sino también a quienes han luchado contra la corrupción, son los de Claudia Paz y Paz, exfiscal general de Guatemala, a quien en 2022 se acusó por los delitos de abuso de autoridad, tortura y usurpación de atribuciones en el contexto de las investigaciones de casos de graves violaciones a los derechos humanos ocurridas en el marco del conflicto armado en Guatemala (Iniciativa Mesoamericana de Defensoras de Derechos Humanos, 2022b); y la condena contra Virginia

Laparra por el delito de abuso de autoridad (Amnistía Internacional, 2022). Virginia trabajó entre 2016 y 2022 como jefa de la Fiscalía Especial contra la Impunidad (FECI) en Quetzaltenango; luego de solicitar investigar a un juez presuntamente involucrado en actos de corrupción ella fue posteriormente denunciada y condenada a cuatro años de prisión, en un proceso plagado de irregularidades. Amnistía Internacional la declaró presa de conciencia el 28 de noviembre de 2022.

Tales ejemplos nos demuestran cómo el patriarcado utiliza su poder a través de instituciones para castigar y perseguir a estas personas no solo por ser defensoras, sino también por atreverse a serlo, siendo mujeres.

Los diversos tipos de ataques que sufren las mujeres defensoras no solo duelen por sus consecuencias evidentes, sino también por el mensaje intimidatorio que se envía y que termina afectando a quienes quieren asumir roles de liderazgo en sus contextos, pero que tienen un temor fundado de ser víctimas de agresión. La violencia contra las mujeres defensoras afecta a la sociedad en conjunto porque limita la participación de estas y, con ello, se acallan las voces de la mitad de la población. Esto es inaceptable.

Pese a este panorama, las mujeres defensoras resisten, persisten e insisten. La violencia que sufren es la respuesta a su osadía, pero eso no las hace claudicar, son agentes de cambio en sus familias, sus comunidades, sus países; están desafiando los sistemas de opresión de manera creativa, son la esperanza.

Y entonces: ¿todo está perdido?
No, el cambio es imparable

Todos los países centroamericanos cuentan con importantes instituciones para combatir la desigualdad contra las mujeres, así como con normas y políticas públicas que abordan algunas violencias contra nosotras, por ejemplo, el feminicidio o la violencia sexual. De igual manera, en algunos países hay políticas dirigidas a avanzar en la igualdad de género. Estos logros no llegaron gratuitamente, son producto del esfuerzo, perseverancia, creatividad y tenacidad de los movimientos feministas, y lo que se ha avanzado es gracias a ellas.

Ahora bien, los ejemplos mencionados demuestran que los desafíos persisten y son numerosos; los avances no han logrado desmontar el patriarcado que, como mencioné, es el origen de todos los males y permea el sistema político, económico y social. No es suficiente contar con marcos legales e instituciones en pro de los derechos de las mujeres si estas leyes no se aplican o no se asigna suficiente presupuesto para ello. Así que hay mucho camino por recorrer.

Las problemáticas complejas a las que me referí requieren un abordaje integral que reconozca las causas estructurales y, a la vez, las particularidades que enfrenta la diversidad de las mujeres en la región. Por ello, además de ponerse los lentes de género, es indispensable apostar por la interseccionalidad y proponer soluciones ajustadas a las necesidades e impactos diferenciados. La fotografía de la región no es estática, tiene muchos colores y siempre está en movimiento.

Soy consciente de que estas páginas están llenas de cifras y casos que demuestran el dolor que enfrenta una buena parte de las mujeres en Centroamérica, es cierto, no puedo evitarlo. Es la realidad y afecta de manera diferenciada a las mujeres en mayor situación de vulnerabilidad: las que viven en la pobreza, las que migran, las que tienen alguna discapacidad, las indígenas, las afrodescendientes, las lesbianas, las trans. No es mi intención deprimir a las personas lectoras sino invitarlas a reflexionar y también a actuar.

Más allá de lo malo y lo feo, también hay razones para inspirarse. El pasado 8 de marzo se conmemoró el Día Internacional de la Mujer, yo asistí junto con mi hija de quince años a la marcha convocada en San José, Costa Rica. Éramos miles de personas, diversas todas, pero unidas por un objetivo común: luchar por la igualdad real y efectiva. Mientras observaba a la multitud, algo me hizo sonreír: una amplia mayoría de participantes eran mujeres jóvenes, algunas incluso vestían sus uniformes colegiales, esto me dio esperanza.

El futuro no está exento de desafíos, los obstáculos son importantes, las fuerzas que quieren mantener el *statu quo* siguen vigentes y están presentes en toda Centroamérica, pero la marea feminista, inspiradora, rebelde, creativa, avanza, es muy poderosa y es imparable.

Las *cuentas* de Centroamérica en la gestión del agua: entre la escasez y la abundancia y el dilema de la gobernanza

Alexander López R.

Reflexión inicial: los contrastes ambientales e hídricos de la región

A la par de las coloridas guacamayas y de los imponentes cocodrilos discurre el caudal de uno de los ríos más contaminados de Centroamérica, el Tárcoles, arrastrando los desechos y las aguas residuales de la Gran Área Metropolitana de Costa Rica. Igualmente, en El Salvador, Honduras y Guatemala cientos de mujeres y niñas caminan kilómetros cada mañana para llevar agua a sus casas en medio de la abundancia hídrica de la región que dispone de más de veintitrés mil metros cúbicos de agua anual por habitante.

Este contraste en el paisaje es el que encontramos cuando analizamos la situación ambiental, especialmente en lo que respecta a los recursos hídricos en Centroamérica, una región que se puede denominar rica en ellos, pero con enormes problemas en su gestión. Sin duda una de las grandes cuentas pendientes de la región es la que tiene la institucionalidad pública centroamericana de garantizar acceso y una adecuada distribución de agua potable a toda la población centroamericana.

Centroamérica una región fragmentada políticamente, pero vinculada ambientalmente

La consolidación del istmo de América Central generó un puente natural que permitió el contacto de América del Norte y América del Sur y convirtió la región central, la que hoy ocupan los países de América Central, en un área de contacto natural y de abundante biodiversidad. Esta unidad que le confiere la génesis geológica y geográfica al istmo es marcada con la separación política. Actualmente, este alberga a siete Estados, a saber: Belice, Guatemala, Honduras, El Salvador, Nicaragua, Costa Rica y Panamá, lo cual lo constituye en una de las zonas de mayor fragmentación territorial del planeta.

Si se considera la extensión terrestre desde el límite político de Guatemala y México hasta el límite de Panamá con Colombia, el área total de América Central es de 523 780 km² con una población cercana a los cincuenta y un millones de habitantes (SICA, 2023), siendo el país más poblado Guatemala y el menos Belice (ver figura 1).

Figura 1. Población en Centroamérica en porcentajes por país

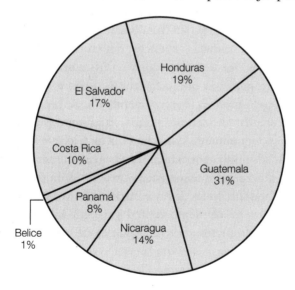

Fuente: SICA (2023).

Por lo anterior, hay una dicotomía central que la región debe resolver y es cómo administrar un sistema ecológico ambiental altamente integrado dentro de las complejidades de una región fragmentada políticamente. En efecto, los más importantes recursos naturales de la región son recursos compartidos, es decir, se encuentran en áreas de frontera. Buena muestra de ello son los dos cuerpos marinos de golfos compartidos (Fonseca y Honduras), las seis bahías compartidas (Salinas, Chetumal, Amatique, Omoa, Unión y San Bernardo); igualmente, importantes áreas boscosas protegidas, como la Reserva Biósfera Maya, la zona de la Mosquitia, el Parque Internacional de la Amistad, etc., y por supuesto las veinticinco cuencas y dieciocho acuíferos transfronterizos que posee la región.

Pese a la integración natural descrita, Centroamérica es una región altamente fragmentada políticamente. Así, con poco más de 500 000 km², la región está dividida en siete Estados contabilizando diez colindancias y doscientas trece municipalidades fronterizas (López y Hernández, 2005). Sin duda, este panorama implica importantes desafíos para el esquema de integración regional, dado que en su mayoría los Estados siguen fieles al tradicional esquema de administración territorial basado en el modelo de Estado nación.

De acuerdo con Hurrel (1993), el manejo de las unidades biofísicas transfronterizas, como las cuencas, demandan la cooperación y coordinación de políticas sin precedentes. Lo anterior, debido a que las formas de cooperación que surgieron históricamente estaban relacionadas, en gran medida, con la elaboración de reglas mínimas de coexistencia, creadas alrededor del reconocimiento mutuo de la soberanía y consecuentemente con la norma de no intervención.

Es decir, la administración ambiental de recursos compartidos plantea un desafío severo, porque implica la creación de reglas e instituciones que incorporan nociones de responsabilidades y deberes compartidos. Lo anterior es un elemento central y uno de los más difíciles de resolver debido, entre otras cosas, al esquema de soberanía nacional e integridad territorial que caracteriza la gestión de estos espacios que, no obstante compartidos, siguen teniendo sobre todo una agenda nacional. Este es el caso de Centroamérica y una de las razones que explican por qué no se ha firmado ninguna de las dos convenciones de las Naciones Unidas sobre las cuencas transfronterizas en la región.

La creación de mecanismos de coordinación que trasciendan las fronteras nacionales se hace aún más difícil si tomamos en cuenta que hay ciertos conflictos asociados al manejo de la interdependencia. Esto se debe a que los costos y beneficios tienen que ser distribuidos entre los Estados y eso abre paso a nuevas fuentes de poder y ventaja que exponen a los Estados a la vulnerabilidad. Estos costos de la interdependencia, sumados al modelo de soberanía nacional, han hecho que la región tenga solo dos esquemas de cooperación en materia de cuencas transfronterizas (Sixaola y Lempa) y ninguno referido a acuíferos transfronterizos.

La trampa de la abundancia hídrica

La condición ístmica, su ubicación latitudinal y las variaciones topográficas de su territorio hacen que América Central tenga una condición privilegiada en cuanto a producción hídrica. Es una región que cuenta con una buena disponibilidad de agua. Sin embargo, existen diferencias en la distribución temporal y espacial de este recurso entre zonas y países. Por ejemplo, el 70% del recurso se encuentra en el Atlántico, donde solo vive el 30% de la población, mientras que en el Pacífico vive el 70% de la población y solo se ubica el 30% del recurso hídrico (GWP, 2019).

Cuadro 1. Disponibilidad Hídrica por país en la región centroamericana

País	Disponibilidad total hídrica (Mm³/año)	Disponibilidad hídrica per cápita (m³ per cápita)	Aprovechamiento porcentual del recurso hídrico
Panamá	193 500	59 985	Se aprovecha al menos el 7% de la oferta total.
Costa Rica	113 100	24 784	Se aprovecha al menos el 20.73% de la oferta total.

Nicaragua	189 700	34 500	Se aprovecha al menos el 1.03% de la oferta total.
Honduras	92 850	11 540	Se aprovecha al menos el 9.1% de la oferta total.
El Salvador	18 252	3177	Se aprovecha al menos el 10.1% de la oferta total. Se aprovecha al menos el 7% de la oferta total.
Guatemala	97 120	6900	Se aprovecha al menos el 9.88% de la oferta total.

Fuente: BCIE, GWP, Unión Europea, ZONAF (2011).

Tal como fue descrito en el documento subregional de política hídrica presentado en el contexto del V Foro Mundial del Agua en Estambul, en general los países del istmo están clasificados por la Organización Meteorológica Mundial como países con pocos problemas de escasez, es decir, como aquellos que utilizan menos del 10% de sus recursos hídricos disponibles.

Así, proyecciones realizadas para 2010, 2030 y 2050 indican que, en la región, El Salvador experimentará niveles de estrés hídrico bajos en 2030 (13.2%) y altos en 2050 (22.98%). Esto es evidente si consideramos que El Salvador es el país con menor capital hídrico total disponible de Centroamérica y presenta altos índices de crecimiento de la población y de uso de este recurso para fines agrícolas e industriales. Asimismo, países como Guatemala y Costa Rica en 2050 también podrían presentar problemas de escasez, aunque en menor proporción que El Salvador.

El documento subregional también indica que, salvo en unos pocos países, el agua dulce es un elemento abundante en la zona y recibe una precipitación anual comparativamente alta. Sin embargo, la distribución a lo largo del año es cada día más errática debido a la variabilidad, el cambio climático y otros eventos atmosféricos relacionados. Aunque el istmo tiene suficiente agua, el crecimiento de la población ha incrementado notablemente la demanda doméstica y agrícola del recurso. Es importante reconocer que no todo lo que llueve sobre Centroamérica es aprovechable y no todos los lugares de la región reciben la misma cantidad. El régimen de lluvias en América Central varía considerablemente con la altitud y la vertiente. Así la vertiente del Caribe recibe abundantes precipitaciones durante todo el año, mientras el Pacífico sufre períodos secos que se extienden cinco o más meses al año.

Dicho lo anterior, se entiende que el problema más que cuantitativo es cualitativo, y sobre todo de gestión, como se verá más adelante. En términos cualitativos, entre las causas de la baja calidad del agua se pueden mencionar la deforestación, deslizamientos, inundaciones y la contaminación por vertidos de aguas residuales domésticas, agrícolas, industriales, lodos y otros, sin tratamiento alguno, a las fuentes de agua. Otro aspecto que incide en la baja calidad se relaciona con el arrastre de residuos de agroquímicos por la escorrentía superficial. Estos fenómenos causan graves afectaciones en las cuencas hidrográficas y la mitigación de los daños ambientales es difícil por parte de los Estados. La situación se complica aún más cuando se trata de escenarios naturalmente compartidos con otros Estados como es el caso de las cuencas transfronterizas.

La disponibilidad de agua no constituye por sí misma una garantía de desarrollo, aunque sin ella el desarrollo sostenible es impensable. Actualmente, su disponibilidad para diferentes usos está comenzando a ser una de las principales preocupaciones socioeconómicas. Las limitaciones en el acceso al agua para satisfacer las necesidades básicas, como salud, higiene y seguridad alimentaria, socavan el desarrollo humano y provocan enormes dificultades a la población afectada. Esto resulta evidente, por ejemplo, cuando una buena parte de la población de los países de la región está expuesta a fuentes de agua contaminadas que incrementan las incidencias de las enfermedades (coliformes fecales, sustancias orgánicas industriales, sustancias acidificantes, metales pesados, fertilizantes, pesticidas, sedimentos y salinización).

Centroamérica, un territorio de cuencas transfronterizas

En América Central hay veinticinco cuencas que quedaron separadas por los límites políticos (ver cuadro 2), las cuales ocupan más del 42% de su territorio, lo que equivale a aproximadamente 221 000 km² y en donde habitan, aproximadamente, veintiún millones de personas, cerca del 42% del total de su población (GWP, 2019). Las de mayor extensión son las correspondientes a los ríos Usumacinta, San Juan y Coco, que comprenden una extensión del 30.7% del territorio de América Central.

A través del tiempo, las cuencas internacionales han sido impactadas por las transformaciones sociales, económicas y naturales que han ocurrido en la frontera. La mayoría de estos cambios se produjeron por la expansión de la frontera agrícola como parte de los procesos de incorporación de los territorios al control del Estado, la intensificación de actividades agropecuarias y el crecimiento urbano.

Actualmente, muchos de estos espacios se encuentran muy deteriorados; así, la mayor parte de las cuencas internacionales en América Central poseen elevados índices de contaminación, erosión y sedimentación. Esto es preocupante debido a que, en muchos casos, este deterioro parece que no tiende a reducirse, mientras la cantidad de población y consecuentemente la demanda hídrica se encuentran en aumento en la región.

Cuadro 2. Región centroamericana: cuencas transfronterizas

No.	Río y Cuenca	Vertiente de desembocadura	Establos ribereños	Área de drenaje (km²)	Precipitación promedio mm/año	Población	Riesgo relativo estrés doméstico 2030 (1)
1	Belice - Belice	Mar Caribe	Belice - Guatemala	8,493		109,916	Muy bajo
2	Candelaria - Candelaria	Golfo de México	Guatemala - México	14,609	1,560	168,179	Muy bajo
3	Chamelecón	Mar Caribe	Guatemala - Honduras	4,432	1,923	1,381,999	Bajo
4	Changuinola	Mar Caribe	Costa Rica - Panamá	3,316	2,838	768,125	Bajo

5	Chiriquí	Océano Pacífico	Costa Rica - Panamá	1,403	3,517	90,273	Muy bajo
6	Choluteca	Océano Pacífico	Honduras - Nicaragua	8,049	1,297	1,627,485	Medio
7	Coatán - Achute	Océano Pacífico	Guatemala - México	679	s.d.	126,533	s.d.
8	Coco o Segovia	Mar Caribe	Honduras - Nicaragua	24,509	2,309	895,266	Muy bajo
9	Conventillos	Océano Pacífico	Costa Rica - Nicaragua	7	s.d.	182	s.d.
10	El Naranjo	Océano Pacífico	Costa Rica - Panamá	1,139	3,388	47,994	s.d.
11	El Naranjo	Océano Pacífico	Costa Rica - Nicaragua	24	s.d.	569	s.d.
12	Goascorán	Océano Pacífico	El Salvador - Honduras	2,746	1,445	247,324	Muy bajo
13	Grijalva cuenca	Golfo de México	Guatemala - México	125,675	2,201	8,302,439	Muy bajo
14	Hondo	Mar Caribe	Belice - Guatemala - México	12,699	1,476	162,784	Muy bajo
15	Jurado	Océano Pacífico	Colombia - Panamá	918	3,818	4,570	s.d.
16	Lempa cuenca	Océano Pacífico	El Salvador - Guatemala - Honduras	18,216	1,407	4,609,138	s.d.
17	Moho	Mar Caribe	Belice - Guatemala	1,189	3,167	16,646	Muy bajo
18	Motagua	Mar Caribe	Guatemala - Honduras	16,271	1,771	3.846,114	Bajo
19	Negro	Océano Pacífico	Honduras - Nicaragua	6,159	1,694	474,077	Muy bajo
20	Paz	Océano Pacífico	El Salvador - Guatemala	2,177	1,739	621,752	s.d.
21	San Juan	Mar Caribe	Costa Rica - Nicaragua	41,360	2,287	3,443,189	Muy bajo
22	Sarstún	Mar Caribe	Belice - Guatemala	2,165	s.d.	77,911	s.d.
23	Sixaola	Mar Caribe	Costa Rica - Panamá	2,857	3,161	48,109	s.d.
24	Suchiate	Océano Pacífico	Guatemala - México	1,409	2,493	340,484	s.d.
25	Temash	Mar Caribe	Belice - Guatemala	472	3,075	3,261	s.d.
				221, 973** (300,873)		21,204,253*** (26,374,175)	

Fuente: GWP (2019).

¿Por qué los Estados centroamericanos deberían cooperar en materia de cuencas y acuíferos transfronterizos?

En Centroamérica, los mecanismos de cooperación a nivel de las cuencas, amparados por acuerdos multilaterales y bilaterales, son casi inexistentes (López, 2023). Siendo así, la pregunta es ¿por qué los Estados cooperan? Normalmente, lo hacen porque esperan beneficios derivados de tal acción o, mejor dicho, que los beneficios de la acción colectiva o conjunta sea mayor que los productos de la acción unilateral. Por tanto, se debe ser cauteloso y no suponer que la mera existencia de un recurso compartido como una cuenca es un factor que precipita la cooperación. En teoría debería serlo, pero no siempre es así; tal como se ha señalado, depende de factores como las ganancias y pérdidas relativas esperadas de la acción colectiva.

El primer punto que se debe tener en cuenta en el diseño de mecanismos institucionales para la gestión de cuencas transfronterizas es el hecho de que es normal que cada Estado soberano tenga su propia agenda sobre una cuenca internacional; esto, tal como lo señalan Sadoff y Grey (2005), es obvio, racional y legítimo. Siendo así, en una cuenca internacional compartida por dos Estados tendremos dos agendas nacionales que, si se complementan, aparecerá una tercera agenda cooperativa. Para que esta tercera agenda se imponga sobre las otras dos debe probar ser más beneficiosa que las dos agendas nacionales por separado, y esta entonces será la opción racional de cada Estado soberano. Es decir, el todo debe probar ser más que la suma de las partes; solo así los Estados estarían dispuestos a ceder parte de sus agendas nacionales.

Sadoff y Grey (2005) proponen cuatro tipos de beneficios cooperativos que se pueden derivar de la gestión de una cuenca. El primero se deriva de la simple cooperación que permite una mejor gestión de los ecosistemas que proveen beneficios al río, pero que de alguna manera no incorpora los demás elementos de gestión de una cuenca. El segundo beneficio se relaciona con la eficiente gestión cooperativa y de desarrollo de la cuenca, por ejemplo, incrementando la capacidad de producción de energía y alimentos en la cuenca. El tercero radica en las posibilidades de que tal cooperación reduzca las tensiones entre los usuarios o Estados ribereños, debido a que las tensiones siempre estarán presentes y significan costos. Finalmente, la cooperación que conduce a la integración económica o de otro tipo entre los Estados, generando beneficios más allá del río.

En ese sentido, una línea continua de cooperación puede concebirse desde la acción unilateral (planes nacionales), la coordinación (comunicación e información mutua), la colaboración (adopción de planes nacionales coordinados para beneficio mutuo) hasta la acción conjunta (planes conjuntos de gestión e inversión).

Cambio climático y su impacto sobre los recursos hídricos

Debido a que Centroamérica es una franja delgada entre Norteamérica y Sudamérica, es vulnerable a los impactos del cambio climático, siendo muy susceptible de verse afectada por sequías en el litoral del Pacífico e inundaciones en las costas del Atlántico. Los fenómenos naturales, como lluvias tropicales, terremotos e inundaciones, implican un gran impacto en las economías de los países afectados. Por ejemplo, en El Salvador, la variabilidad del clima afecta el recurso hídrico, pues las tormentas intensas en tiempos cortos no permiten infiltración en los suelos, lo que viene a causar problemas en la existencia de volúmenes de agua a nivel subterráneo.

Tal como se indica en el documento *Política de la subregión centroamericana. Hacia el V foro mundial del agua*, entre las perspectivas futuras del cambio climático en Centroamérica se pueden encontrar variaciones en el patrón de la gran corriente marina, cambios en los niveles y patrones de lluvia, fluctuaciones en los caudales de los ríos y alteraciones en los patrones de mareas en la región. Además, se espera que el nivel del mar aumente tanto en el Caribe como en el Pacífico, y podría darse un aumento de tormentas de marea más fuertes. Por consiguiente, como sucede en la región, las lluvias intensas generan excesiva humedad del suelo, incremento de la erosión y pérdida de fertilidad del suelo, aumento de las inundaciones y disminución de la producción agrícola. Por tanto, se proyecta que estos desafíos climáticos continúen y aumenten en la región.

Igualmente, las temperaturas extremas generan mayor frecuencia del estrés calórico durante el crecimiento de cultivos, pérdidas de fertilidad y muerte del ganado, salinización por pérdida de agua del suelo, aumento de incendios y plagas.

Es resumen, el cambio climático está teniendo un impacto significativo en los recursos hídricos de Centroamérica. Algunos de sus efectos más destacados incluyen:

1. Sequías e inundaciones: ha aumentado la frecuencia y la intensidad de los eventos climáticos extremos, como sequías e inundaciones, lo que ha afectado gravemente la disponibilidad y la calidad del agua.
2. Reducción de los caudales de los ríos: ha alterado los patrones de precipitación, lo que ha reducido los caudales de los ríos en algunas áreas de Centroamérica.
3. Aumento de la salinización de las aguas subterráneas: el aumento del nivel del mar y la intrusión salina ha afectado las reservas de agua subterránea en algunas zonas costeras de Centroamérica.
4. Cambios en los ciclos hidrológicos: ha alterado los ciclos hidrológicos, lo que ha afectado la cantidad y calidad del agua disponible.
5. Impacto en la agricultura: ha tenido un impacto significativo en la agricultura, especialmente en los cultivos que dependen del agua, lo que ha afectado los medios de vida y la seguridad alimentaria de las comunidades rurales.

Por todo lo anterior, el cambio climático está afectando significativamente los recursos hídricos en Centroamérica, lo que requiere medidas de adaptación y mitigación para garantizar un uso sostenible y eficiente del agua en la región.

¿Cuáles son las principales brechas en materia de gestión de los recursos hídricos en Centroamérica?

En primer lugar, iniciemos por la gestión inadecuada del agua, la cual deriva en gran medida de marcos institucionales obsoletos en la región. En la mayoría de los países centroamericanos no han sido actualizados, como lo demuestra el caso de Costa Rica, que sigue operando bajo una ley de 1942, o Guatemala, que ni siquiera tiene una ley general de aguas. No obstante, existen otros casos como El Salvador, que recientemente, en 2022, ha aprobado todo un nuevo marco institucional.

En segundo lugar, hay problemas asociados a la escasez de agua. En muchos lugares de Centroamérica la disponibilidad de agua es limitada debido a factores como los déficits en infraestructura, pero también a la sequía, la deforestación, la contaminación y el cambio climático. En tercer lugar, hay un problema de calidad, referido sobre todo al tema de contaminación del agua, en mucho relacionado con la descarga de aguas residuales sin tratar, la agricultura intensiva y el uso de pesticidas, la minería y otras actividades humanas. El agua contaminada se convierte en un vector de enfermedades, lo que puede tener consecuencias graves para la salud pública.

Como cuarto elemento a considerar, la variabilidad climática debe ser mencionada, por cuanto la región es una de las más vulnerables a nivel global y viene sufriendo de un aumento de la frecuencia e intensidad de sequías e inundaciones, lo que puede afectar gravemente la disponibilidad y calidad del agua.

En términos de infraestructura hídrica, muchos de los sistemas de agua potable y alcantarillado son totalmente obsoletos o necesitan de rehabilitación y ampliación. A ello se suma el hecho de que en muchos de los países de la región todavía existen serias deficiencias en la operación y mantenimiento de las instalaciones y equipos. Esto ocasiona interrupciones en el servicio y pérdidas en los sistemas de distribución, todo lo cual compromete la eficiencia de los servicios prestados a los consumidores.

Finalmente, hay un serio problema en la gestión de las cuencas y acuíferos transfronterizos, ya que prácticamente ninguno de esos recursos compartidos tienen un marco institucional que promueva la cooperación entre países. Las cuencas y acuíferos transfronterizos pueden ser un factor que genere inestabilidad regional, si no son debidamente atendidos.

Las cuencas transfronterizas en Centroamérica presentan una serie de desafíos y problemas que afectan la gestión y el uso del agua. Entre los principales problemas se encuentran:

1. Conflictos entre países: las cuencas transfronterizas implican la gestión y el uso compartido de los recursos hídricos entre países, como es el caso de la cuenca del río San Juan.
2. Diferencias en las regulaciones y políticas: los marcos normativos nacionales que regulan las cuencas transfronterizas no están debidamente armonizados.
3. No existe una verdadera política regional en materia de cuencas y acuíferos transfronterizos que sea promovida por la institucionalidad regional, como sería en este caso el Sistema de la Integración Centroamericana.
4. No existe una institucionalidad fuerte en cooperación en estas cuencas y acuíferos; de las veinticinco cuencas y dieciocho acuíferos existentes en la región, solamente la cuenca del Sixaola y del Lempa tienen algún marco institucional operacional.

¿Cuál debería ser la agenda regional en materia de aguas?

Basado en la identificación de las anteriores brechas tanto a nivel nacional como transfronterizo, hay una serie de esfuerzos de carácter urgente que se deben realizar. Algunos de los elementos que se deberían considerar para mejorar las brechas existentes son los siguientes:

1. Fortalecer los marcos institucionales para la gestión del agua en la región implica la creación de nuevas y modernas legislaciones que reflejen claramente el principio fundamental del agua como derecho humano. Este sistema normativo moderno debe ir acompañado por una clara rectoría institucional en la gestión del agua que no solo se limite a proporcionar servicios, sino que también tenga la capacidad de articular una política multisectorial, dada las implicaciones que el uso del recurso hídrico tiene sobre sectores estratégicos de las economías nacionales.
2. Apoyar la evolución hacia una mejor gobernabilidad del agua en la región, promoviendo que sea participativa, eficiente, equitativa, abierta, integral y sostenible. Los arreglos

institucionales más exitosos son aquellos que combinan, de manera efectiva, una serie de instrumentos, como regulaciones, cuotas, derechos e incentivos. La efectividad de esta combinación depende también de la capacidad institucional que cada país tenga para hacer cumplir su marco legal y garantizar los derechos de propiedad de tan importante recurso.

3. Consolidar un Sistema de Información Nacional para la Gestión Integrada de los Recursos Hídricos (SIGIRH) y de intercambio de información para las cuencas transfronterizas. Esto es central para la toma de decisiones, ya que el sistema debe permitir acopiar, preservar y difundir datos e información relativa a los recursos hídricos y su administración, dando acceso oportuno y expedito, mediante servicios y productos apoyados en tecnología moderna, a organismos públicos y privados y a las comunidades que lo requieran.

4. Desarrollar y profundizar el tema de la descentralización y democratización en la gestión hídrica; es decir, buscar para la toma de decisiones y la gestión del recurso el nivel operativo más cercano posible, para lo cual se ha discutido y aplicado en otras partes del mundo la instauración de organismos de cuenca como mecanismo idóneo.

5. Promover un proceso adecuado de la valorización del recurso hídrico, con el objetivo de que se reconozca su valor multiuso y así poder garantizar el recurso agua como insumo principal para la productividad y la competitividad de los países de la región.

6. Promover y fortalecer las capacidades gubernamentales y de la sociedad civil (sector académico, comunidades, centro de investigación, ONG, empresas privadas, autoridades tradicionales y otras) que permitan una participación efectiva y coordinada, que promueva la gobernabilidad del agua, así como mejorar las condiciones de vida de sus habitantes y disminución de la pobreza.

7. Impulsar prioritariamente, en el marco de la gestión de cuencas transfronterizas, un proceso regional que promueva los arreglos institucionales (tratados, organizaciones de cuenca,

acuerdos de cooperación) entre los países centroamericanos que comparten cuencas; el indicador 6.5.2 de los ODS da cuenta de la enorme deficiencia que hay en esta materia.

8. Promover en toda la región el proceso de ratificación de los países centroamericanos de al menos alguna de las convenciones de Naciones Unidas (1992-1997), como mecanismo central para generar mayor y mejor gobernabilidad de esos espacios. Claramente, la administración ambiental de recursos compartidos plantea un desafío severo y sin precedentes, porque implica la creación de reglas e instituciones que incorporan nociones de responsabilidades y deberes compartidos. En ese sentido, la convención ofrece un marco propicio de derechos y deberes, además, es un espacio ideal para que los costos y beneficios sean distribuidos de manera justa y equitativa entre los Estados.

Finalmente, de todo lo expuesto es claro que el tema del agua está hoy más que nunca vinculado al tema del desarrollo humano. Es importante priorizar el acceso al agua para satisfacer necesidades básicas, como salud, higiene y seguridad alimentaria, ello debido a que la crisis del agua afecta, en primer lugar, a los sectores empobrecidos, para quienes su escasez está asociada al hambre, las enfermedades y la falta de servicios públicos.

El agua como vehículo para el desarrollo: la Agenda 2030 y los indicadores del ODS 6

La Agenda 2030 es un plan de acción adoptado por los Estados miembros de las Naciones Unidas en septiembre de 2015; cuenta con 17 objetivos y 169 metas bajo el lema inclusivo de no dejar a nadie atrás. Al adoptar esta agenda, los Estados se comprometieron a movilizar los medios necesarios para su implementación mediante alianzas orientadas especialmente a las necesidades de los más pobres y vulnerables. Entre los Objetivos de Desarrollo Sostenible, el ODS 6 apunta a lograr agua limpia y saneamiento para todos. Una de las metas a alcanzar para asegurar este objetivo es la de implementar la gestión integrada de los recursos hídricos a todos los niveles, incluso mediante la cooperación transfronteriza. Esta es la meta 6.5, que se basa en el Plan de Aplicación de las Decisiones de Johannesburgo (2002) derivado de la Conferencia de las Naciones Unidas sobre el Medio Ambiente y el Desarrollo (1992).

Dentro del ODS 6 el indicador 6.5.1 establece la necesidad de trabajar en la gestión integrada de los recursos hídricos. Este indicador busca establecer una plataforma a partir de la cual los actores involucrados planifiquen e implementen acciones concretas para la gestión coordinada del agua (Global Water Partnership, 2022). En palabras sencillas, ponerse de acuerdo para usar y proteger el agua. A su vez, el indicador 6.5.2 menciona la cooperación transfronteriza que hace referencia a las aguas de superficie o los acuíferos que atraviesan las fronteras entre dos o más Estados o están situadas en ellas, de conformidad con el Convenio sobre la Protección y Utilización de los Cursos de Agua Transfronterizos y de los Lagos Internacionales (Helsinki, 1992) y la Convención sobre el Derecho de los Usos de los Cursos de Agua Internacionales para Fines Distintos de la Navegación (Nueva York, 1997) (UNESCO-CODIA 2022).

Gestión integrada de los recursos hídricos: un largo recorrido para alcanzar las metas en 2030

Uno de los aspectos más críticos para la conservación del recurso hídrico es la gestión integrada de los recursos hídricos (GIRH), la cual es un proceso que promueve la gestión y el desarrollo coordinados del agua, el suelo y los otros recursos relacionados, esto con el fin de maximizar los resultados económicos y el bienestar social de forma equitativa sin comprometer la sostenibilidad de los ecosistemas vitales, siendo lo anterior lo que precisamente trata de medir el indicador 6.5.1.

La medición del avance en el indicador de la GIRH se realiza por medio de un set de treinta y tres preguntas divididas en cuatro secciones. La primera sección lleva por nombre «Entorno propicio». La segunda sección contempla la institucionalidad «Instituciones y participación». La tercera sección se encarga de evaluar los «Instrumentos de gestión» utilizados por los Estados para el logro de sus metas. Para finalizar, se explora el área de financiación.

Respecto del área de «Entorno propicio», se debe aclarar que se refiere a la «creación de condiciones que contribuyan a la implementación de la GIRH». Aquí se incluyen instrumentos jurídicos, normativos y de planificación para la GIRH (Zeledón, 2020). Se trata de contar con todas las condiciones habilitadoras que debe tener el país para que este objetivo pueda ser llevado a cabo satisfactoriamente. En Centroamérica son los temas de «acuerdos transfronterizos sobre GIRH» y las «regulaciones subnacional / cuenca de recursos hídricos» los que presentan calificación más baja, (10/100), eso es un porcentaje muy bajo que debe llamar a la reflexión, y sobre todo a la acción en términos de formulación de política pública nacional y regional.

Algunas de las razones que se encuentran para explicar la baja en estos indicadores son la falta de instrumentos jurídicos vinculantes y la carencia de evidencia de su aplicación a nivel nacional (los que existen no son muy eficientes en su aplicación). Además, hay poca claridad en los acuerdos, ya que muchos promueven un desarrollo sostenible en la región, pero sin contar con especificidad para la gestión hídrica o con un *enfoque de cuenca* (Gil, 2020).

En cuanto a la sección de instituciones y participación, es interesante analizar el papel del sector privado y el de los grupos vulnerables con respecto a la puesta en marcha de la GIRH, ya que estos grupos no son típicamente tomados en cuenta ni en el desarrollo, ni en la implementación de las políticas. En cuanto al sector privado, cabe mencionar que su participación ha sido sumamente limitada y condicionada. En la región parece estar sobre todo vinculada con el aprovechamiento de los recursos hídricos para la producción de energía y, en el sector agrícola, para la producción de diversos productos, dado que el agua constituye un insumo vital.

La región como un todo y los países en particular carecen de una política de trabajo en materia de GIRH con el sector privado, salvo algunas excepciones, como las instituciones operadoras del agua en Costa Rica en zonas turísticas. Por tal razón, tal como es señalado por Cartagena (2020), muchas veces solo se le percibe como un actor que lleva a cabo reclamos o consultas puntuales y su participación está limitada al pago del recibo correspondiente establecido por la ley. Igualmente, la participación de las empresas privadas en los organismos de cuenca que existen es aún muy marginal, por tanto, se dan muy pocas sinergias de colaboración.

En cuanto a los grupos vulnerables, el instrumento aclara que se hace referencia a las poblaciones campesinas, mujeres, personas de *la tercera edad* y grupos indígenas. Sin embargo, su participación en sectores como las juntas administradoras de acueductos o en algunos proyectos desde la fase de diseño, todavía es insuficiente. Actualmente, estos grupos no se encuentran representados en los comités de cuencas, que son la estructura de gobernanza que puede facilitar la participación de dichos grupos (Concepción, 2020). En el caso de los grupos indígenas, esto se vuelve un tema crítico debido a la lógica de consulta previa que subyace en su toma de decisiones.

Cabe señalar que hay algunos procedimientos vigentes, como el Convenio 169 de la OIT sobre pueblos indígenas y tribales, que son el marco de referencia en materia de grupos vulnerables en el momento de su incorporación en diálogos e implementación de programas.

En cuanto a la tercera sección, «instrumentos de gestión», la región muestra un nivel bajo de cumplimiento con promedios de entre 0-30, en una escala de 0-100. Tal es el caso del monitoreo de disponibilidad hídrica, uso eficiente y sostenible de agua, control de la contaminación, instrumentos de gestión de acuíferos e intercambio de información en el ámbito nacional.

En relación con el primer punto, existen algunos instrumentos, tales como los estudios a nivel acuíferos costeros, estudios de balances hídricos, hidrometeorológicos y de calidad de agua, uso de equipo como drones, GPS (Concepción, 2020), etc. Sin embargo, cuando se revisan las fechas de monitoreo, se encuentra que la gran mayoría no está actualizada y tiene alcance limitado, con lo cual el estado actual del monitoreo de la disponibilidad de agua es insuficiente.

Con respecto al uso eficiente y sostenible del agua, se han desarrollado algunos instrumentos que restringen su uso, como la tarifa de protección al recurso hídrico, pago por servicios ambientales, pago de cánones y licencias de aprovechamiento, entre otros. Sin embargo, esto no siempre se lleva a cabo de la misma forma en que es planteado, pues puede existir en el papel, pero su práctica es limitada, tal como lo demuestra la experiencia en Nicaragua.

En cuanto al indicador «control de contaminación», existen diversas fuentes de contaminación, como las provenientes por actividades productivas, industriales, domésticas, así como la que resulta de los vertederos de aguas residuales. Todas ameritan un adecuado manejo y tratamiento. A nivel regional, se considera que existe falta de integración de las instituciones para que las medidas de control de la contaminación sean efectivas.

En el caso concreto de Guatemala, a pesar de que hay algunos avances en la construcción de plantas municipales de tratamiento de aguas servidas, en la actualidad la mayoría de los cuerpos de agua en el país (nacientes, riachuelos, ríos lagos, lagunas, etc.) tienen un alto grado de contaminación como efecto del desarrollo urbanístico, así como de las distintas actividades económicas (Cotto, 2020).

En el tema de acuíferos, en la región se carece de planes para su gestión o protección. A modo general para la región, se evidencia un vacío en la evaluación hidrogeológica de las formaciones geológicas principales, límites de los acuíferos y zonas de recarga y descarga. Sin embargo, sí se han dado esfuerzos, como avanzar en su identificación y precisamente se ha ampliado la red de monitoreo, perforando nuevos pozos y equipándoles para el registro de los niveles de agua subterránea (Gil, 2020). Aun así, los informes nacionales de todos los países de la región indican que se ha trabajado muy poco por promover su gestión.

Para finalizar la sección tres que hace referencia al intercambio de información a nivel nacional, un caso que destaca es el de El Salvador, donde se tienen mecanismos de coordinación interinstitucional, como convenios, cartas de entendimiento, protocolos para el intercambio de información (datos hidrológicos, meteorológicos, demandas, concesiones, etc.), con instituciones del sector público con el fin de sustentar la toma de decisiones (Gil, 2020).

Sin embargo, Nicaragua tiene una calificación baja para este indicador (30/100), debido a que la información es limitada y de acceso restringido, principalmente en lo referente a bases de datos. También la difusión directa está dirigida a pequeños grupos de interés y no a nivel de la ciudadanía (Juárez, 2020). Similar es el caso de Guatemala, con una calificación de 20/100, ya que el intercambio de datos e información es limitado y solo existe para casos puntuales y específicos, contando con la Secretaría de Planificación (SEGEPLAN), que recolecta información para la compilación y reportes institucionales (Cotto, 2020).

Costa Rica es el país con la mayor calificación para este indicador (60/100). Este país dispone del Sistema Nacional de Información para la Gestión Integrada del Recurso Hídrico, que compila información de diferentes entidades, como la Dirección de Aguas, el Instituto Costarricense de Acueductos y Alcantarillados (AyA), el Instituto Geográfico Nacional (IGN), con datos de cuencas hidrográficas, concesiones de agua, derechos de uso, estaciones meteorológicas, información de acueductos, zonas de protección, áreas protegidas entre otras (Zeledón, 2020). Este es un sistema de información abierto al público y disponible en línea. Sin embargo, no todas las personas tienen acceso a ella debido a la complejidad que puede representar su uso para los usuarios.

Claramente, el indicador 6.5.1 muestra los grandes retos para una adecuada gestión integrada de los recursos hídricos, siendo algunos de los elementos fundamentales para sobrepasar estas brechas la voluntad política, el compromiso institucional y, por último, una actitud consciente por parte de la población hacia el manejo, el cuidado y el uso racional del recurso hídrico.

Gobernanza: la gran deuda de la región reflejada en el indicador 6.5.2

Tal como se señaló, el indicador 6.5.2 de los ODS mide la cooperación respecto a los recursos hídricos transfronterizos por medio de la proporción de la superficie de cuencas transfronterizas (ríos, lagos o acuíferos) dentro de un país y sujetas a arreglos operacionales para la cooperación en materia de aguas (Naciones Unidas, 2018). Un arreglo operacional, tal como se describe en el indicador 6.5.2, puede incluir un tratado bilateral o multilateral, un convenio, un acuerdo u otro instrumento oficial entre países ribereños que proporciona un marco para la cooperación y favorece la GIRH entre países.

El principio fundamental sobre el cual descansa el indicador es que la cooperación entre países se ve reforzada cuando hay un marco formal, a través de un tratado, convenio o acuerdo, que incorpore principios y herramientas acordes con las necesidades de gestión y protección de los recursos naturales. Estos arreglos proveen un lenguaje común y una comprensión compartida que son esenciales para la cooperación. Además, pueden facilitar las negociaciones para la elaboración de políticas, estrategias y programas armonizados entre los Estados. Este enfoque conjunto implica la creación de una agenda, herramientas y procedimientos a los cuales se dota de permanencia temporal y formal.

En el caso de Centroamérica, como se había indicado previamente, el desarrollo de marcos institucionales es aún incipiente y es uno de los grandes déficits de la región. De las veinticinco cuencas transfronterizas y de los dieciocho acuíferos, solamente existe una comisión binacional creada en 2007 entre Costa Rica y Panamá, para la cuenca del río Sixaola, y el Tratado entre las Repúblicas de El Salvador, Guatemala y Honduras para la ejecución del Plan Trifinio de cooperación en materia de actividades hídricas, el cual cubre o cobija a la cuenca del río Lempa, a pesar de que este no es un tratado específico sobre el río Lempa.

El problema es aún mayor cuando se nota que el futuro del agua en la región parece no estar en la superficie sino en el subsuelo. En materia transfronteriza esto es evidente, pues la región dispone de dieciocho acuíferos (ver cuadro 3). Muchos de los problemas que enfrenta su gestión se relacionan con la falta de información, ya que los datos que son vitales para realizar esas tareas se encuentran fragmentados o no están disponibles. A su vez, esto afecta la forma en que los políticos y el público perciben este valioso recurso y limita la comprensión de su importancia para la seguridad alimentaria y el alivio de la pobreza. Asimismo, este factor produce políticas fragmentadas, así como la falta de estrategias de gestión integrada de los recursos subterráneos (UNESCO, 2010).

Cuadro 3. Región centroamericana: acuíferos transfronterizos

1c	Soconusco-Suchiate/Coatán	Guatemala-México
2c	Chicomuselo-Cuilco/Selegua	
3c	Ocosingo-Usumacinta-Pocóm-Ixcán	
4c	Márquez de Comillas-Chixoy/ Xacibal	
5c	Boca del Cerro-San Pedro	
6c	Trinitaria-Nentón	
7c	Península de Yucatán-Candelaria-Hondo	Guatemala-México-Belice
8c	Mopán-Belice	Guatemala-Belice
9c	Pusilia-Moho	
10c	Sarstún	
11c	Temash	
12c	Motagua	Guatemala-Honduras
13c	Chiquimula-Copán Ruinas	
14c	Esquipulas-Ocotepeque-Citalá	Guatemala-Honduras-El Salvador
15c	Ostúa-Metapán	El Salvador-Guatemala
16c	Río Paz	
17c	Estero Real-Río Negro	Honduras-Nicaragua
18c	Sixaola	Costa Rica-Panamá

Fuente: GWP (2019).

El análisis regional que calcula el porcentaje de superficie de las cuencas transfronterizas que son objeto de un acuerdo operativo denota elementos alarmantes. Por ejemplo, el país con mayor porcentaje es Costa Rica, pero apenas el 9% de su territorio en cuencas transfronterizas está cobijado por un acuerdo operativo. Los otros países de la región tienen porcentajes mínimos, tales como Panamá con 2.97% y El Salvador con un 0.07% del total.

Con los países restantes pasa un fenómeno interesante y es que tienen como común denominador el no reportar datos de ningún tipo sobre este indicador. Guatemala, por su lado, al hacer entrega del informe, lo hace junto con una nota de reserva, la cual se transcribe a continuación, que refleja su histórico diferendo fronterizo con Belice el cual se encuentra en litigio. Son precisamente conflictos como este los que muchas veces inhiben los que deberían ser acuerdos de alto beneficio para todas las partes:

> Debido a que los siguientes términos no están acordes con la regulación de la Constitución Política de la República de Guatemala y su Política de Estado en materia de cursos de agua internacionales, para el presente informe sobre el indicador 6.5.2 de los Objetivos de Desarrollo Sostenible, Guatemala no acepta los términos: «cuenca transfronteriza», «subcuenca transfronteriza» o «grupo de cuencas transfronterizas»; ni «cuenca transfronteriza compartida», «subcuenca transfronteriza compartida o grupo de cuencas transfronterizas compartidas»; así como tampoco acepta los términos «aguas superficiales transfronterizas», «acuíferos transfronterizos», «aguas transfronterizas», «cooperación transfronteriza», «recursos hídricos transfronterizos»; y «cuenca(s), río(s), lago(s) o acuífero(s) transfronterizos» o «grupo de cuencas transfronterizas».

En el caso de Honduras y Nicaragua, ambos reportan 0% del total de cuencas protegidas por arreglos operativos. La diferencia es que Honduras sí aporta todos los datos solicitados por el instrumento de evaluación. Nicaragua únicamente se limita a compartir el informe con algunas firmas y dos imágenes de mapas, sin proporcionar ninguna información.

El siguiente cuadro muestra los más importantes desafíos identificados por los países de la región en materia de aguas transfronterizas.

Cuadro 4. Desafíos por país en materia de aguas transfronterizas

Costa Rica	Panamá	Nicaragua	El Salvador	Guatemala	Honduras
Cuestiones de Gobernanza, Diferencias entre los marcos nacionales administrativo y legal.	Ajuste de la aplicación del acuerdo o arreglo a las leyes, políticas y programas nacionales.	No aporta ningún tipo de dato.	Diferencias entre los marcos nacionales administrativo y legal.	Guatemala no acepta los términos: «cuenca transfronteriza».	Relaciones diplomáticas tensas.
Falta de recursos.	Falta de recursos financieros y humanos.		Preocupaciones sobre la soberanía.		Falta de recursos financieros y humanos.
Fragmentación nacional a nivel sectorial.	Lograr la implementación de la gestión integrada del recurso hídrico transfronterizo dentro de las comunidades.		Falta de personal y capacidades técnicas.		Falta de mecanismos para implementar las medidas.

Fuente: elaboración propia con base en los
informes sobre el indicador 6.5.2 de los ODS.

El siguiente cuadro muestra algunas de las medidas que los países apuntan para progresar en la agenda de cumplimiento del objetivo de gestión sostenible de cuencas transfronterizas.

Cuadro 5. Medidas por país para la protección de las cuencas transfronterizas

Costa Rica	Panamá	Nicaragua	El Salvador	Guatemala	Honduras
Estrategia conjunta de reducción de riesgo de desastres.	Protección de especies relacionadas y de hábitats acuáticos.	No aporta datos de ningún tipo.	Recientemente, se ha instalado un Comité de Gestión de Cuencas Transfronterizas.	Guatemala no acepta los términos: «cuenca transfronteriza».	Protección de la calidad de agua, por ejemplo: nitratos y pesticidas, coliformes fecales y metales pesados.

Convenio entre el Gobierno de La República de Panamá y el Gobierno de La República de Costa Rica sobre Cooperación para el Desarrollo Fronterizo.	Convenio entre el Gobierno de La República de Panamá y el Gobierno de La República de Costa Rica sobre Cooperación para el Desarrollo Fronterizo.		El país está considerando ser parte de la Convención del Agua de Naciones Unidas.		Protección de especies relacionadas y de hábitats acuáticos.
Protección de especies relacionadas y de hábitats acuáticos.	El país está considerando ser parte de la Convención del Agua de Naciones Unidas.				

Fuente: elaboración propia con base en los informes
sobre el indicador mundial 6.5.2 de los ODS.

Del cuadro anterior se puede recalcar que sí ha habido esfuerzos importantes por parte de Costa Rica, Panamá y El Salvador. En el caso de Honduras su avance es marginal y los casos más preocupantes son Guatemala y Nicaragua, los cuales, al igual que en el indicador de «gestión integrada de recursos hídricos» (6.5.1), no muestran datos y, por tanto, no se conoce ningún avance.

¿Cuál debería ser la agenda prospectiva en materia de cuencas y acuíferos transfronterizos?

Una de las grandes debilidades en la formulación de políticas públicas en Centroamérica es la ausencia de una visión de largo plazo, pues frecuentemente las respuestas institucionales son de carácter reactivo y pensadas en el corto plazo. Por ello, los ODS representan una valiosa oportunidad para pensar más allá de los ciclos electorales y generar una política pública de largo alcance.

Analizando el reporte que realizan los países a las agencias custodio de Naciones Unidas en esta materia (UNECE y UNESCO), la gran mayoría de los países de Centroamérica han señalado que la brecha de políticas (derivada de estructuras de gobernanza débiles, con funciones y responsabilidades fragmentadas) ha sido el principal obstáculo para una política efectiva del agua, junto al hecho de que distintos sectores de gobierno o productivos defienden objetivos divergentes o contradictorios, que ponen en riesgo una política integral del agua (UNESCO-CODIA, 2020).

Otra brecha que se deriva de esta situación es que claramente los límites políticos no coinciden con los de las cuencas y esa dicotomía territorial genera problemas a la hora de gestionar el recurso integralmente, pues no solo intervienen en el debate diferentes Estados, sino también diferentes departamentos y municipios.

El tema de la información es igualmente deficitario, tal como se dijo, sobre todo en materia de acuíferos. La obtención, procesamiento y análisis de los datos es un desafío complejo y se traduce en una de las cuentas pendientes de la región; además, existen países como Nicaragua que difícilmente los comparten.

Siendo Centroamérica una región con enormes desafíos en el campo social, el tema del acceso al agua es fundamental, de ahí que en la cooperación transfronteriza es esencial promover la participación de la sociedad y de las comunidades que dependen de estos recursos naturales en la definición e implementación de políticas, la gobernanza del agua y su gestión directa.

La institucionalidad regional (SICA-CCAD) debería tener un papel mucho más activo y proponerse como una gran tarea (hasta el momento es un déficit) realizar un esfuerzo por impulsar una política regional en materia de recursos hídricos compartidos. Es conocida la posición reticente de Guatemala de usar el término de cuencas transfronterizas y lo que ello implica, pero tal objeción no debería detener la agenda en esta materia.

Es necesario crear o fortalecer organismos o mecanismos de gestión conjunta, comités o comisiones, para las cuencas hidrográficas y acuíferos transfronterizos para que estos sean plenamente operacionales y haya mayor apropiación, por parte de los países, de estos organismos de gestión conjunta.

En el caso de los acuíferos transfronterizos de la región, todavía se requiere profundizar el conocimiento de estos sistemas para una

115

adecuada gestión y protección. Se requiere mayor cooperación científica y técnica entre países para delimitar y caracterizar los acuíferos transfronterizos. Es importante incluir en las bases de información del recurso el conocimiento tradicional de la gestión del agua de los pueblos rurales e indígenas del territorio del recurso transfronterizo.

El periodismo centroamericano: entre la crisis de la democracia y el autoritarismo

Carlos Dada y Carlos F. Chamorro

A principios de 2018, unas semanas antes de que estallaran sin aviso las protestas estudiantiles, la poeta Gioconda Belli, entonces presidenta de la filial nicaragüense de la organización de escritores PEN Internacional, organizó un foro en Managua sobre el estado del periodismo y la libertad de expresión en Centroamérica. Sus invitados fueron el guatemalteco José Rubén Zamora, presidente y director de *elPeriódico* de Guatemala, y los dos autores de este capítulo, Carlos Fernando Chamorro, director de *Confidencial* en Nicaragua y Carlos Dada, director de *El Faro* en El Salvador.

Cinco años después, la salud de Zamora se deteriora en una prisión guatemalteca mientras enfrenta un irregular proceso por lavado de dinero. Chamorro ha sido despojado de su nacionalidad, al igual que la poeta Belli, y su medio de comunicación ha sido confiscado. Chamorro y Dada dirigen sus redacciones desde el exilio, destino de cientos de periodistas centroamericanos en los años recientes. PEN Nicaragua ya no existe.

La veloz degradación de la democracia en Centroamérica y la efectiva utilización y control sobre el aparato judicial por parte de quienes han concentrado el poder en años recientes en Guatemala, Honduras, Nicaragua y El Salvador les ha permitido criminalizar el ejercicio periodístico y declararlo enemigo de sus proyectos políticos. El periodismo independiente es visto por estos grupos de poder como un enemigo que les disputa el monopolio de la narrativa nacional y que se ha convertido en el último obstáculo para el ejercicio sin contrapesos de la corrupción y el abuso de poder.

En muy poco tiempo el periodismo centroamericano ha debido convertirse nuevamente en un ejercicio de resistencia contra el autoritarismo, la censura, la represión, la corrupción y la dictadura; y, como hace cuatro décadas, enfrentamos de nuevo el ataque frontal de estos gobiernos, traducido en amenazas, acoso judicial y físico, y detenciones, espionaje y obstaculización del ejercicio y, finalmente, el exilio forzado.

Nicaragua presenta la situación más grave para la libertad de prensa en todo el continente. El colapso del Estado de derecho y la consolidación de una dictadura totalitaria de Daniel Ortega y Rosario Murillo representa un espejo en el que hoy se está viendo la prensa centroamericana, con el deterioro de la democracia y amenaza por gobiernos con tendencias autoritarias. Debido a la censura impuesta por la dictadura, Nicaragua es hoy el único país de América Latina que no tiene un periódico impreso y la mayoría de sus periodistas trabajan en el exilio o en el anonimato. Solo en el reciente vuelo de los doscientos veintidós presos políticos expulsados a Estados Unidos por la dictadura de Daniel Ortega, viajaban doce periodistas o trabajadores de medios de comunicación, liberados y expatriados tras más de un año y medio de detención en las cárceles de la dictadura. Pero la situación es también alarmante en los otros países.

Honduras, un Estado controlado por el narcotráfico durante los dos períodos presidenciales de Juan Orlando Hernández, es el país centroamericano en el que más periodistas y comunicadores han sido asesinados y la autocensura se ha convertido en una práctica habitual para evitar represalias del crimen organizado. La caída de Hernández, hoy preso en Estados Unidos, despertó muchas esperanzas entre los colegas hondureños. Pero la nueva presidenta, Xiomara Castro, no ha mostrado voluntad política para mejorar las condiciones de trabajo para la prensa.

En El Salvador, la rápida consolidación de Nayib Bukele en el poder y su control férreo sobre todas las instituciones del Estado le han dado vía libre para una presidencia que, electa originalmente en comicios libres e internacionalmente supervisados, hoy gobierna sin contrapesos y amenaza con prolongarse indefinidamente y convertirse en una dictadura. Allí el espionaje, las campañas de deslegitimación, el cierre de todo acceso a información pública y el acoso judicial presentan nuevos desafíos para una prensa que desde el fin de los acuerdos de paz en 1992 había podido trabajar libremente, con amenazas de grupos criminales pero sin la persecución estatal que ha desatado la Administración Bukele.

En Guatemala, el periodismo vive ahora bajo la amenaza constante de un sistema judicial al servicio de los grupos en el poder. La detención de José Rubén Zamora y el cierre de *elPeriódico* han causado un gran impacto entre la prensa guatemalteca, son el caso más visible de este acoso oficial. Pero no son los únicos. Una docena de exiliados, otros tantos procesados o bajo investigación criminal, amenazas y golpizas han puesto al periodismo guatemalteco a la defensiva.

Esto es, desde luego, apenas una parte del panorama de la prensa en la región. La contracara es la persistencia de medios independientes que asumen el ejercicio del periodismo de calidad como una forma de resistencia ante el autoritarismo y, que ante la emergencia, han elevado sus propios estándares profesionales. Pero hay otra parte en este paisaje de la prensa, la de medios que se benefician de esta situación, que hacen la corte al poder de turno o que han sido creados desde esos poderes para contrarrestar al periodismo que les es crítico.

Antes de la presente crisis, hace apenas una década, en los cuatro países que aborda este capítulo había, en general, un sistema de medios dominado por grupos empresariales que solían acomodar su agenda editorial a sus estrategias comerciales, que casi siempre pasaban por un ejercicio crítico muy limitado hacia el poder, por sucumbir a la tentación del amarillismo y destinar pocos o nulos recursos a las investigaciones que permitieran entender las dinámicas del crimen organizado o la corrupción.

El panorama mediático evidentemente era, y sigue siendo, distinto en cada país, pero es posible apuntar algunas generalidades: las televisoras abiertas, las empresas mediáticas más vulnerables debido a la necesidad de recibir permisos gubernamentales para operar, han sido también las plataformas informativas con mayor alcance y destinatarias, por aplastante mayoría, de la publicidad tanto comercial como estatal.

Las radios comerciales, por otro lado, limitaron sus espacios noticiosos a la consignación de hechos, apostando a ganar el terreno de la inmediatez. Pero no hubo desarrollo en las radioemisoras de mayor profundidad que la consignación de los sucesos del día (accidentes automovilísticos, declaraciones oficiales, conteo de asesinatos).

Los medios escritos tradicionales mejoraron mucho, después de los años de los conflictos armados. Mantuvieron, salvo excepciones notables, una relación cómoda con el poder político, pero avanzaron sobre todo en la capacidad de investigar la corrupción, aprovechando el acceso a información pública que, sin ser robusto, fue creciendo durante los años de la transición democrática en la región. En este sentido, Honduras se fue quedando atrás, con pocos esfuerzos de los propietarios de medios impresos o televisoras por mejorar su nivel periodístico.

El acceso creciente a internet dio paso en el siglo XXI al surgimiento de nuevos medios en todos estos países, cuya situación financiera era y sigue siendo vulnerable, pero que transformaron el periodismo regional gracias a su compromiso con el periodismo de calidad por encima de consideraciones comerciales o intereses políticos, y a su menor dependencia de la pauta gubernamental. Ello les permitió invertir más en la formación de sus reporteros y editores y producir con menos precauciones investigaciones emblemáticas sobre corrupción y crimen organizado. Es justo señalar aquí que los dos autores de este capítulo son fundadores y directores de los dos medios decanos en esta categoría: *Confidencial* de Nicaragua y *El Faro* de El Salvador.

La crisis política también llegó a velocidades distintas. Y aunque todos los hechos políticos tienen un antes y un después, es necesario situar un momento de quiebre, en Honduras, es el golpe de Estado de 2009, que dejó al país aislado internacionalmente, sin acceso a fondos y en una crisis política de la que no termina de recuperarse. Los medios tradicionales de ese país, las televisoras y los periódicos impresos, sin excepción, defendieron el golpe de Estado e hicieron suyos los discursos oficiales. Los dos gobiernos de Juan Orlando Hernández marcaron la consolidación de un narcoestado cuyo desmantelamiento no se ha dado, automáticamente, con el cambio de gobierno. Esta alianza entre el poder político y el crimen organizado con fuerte capacidad de violencia aumentó enormemente el riesgo en el ejercicio periodístico, de maneras que serán abordadas en la sección del país.

En Guatemala, el punto de quiebre lo marca la salida de la Comisión Internacional Contra la Impunidad (CICIG) en 2019. Ello se da en momentos en que la prensa guatemalteca ha crecido con el surgimiento de nuevos medios, y con ellos el aumento de investigaciones sobre corrupción, crimen organizado y las crisis política y social que vive el país. Pero la salida de la CICIG deja sin soporte a una sociedad civil a la que había empoderado, y permite a una alianza entre políticos, militares, empresarios y operadores del crimen organizado la retoma de control de todo el aparato de Estado. Esta alianza depura el aparato judicial sacando a jueces, fiscales y magistrados que trabajaron con CICIG en investigaciones sobre crimen organizado y corrupción, y al hacerlo arremete inmediatamente contra el periodismo crítico. Su primer gran golpe es la detención de José Rubén Zamora, el más prominente periodista guatemalteco.

En Nicaragua, el colapso del Estado de derecho se produjo durante una década de regresión autoritaria, tras el regreso al poder de Daniel Ortega en 2007. Entre 2007 y 2017, gracias a un pacto con el expresidente Arnoldo Alemán, Ortega ejecutó un *golpe desde arriba* que demolió gradualmente las instituciones democráticas. Restableció como práctica el fraude electoral, ilegalizó y reprimió a la oposición, estableció un monopolio sobre los poderes del Estado —la Corte Suprema de Justicia, el poder electoral, y la Contraloría—, cooptando al Ejército y a la Policía, al control político familiar del dictador, su esposa y posteriormente *copresidenta*, Rosario Murillo y algunos de sus hijos. Ello, al tiempo que establecía una alianza económica con los grandes empresarios de Nicaragua y la región para promover la inversión privada, bajo un régimen corporativista, sin democracia ni transparencia.

El punto de quiebre se produjo durante el estallido social de abril 2018, cuando una protesta nacional desafió por primera vez el poder de la dictadura, desencadenando una brutal persecución política contra todas las voces críticas que no se declararon orteguistas, desembocando en la comisión de cientos de crímenes de lesa humanidad que han sido constatados por comisiones independientes de expertos tanto de las Naciones Unidas como de la Organización de Estados Americanos. El periodismo, que ya sufría de persecución, es golpeado de forma implacable hasta provocar su exilio como condición de sobre-vivencia.

En El Salvador el quiebre se produjo con la llegada al poder de Nayib Bukele en 2019. Un hombre joven, exalcalde de la capital del país, San Salvador, hábil en el manejo de redes sociales, cuyo proyecto político necesita de la imposición unívoca del discurso oficial, sin espacio para cuestionamientos ni voces críticas.

Bukele llegó prometiendo desmantelar el corrupto sistema político tradicional y lo logró con creces, pero echando mano al recurso autoritario y populista. En apenas tres años, se ha hecho con el control de todo el aparato del Estado, incluidos los tres poderes, el Ejército, la Policía y la Fiscalía. Su altísima popularidad, la mayor de todo el continente, le ha servido de soporte para avanzar su proyecto de concentración de poder sin precedentes. La prensa crítica se ha convertido en uno de sus últimos obstáculos para lograr el manejo hegemónico del poder.

Centroamérica ha vuelto a los años del silencio y la censura, pero no todo el panorama es desolador. En Costa Rica, el presidente Rodrigo Chaves ha lanzado ataques frontales contra lo que califica de *prensa canalla* a medios como *La Nación*, Teletica canal 7 y CRHoy, sin embargo, la respuesta de la prensa y la fortaleza del Estado de derecho continúa brindando una protección efectiva a la prensa contra la intimidación oficial. En octubre de 2022 la Sala Constitucional estableció un precedente al resolver que el presidente Cháves y la ministra de Salud de entonces, Joselyn Chacón, violaron la libertad de prensa establecida en la Constitución Política al emitir la orden sanitaria que obligó en julio de ese año al cierre del centro de eventos Parque Viva, ligado al diario *La Nación*. Ello, al acoger un recurso de amparo que alegaba un ataque a la libertad de prensa, interpuesto por periodistas de ese diario que consideraban el cierre del Parque Viva como una manera indirecta de afectar al periódico, tras publicaciones críticas sobre el mandatario y su gobierno.

El periodismo centroamericano también atraviesa hoy un momento paradójico: si bien se encuentra en su momento más complicado desde el fin de la Guerra Fría, por otro lado, probablemente nunca antes ha alcanzado tales niveles de calidad editorial investigativa y narrativa, lo que le ha valido amplio reconocimiento internacional.

A finales de 2022, un grupo de periodistas de Guatemala, El Salvador, Honduras, Nicaragua y Costa Rica anunciaron la creación de la Red Centroamericana de Periodistas, un intento gremial para hacer frente a la emergencia y colaborar en la tarea de resistir ante los ataques del poder. A los periodistas centroamericanos nos une la convicción de no ceder ante la intimidación y la censura, ni caer en la autocensura. Como proclama la nueva Red Centroamericana de Periodistas: «El silencio no es una opción». El principal reto de la prensa ante el deterioro de la democracia sigue siendo fiscalizar el poder y hacer buen periodismo, aún en medio de las peores condiciones de polarización política.

Los autores de este capítulo nos hemos percatado de la imposibilidad, al hablar de la situación en nuestros respectivos países, de escribir como observadores externos sobre el fenómeno. La exigencia de hacerlo en determinados segmentos en primera persona nos ha llevado a tomar la decisión de, en lugar de un texto conjunto, dividirlo de la siguiente manera: Carlos Dada es responsable de lo correspondiente a El Salvador, Honduras y Guatemala; y Carlos F. Chamorro de Nicaragua, cuya situación demanda también mayor espacio.

El Salvador, Guatemala y Honduras: la libertad de prensa bajo amenaza (Carlos Dada)

El Salvador: Nayib Bukele cambia las reglas

El sistema político salvadoreño parecía el más sólido de los cuatro países. Había crecido a partir de los acuerdos de paz de 1992 y superado, con creces, los temores iniciales de que fuera incapaz de administrar las diferencias políticas de las fuerzas antagonistas que habían hecho la guerra. Para el cambio de siglo, la institucionalidad democrática salvadoreña y la fuerza de sus dos grandes partidos, la Alianza Republicana Nacionalista (ARENA) y el Frente Farabundo Martí para la Liberación Nacional (FMLN) parecían cerrar las posibilidades de caudillismos y personalismos como se veían ya en los países vecinos. En El Salvador eran los partidos institucionales los que definían nuestra vida política y convivían bajo las reglas acordadas.

Por eso fue tan dramática y sorpresiva la llegada de Nayib Bukele a la presidencia, en 2019. El joven político había militado en el FMLN, pero su posterior expulsión del partido lo obligó a lanzarse como candidato independiente. Y ganó.

Es cierto que, durante toda la campaña, los medios tradicionales cerraron sus puertas al candidato que amenazaba al *establishment*, lo cual surtió el efecto contrario: a los ojos de los votantes, esto solo confirmó que, efectivamente, Bukele era el enemigo de políticos, empresarios y medios de comunicación vistos generalmente como corruptos y ajenos a las necesidades de la población.

Sin periódicos ni programas de televisión para compartir su oferta electoral, Bukele hizo campaña en las redes sociales. En la primera vuelta obtuvo más votos que todos los partidos políticos juntos; y en esa elección ARENA y el FMLN, que parecían inamovibles, cerraron la jornada convertidos en partidos en extinción. El nuevo presidente había cambiado también la relación del poder con los medios tradicionales: él ya no los necesitaba. Si querían sobrevivir, eran ellos quienes debían acomodarse a él.

El Salvador comenzaba una nueva era. Y pronto Nayib Bukele dio muestras del camino que tomaba. En febrero de 2020, antes siquiera de cumplir su primer año en el poder, pero con una altísima popularidad, ingresó a la Asamblea Legislativa (aún controlada por la oposición) rodeado de soldados armados y amenazó con disolverla. Dios, diría después, le pidió paciencia.

Aquel acto marcó su quiebre definitivo con la Constitución y los acuerdos de paz. El nuevo presidente no estaba dispuesto ni a dialogar ni a negociar. Exigía sumisión y obediencia. Aquí comenzó también su campaña abierta de confrontación con la prensa.

Primero, prohibió el ingreso de algunos medios a sus conferencias de prensa y bloqueó a periodistas de sus cuentas en redes, convertidas en vehículo oficial de comunicación desde las que el mandatario daba órdenes a sus ministros o informaba a la nación sobre nuevas políticas públicas. También se hizo con el Instituto de Acceso a la Información Pública y cerró toda la información hasta entonces disponible sobre las cuestiones más triviales del funcionamiento del Estado. Pocas semanas después de su ingreso a la Asamblea decretó estado de emergencia por la pandemia, y evitó entonces también la necesidad de someter a procesos de licitación las compras y las contrataciones públicas. A pesar de ello fue el periodismo el que destapó la escandalosa corrupción en las compras de artículos de emergencia. Era apenas su segundo año.

Desde Casa Presidencial renovó el Canal 10, un canal estatal olvidado por los gobiernos anteriores y convirtió su noticiero y espacio de entrevistas en vehículo oficial de propaganda. Abrió además un nuevo periódico, *Diario El Salvador*, dedicado a diseminar todas las acciones del partido de gobierno y de la Administración Bukele.

Aunado a esto, cientos de plataformas en YouTube, granjas de troles en Twitter y una millonaria inversión en producciones en video y fotografía del quehacer gubernamental complementan los mensajes de Bukele en redes sociales. Ningún funcionario del Gobierno o diputado está autorizado para hablar con medios independientes y las declaraciones que el presidente suele brindar en cadenas nacionales o en sus redes sociales, o las que sus funcionarios dan en entrevistas de medios oficiales o conferencias, constituyen hoy los únicos reportes —sin evidencias y frecuentemente contradictorios— imposibles de verificar sobre el estado del país o la administración pública.

El resultado ha sido muy exitoso para un proyecto populista.

Nayib Bukele es ahora el presidente más popular de América Latina, con índices de apoyo por encima del 85%. Gobierna sin contrapesos. Mantiene bajo su control a los tres poderes del Estado, a la Fiscalía, a las Fuerzas Armadas, a la Policía y al sistema judicial; no tiene oposición considerable y camina a pasos agigantados hacia una dictadura, aplastando a cada paso la Constitución y el Estado de derecho.

El 1 de mayo de 2021, durante la sesión inaugural de la nueva Asamblea controlada ya por el partido del presidente, los diputados destituyeron al fiscal general y a los magistrados de la Sala de lo Constitucional de la Corte Suprema de Justicia. Allí mismo, contra lo que dice la ley, designaron a los nuevos magistrados y al fiscal. A nadie sorprendió que el nuevo fiscal desmantelara la unidad que investigaba corrupción ni que los nuevos magistrados del Constitucional reinterpretaran la Constitución y permitieran la reelección.

Bukele ha desmantelado, efectivamente y con poca resistencia, toda la institucionalidad democrática de El Salvador y, en poco tiempo, ha concentrado suficiente poder como para atropellar la Constitución o las leyes sin pagar consecuencias ni legales ni políticas por ello.

Uno de sus primeros y más sostenidos éxitos fue reducir los índices de homicidios, atribuidos mayoritariamente a las pandillas (las llamadas maras), a niveles de país desarrollado. El presidente lo atribuyó a su plan de seguridad nacional, y las megaproducciones de imagen mostraban al ministro de Defensa y al director de la Policía patrullando las calles y caminos rurales en el combate a la delincuencia.

El Faro publicó en 2020, con pruebas documentales y testimonios, que existía un pacto entre el gobierno de Bukele y los líderes de pandillas, que se comprometían a bajar los homicidios y apoyar al partido de Bukele en las elecciones legislativas de 2021, que terminaron dándole el control de la Asamblea. Pocos días después, Bukele convocó a cadena nacional y dijo que *El Faro* estaba siendo investigado por lavado de dinero. El Ministerio de Hacienda había iniciado ya cuatro auditorías contra *El Faro* y dos medios bajo control del Gobierno publicaron noticias falsas sobre supuestos abusos sexuales de periodistas de *El Faro*. Funcionarios y el propio presidente se hicieron eco de esas publicaciones en sus redes sociales, llamándonos violadores.

A esto hay que agregar presiones comerciales contra los anunciantes en medios críticos con el Gobierno, seguimientos físicos a reporteros, agresiones policiales contra periodistas, acoso cibernético y hasta envío de drones a casas de periodistas.

La Asociación de Periodistas de El Salvador ha denunciado un aumento de más del 300% de agresiones contra la prensa desde el inicio de este Gobierno. Solo en 2022, la Asociación de Periodistas de El Salvador registró sesenta y siete agresiones contra periodistas, la gran mayoría de ellas provenientes de agentes estatales o políticos del partido de gobierno. Aquí cabe hacer una distinción de género, puesto que son mujeres quienes reciben la mayor cantidad de agresiones o amenazas por redes sociales, incluso cuando estas provienen de funcionarios públicos.

Después supimos que los teléfonos de las dos terceras partes de los empleados de *El Faro*, así como de periodistas de los medios *Gato*

Encerrado, El Diario de Hoy, Revista Disruptiva y *La Prensa Gráfica* habían sido infectados por Pegasus, al menos entre junio de 2020 y septiembre de 2021. También empresarios, activistas y defensores de derechos humanos fueron espiados con Pegasus.

El Salvador asiste al fin de la posguerra, que fue también la era democrática, y al nacimiento de un nuevo régimen autoritario y la construcción de un Estado militar y policial, comandado por un hombre embriagado de poder pero sin ideología, hoy aplicando políticas de ultraderecha y coqueteando con grupos libertarios cuando hizo su carrera política en las filas del FMLN, el partido de la exguerrilla salvadoreña. Ayer pactando con los líderes de las pandillas y hoy luciendo la capacidad represiva de los cuerpos de seguridad como nueva estrategia.

Con la propaganda como columna vertebral de su estrategia política, sin oposición capaz de desafiarlo y sin contrapesos institucionales, la prensa independiente es uno de los últimos obstáculos para Bukele. Particularmente, la prensa escrita y el periodismo *online* han continuado investigando al poder a pesar de las restricciones, develando corrupción, arbitrariedades y abusos de poder. Eso, para un Gobierno que depende tanto de su imagen y sus mensajes, es una afrenta.

En 2022, pocos días después de que *El Faro* revelara que autoridades gubernamentales liberaron a un líder de la Mara Salvatrucha que aún debía muchos años de pena en prisión y solicitado además por extradición en Estados Unidos, la Asamblea aprobó la llamada Ley Mordaza, que prevé penas de prisión de hasta quince años a periodistas y editores que publiquen información sobre pandillas o sus símbolos y que «causen zozobra en la población». La ley aún no ha sido aplicada, a pesar de que no hemos dejado de investigar ni publicar información sobre el pacto que Bukele sostenía con las pandillas. Pero la ley está vigente, para ser utilizada cuando la Fiscalía, controlada por el régimen, considere que alguna publicación puede causar zozobra.

El pacto entre Bukele y las tres grandes pandillas de El Salvador se rompió en marzo de 2022, cuando la Mara Salvatrucha asesinó a ochenta y siete personas en tres días. La Asamblea decretó un régimen de excepción que, en principio, durante un mes, permitía a la policía realizar detenciones sin necesidad de una orden judicial y mantener al detenido durante quince días sin presentación ante un juez y también limitaba varios otros derechos ciudadanos. Además permite la intercepción de comunicaciones. Al Gobierno, el decreto le permitía continuar realizando compras y contrataciones sin necesidad de concursos o licitaciones. El régimen de excepción se ha extendido mes tras mes sin interrupción, y al cierre de este capítulo El Salvador llevaba ya un año en estas condiciones. Bukele inauguró una nueva megacárcel para cuarenta mil reos y ocultó un centenar de muertes bajo custodia del Estado.

Sin acceso a registros de medicina legal ni de la Fiscalía, el periodismo salvadoreño depende ahora de testimonios de aquellos pocos que aún se atreven a dar su versión en público, ante la amenaza de un régimen que suele no solo silenciar las voces críticas, sino alardear de su castigo. Esos testimonios, recogidos por la prensa y también por organizaciones independientes de defensa de los derechos humanos, dan cuenta también de torturas y golpizas dentro de las prisiones. Las autoridades niegan estas versiones, y han dirigido nuevamente sus señalamientos contra quienes escriben estas noticias. Al menos una docena de periodistas han abandonado el país por amenazas.

Bajo estas condiciones, *El Faro* ha mudado sus operaciones administrativas y legales a Costa Rica, y se ha declarado un periódico centroamericano con sede en San José. Otros medios de comunicación están haciendo planes similares.

Bukele ha anunciado ya su candidatura a la reelección. En control total del Estado y de su partido, sin oposición considerable y con los índices de popularidad más altos del continente, su permanencia en el poder parece inevitable. Y, con ello, la instalación de otra dictadura en Centroamérica.

Guatemala: la criminalización del periodismo

Los ataques del gobierno de Alejandro Giammatei y del sistema judicial guatemalteco contra la prensa son ya tantos y tan abiertos que es difícil no concluir que el ejercicio periodístico ha sido criminalizado. Periodistas detenidos, exiliados, amenazados o golpeados van conformando un mapa de ataques a la prensa cada vez más parecido al que enfrenta, en los últimos años, el sector judicial que no ha querido someterse al control de los grupos del poder en Guatemala.

A partir de la salida de la CICIG, en el año 2019, grupos políticos, militares y empresariales que se habían sentido amenazados por las instituciones de procuración de justicia iniciaron un veloz camino de recuperación del control del Estado, sobre todo del aparato judicial.

En poco más de tres años, decenas de jueces, magistrados y fiscales que investigaban corrupción o actuaban en disonancia con estos poderes, fueron destituidos y acusados de diversos delitos, lo que ha llevado al exilio a decenas de ellos, incluidos dos exfiscales generales, un exfiscal anticorrupción, un exprocurador de Derechos Humanos, activistas projusticia y una docena de jueces y magistrados.

Este proceso de reversión de la independencia del aparato judicial, dirigido desde Casa Presidencial en concierto con la fiscal general Consuelo Porras, ha afectado también a la prensa. Desde la partida de CICIG, varios periodistas han sido encarcelados, exiliados, amenazados o sometidos a procesos judiciales.

El caso más emblemático es el del editor José Rubén Zamora, fundador de *elPeriódico* y capturado en julio de 2022 durante un allanamiento a su residencia, acusado de lavado de dinero, conspiración, chantaje y tráfico de influencias. Zamora había publicado decenas de investigaciones sobre corrupción en los gobiernos de los presidentes Otto Pérez Molina (quien aún guarda prisión), Jimmy Morales y Alejandro Giammatei. Su proceso ha estado plagado de irregularidades. Las autoridades guatemaltecas han recibido críticas internacionales y denuncias por la manipulación de este caso para silenciar a la prensa.

A pesar de que la Fiscalía guatemalteca aseguró que el caso no tenía relación con la labor de Zamora como periodista ni con *elPeriódico*, las oficinas del medio fueron allanadas, la Fiscalía congeló sus cuentas y detuvo también a la gerente del medio, Flora Silva, tres semanas después de la detención de Zamora. Como consecuencia, *elPeriódico* entró en una crisis financiera que le llevó a cerrar su edición impresa y al despido del 80% de su plantilla.

La acusación contra Zamora es obra del fiscal anticorrupción, Rafael Curruchiche, quien admitió al periódico *El Faro* que el caso fue armado en setenta y dos horas. Curruchiche fue nombrado en el cargo en agosto de 2021, pocos días después de que la fiscal Consuelo Porras despidiera al anterior fiscal anticorrupción, Juan Francisco Sandoval, acusándolo de no querer colaborar con ella. Sandoval reveló después que ella le había solicitado no investigar al presidente Giammatei.

Curruchiche ha sido sancionado por el Congreso de Estados Unidos, bajo la conocida Lista Engel, acusado de manipular y archivar investigaciones de corrupción y de levantar acusaciones *espurias* contra exoperadores del sistema judicial que combatían la corrupción y contra funcionarios de la CICIG. Su jefa, la fiscal Consuelo Porras, considerada una incondicional del presidente Giammatei, también ha sido sancionada por Estados Unidos, acusada de manipular el sistema judicial y por corrupción.

Los señalamientos de Washington no han tenido ningún efecto en las decisiones del presidente ni de sus grupos aliados, pero confirman las consecuencias del llamado Pacto de Corruptos en Guatemala: la independencia judicial ya no existe. Desmantelado el sector justicia, los grupos de poder político, militar y empresarial han pasado a la persecución de periodistas, sobre todo de aquellos que investigan o han investigado actos de corrupción. Solo en 2022, la Asociación de Periodistas de Guatemala registró diez casos de criminalización y acoso judicial contra periodistas.

La captura de José Rubén Zamora no solo ha constituido un castigo por sus investigaciones, sino una amenaza ejemplar para los demás periodistas: si el más prominente de entre ellos es detenido, nadie está a salvo. Y lo han demostrado: a principios de marzo de 2023, durante una audiencia del caso contra Zamora, la fiscal Cinthya Monterroso pidió al juez abrir una investigación contra otros seis periodistas y tres columnistas de *elPeriódico*. El juez ordenó abrir la investigación. Algunos de ellos han salido ya del país.

Pero no solo ese medio ha sido criminalizado. Seis periodistas de *Prensa Comunitaria* un medio destacado por su trabajo en áreas rurales, han sido llevados a proceso. Cuatro de ellos fueron detenidos, aunque ya han sido liberados. Carlos Choc, reportero destacado en El Estor, Izabal, ha sido sujeto de amenazas, robo de equipo y enfrenta un proceso judicial por sus investigaciones sobre la actividad de una mina en la zona. Otro reportero de *Prensa Comunitaria* ha tenido que exiliarse para evadir el acoso judicial.

En marzo de 2022, el periodista Orlando Villanueva, de *Noticias del Puerto*, fue asesinado a balazos en Izabal tras denunciar amenazas de policías y fiscales por cubrir protestas de trabajadores de una minera. El crimen continúa impune.

Marvin del Cid y Sony Figueroa, autores de diversas investigaciones sobre corrupción en el gobierno de Alejandro Giammatei y otros funcionarios, han sido denunciados por el delito de violencia contra la mujer, por una funcionaria señalada en sus publicaciones por irregularidades en su ejercicio público. Ambos periodistas han sufrido un acoso casi constante desde que iniciaron su serie de publicaciones. Además de amenazas anónimas y detenciones arbitrarias, han sido objeto de campañas de deslegitimación y debieron exiliarse durante un tiempo. Figueroa fue retenido durante horas por policías y, previo a su liberación, recibió una paliza de los agentes que le dejó lesiones en las rodillas.

Otros periodistas han sido también acusados de violencia contra la mujer. Meses antes de su encarcelamiento, Zamora, junto con otros dos editores de *elPeriódico*, recibieron órdenes restrictivas de un juez, tras haber sido denunciados por violencia contra la mujer por la hija de la presidenta de la Corte de Constitucionalidad. La denunciante argumentó que había sido violentada en la esfera pública, tras una publicación de *elPeriódico* según la cual ella recibía un salario por una plaza en el Tribunal Electoral para la cual no reunía los requisitos.

El Comité para la Protección de Periodistas, con sede en Nueva York, ha advertido que esta ley «fue creada para atender los altos índices de violencia de género, no para permitir a poderosos evadir la crítica o censurar a la prensa». Según las leyes guatemaltecas, si alguien es encontrado culpable de violencia contra la mujer, enfrenta una pena de cinco a ocho años de prisión.

Al menos una docena de periodistas guatemaltecos han marchado al exilio, incluido el director del noticiero ConCriterio, Juan Luis Font, objeto de hostigamiento judicial; y Michelle Mendoza, corresponsal de CNN, quien debido a sus notas recibió múltiples amenazas, entre ellas el envío de una corona fúnebre a la casa de sus padres.

Ante el acoso, periodistas de varios medios de comunicación, principalmente impresos y digitales, organizaron una campaña llamada No Nos Callarán, para denunciar públicamente agresiones contra la prensa. Las televisoras, en su mayoría, siguen bailando al ritmo del poder.

Honduras: entre el narcoestado y el populismo

En lo que va del presente siglo, Honduras ha sido y sigue siendo el país más peligroso de la región para ejercer el periodismo. En estos años, noventa y siete periodistas y comunicadores han sido asesinados, según los informes de la organización para la defensa de la libertad de expresión C-Libre. La mayoría de estos asesinatos han ocurrido después del golpe de Estado de 2009. La organización Artículo 19 reportó recientemente que 89% de estos crímenes continúan en la impunidad.

Los años más complicados, hasta ahora, tuvieron lugar durante la presidencia de Juan Orlando Hernández, entre 2014 y 2022. Decenas de periodistas fueron impunemente asesinados y, al otro lado de las conveniencias gubernamentales, otros más fueron comprados para favorecer al Gobierno. Otros más optaron por la autocensura. Lo explica mejor Ramón Soto, hoy diputado, quien fuera periodista en un canal de televisión del departamento de Colón, largamente controlado por los carteles de la droga: «Ellos [los narcotraficantes] no me imponían ningún límite. El periodista se autocensura cuando el pellejo está en peligro. Al contrario, hasta tiraba líneas para ayudarlos».

En 2017, cuando Juan Orlando Hernández buscaba su reelección y fue declarado ganador bajo justificadas sospechas de fraude, las masivas protestas en las calles fueron respondidas con una brutal represión de los cuerpos de seguridad hondureños, y el periodismo de ese país, ya objeto de amenazas de políticos y del crimen organizado, tuvo también que aprender a protegerse en esas circunstancias y equiparse con chalecos antibalas, cascos y máscaras de gases.

Juan Orlando Hernández extendió la presencia de militares en las instituciones del Estado y permitió la expansión del narcotráfico en Honduras, con la participación de políticos y altos mandos de las fuerzas de seguridad.

No es exagerado decir que, durante la presidencia de Juan Orlando Hernández, Honduras se convirtió en un narcoestado. Tony Hernández, hermano del presidente, y Ramiro Lobo, hijo del expresidente Porfirio Lobo, participaron activamente en el tráfico de cocaína hacia Estados Unidos y ambos se declararon culpables en sus respectivos juicios en Nueva York, donde guardan prisión. Yankel y Yani Rosenthal, hijo y sobrino del mayor empresario de Honduras, se declararon también culpables de lavar dinero en su banco para los carteles. El expresidente Hernández está detenido en Nueva York, a la espera de su propio juicio por narcotráfico.

Un Estado tan penetrado por el crimen organizado no se compone con un cambio de Gobierno. Pero la salida de Hernández y la llegada a la presidencia de Xiomara Castro, en enero de 2022, abría la posibilidad de una etapa de estabilidad política en Honduras, una oportunidad para cerrar el doloroso capítulo de su historia abierto con el golpe de Estado de 2009 (contra Manuel Zelaya, esposo de la presidenta Castro) y que desde entonces ha sufrido una crisis política tras otra.

Pero las amenazas contra el periodismo, la mayoría atribuidas al crimen organizado, no han desaparecido con el cambio de Gobierno. Solo en los primeros seis meses de gobierno de Castro, el Comité por la Libre Expresión C-Libre registró noventa y seis ataques violentos contra periodistas. Entre ellos, el asesinato de Ricardo Ávila, un camarógrafo y presentador de un noticiero local en Choluteca, que recibió múltiples disparos por desconocidos a plena luz del día. Las autoridades calificaron el crimen como un robo, pero C-Libre y CPJ denunciaron que las pertenencias del periodista estaban intactas en el lugar del crimen.

En octubre de 2022, el periodista Edwin Andino, productor de La Tribuna TV, fue secuestrado de su casa en Comayagüela por seis hombres que vestían uniformes policiales. Su cuerpo fue encontrado horas después en esa misma ciudad. La policía ha capturado a tres sospechosos del crimen, pertenecientes a una pandilla.

Honduras se encuentra en los últimos lugares mundiales de libertad de prensa. El más reciente índice de Reporteros Sin Fronteras la coloca en el lugar 165 de 180, por debajo de países como Nicaragua y Venezuela. La actividad periodística ha sido particularmente amenazada por las bandas de narcotráfico, que actuaron con impunidad particularmente durante los dos gobiernos del presidente Hernández. A pesar de que estas bandas siguen manteniendo una fuerte presencia en el país, el periodismo también es susceptible de procesos judiciales iniciados por terratenientes o funcionarios públicos. Como consecuencia, la autocensura se ha convertido en práctica usual de periodistas.

Los ataques contra periodistas adquirieron tal gravedad que en 2015, bajo una fuerte presión, el Gobierno instaló el Sistema Nacional de Protección para Periodistas, con el fin de garantizar su seguridad y su derecho al ejercicio profesional. Pero el sistema, que padeció siempre de debilidades presupuestarias, ha sido aún más debilitado por el actual Gobierno. La organización Reporteros Sin Fronteras denunció el despido injustificado de dos terceras partes del personal técnico de la institución y el desinterés de la presidenta Castro por reforzar las capacidades del mismo.

El Código Penal hondureño aún mantiene el delito contra el honor, tipificado como injuria y difamación, que contempla penas de prisión.

Pero el contexto general y las condiciones que aumentaron los riesgos para el ejercicio periodístico en Honduras no desaparecieron tampoco con el cambio de Gobierno. El departamento de Colón, tierra controlada durante la presidencia de Hernández por el cartel de Los Cachiros, y foco de conflictos por tierras, ha notado pocos cambios. Los Cachiros están presos en Estados Unidos, pero continúa el enfrentamiento entre campesinos y agroindustriales, y entre campesinos y una minera. En los primeros dos meses de 2023, ocho líderes campesinos fueron asesinados a pesar de que varios de ellos contaban con medidas cautelares emitidas por la Comisión Interamericana de Derechos Humanos. Las organizaciones campesinas han denunciado la falta de intervención de las fuerzas de seguridad para evitar más muertes.

Por el contrario, la presidenta Castro nombró como gobernador del departamento de Colón a Adán Fúnez, exalcalde de Tocoa y señalado por la fiscalía estadounidense como protector de narcotraficantes. Fúnez es uno de los principales promotores de la mina de El Guapinol, que ha generado el conflicto con los campesinos.

Esta y otras decisiones políticas de la presidenta Castro, que alcanzó la presidencia acompañada de la mayoría de las organizaciones de la sociedad civil, han debilitado mucho esta alianza y con ello comienza a perderse la oportunidad de lograr verdaderos cambios en Honduras con el acompañamiento de esta sociedad civil que resistió y luchó contra el gobierno de Hernández. Parece, en cambio, comenzar a perfilarse un gobierno con otro tipo de ambiciones, más parecidas a la del vecino presidente salvadoreño.

Si en El Salvador los hermanos del presidente son los jefes no oficiales del gabinete, en Honduras los hijos de la presidenta sí tienen cargos oficiales. Uno de sus hijos es el secretario privado de la Presidencia. Su esposo, el expresidente Manuel Zelaya, brinda declaraciones a nombre del Gobierno y negocia con otros sectores políticos; y su sobrino, llamado también Manuel Zelaya, es ministro de Defensa.

La presidenta creó, vía Decreto Ejecutivo, la Dirección Nacional de Información y Prensa, con el objetivo, dice el decreto, de monitorear a la prensa para dar respuesta oportuna. Pero varias organizaciones reaccionaron denunciando la falta de criterios para el funcionamiento de la oficina y sus temores de que sirva simplemente para condicionar la asignación de publicidad oficial a medios complacientes. La red Voces del Sur, que reúne a organizaciones por la defensa de la libertad de prensa de toda América Latina, expresó su preocupación por «la opacidad, la poca transparencia y total ausencia de criterios claros para la asignación de recursos públicos en temas de publicidad oficial y definición de las prioridades temáticas a publicitar, las cuales quedan a discrecionalidad del Gobierno y sin participación de la sociedad civil, abonado al condicionamiento de la pauta publicitaria según los intereses y la agenda del Gobierno».

Algunos voceros del oficialismo han iniciado también campañas de agresiones y amenazas en redes sociales contra periodistas, una práctica cada vez más común en la región.

A finales de 2022, la presidenta Castro también declaró la guerra a las pandillas y decretó un régimen de excepción similar al salvadoreño, aplicable en ciento sesenta y dos barrios de Tegucigalpa y San Pedro Sula. La medida, que duraría cuarenta y cinco días, fue también renovada al vencerse el plazo.

El panorama periodístico hondureño, sin embargo, se ha extendido en la última década, con el surgimiento de varios medios de comunicación *online* en el que jóvenes periodistas han ido desarrollando un periodismo crítico, presionando también para algunos cambios, aunque menores a lo deseable, en las agendas editoriales de los medios tradicionales de comunicación.

Nicaragua: la resistencia de la prensa independiente en el exilio (Carlos F. Chamorro)

En los últimos cincuenta años, Nicaragua ha vivido un largo ciclo de dictadura-revolución-transición democrática-dictadura, en el que se han alternado períodos de persecución, censura y resistencia del periodismo, con etapas de libertad de expresión y profesionalización de la prensa independiente.

Sin embargo, entre 2018 y 2023, la consolidación de una dictadura familiar totalitaria bajo el control de Daniel Ortega y su esposa Rosario Murillo ha impuesto un estado de criminalización de las libertades de prensa y de expresión, sin precedentes, a pesar de lo cual la prensa independiente en el exilio sobrevive como la última reserva de todas las libertades.

Yo me inicié en el periodismo bajo la dictadura de Anastasio Somoza Debayle, en febrero de 1978, un mes después del asesinato de mi padre, el periodista Pedro Joaquín Chamorro, director del diario *La Prensa*.

En esa época, veinte años antes de la irrupción de internet, los periodistas desafiaban la censura a los noticieros de radio, leyendo las noticias en los atrios de las iglesias en lo que fue bautizado como *periodismo de catacumbas*. En los días finales de la insurrección contra la dictadura, Somoza ordenó la destrucción del diario *La Prensa*, lanzando un ataque con carros de combate artillados conocidos como tanquetas, como si se tratara de un objetivo militar.

Durante la revolución sandinista, bajo la guerra de agresión externa y la guerra civil en los años ochenta, la militarización de la política sustituyó el periodismo por la propaganda y la contrapropaganda de la guerra, e impuso como normas la censura previa y la autocensura.

En 1990 se inició una transición democrática en la que florecieron los medios de comunicación, en una verdadera primavera de la libertad de expresión. Bajo el gobierno de mi madre, Violeta Barrios de Chamorro, la libertad de prensa y la tolerancia hacia la libertad de expresión se convirtieron en una política de Estado, así como la profesionalización del ejército y la policía.

El colapso de la transición democrática

Erróneamente, pensábamos que la democracia y los logros de la transición eran irreversibles, pero desde el retorno de Daniel Ortega al poder por la vía electoral, en 2007, las instituciones democráticas han sido demolidas en dieciséis años de regresión autoritaria. Ortega regresó al poder después de ganar una elección democrática en noviembre de 2006, no por una marejada de votos como Hugo Chávez y Evo Morales, sino como resultado de un éxito de táctica política y otro incidente fortuito.

El primero fue la división del 55% de los votantes antisandinistas en dos partidos de derecha, lo que le permitió ganar en primera vuelta con el 38% de los votos —un porcentaje menor que el obtenido en sus tres anteriores derrotas en 1990, 1996 y 2001 que promediaron el 40%—, gracias a una regla sui géneris convenida en el *pacto* con el expresidente Arnoldo Alemán, según la cual, como un traje a la medida del techo electoral de Ortega, se podía ganar en primera vuelta con más del 35% de los votos y cinco puntos de ventaja sobre el segundo lugar.

Lo segundo, lo que de verdad le permitió alcanzar ese 38% de los votos, fue el súbito fallecimiento tres meses antes de la elección —en circunstancias nunca totalmente aclaradas— de Herty Lewites, el popular exalcalde de Managua, que había sido expulsado del Frente Sandinista de Liberación Nacional por disputarle la candidatura a Ortega y quien se proyectaba como el candidato de la izquierda democrática a través del Movimiento de Renovación Sandinista, que amenazaba con arrebatarle a Ortega un alto porcentaje de los votantes sandinistas.

La segunda presidencia de Ortega sentó las bases para su primera reelección consecutiva en 2011, violando la Constitución e imponiendo un régimen político de concentración total del poder, a través de un *golpe desde arriba* que demolió las instituciones democráticas. Ortega restableció como práctica el fraude electoral, ilegalizó y reprimió a la oposición y estableció un monopolio sobre los poderes del Estado —la Corte Suprema de Justicia, el poder electoral y la Contraloría—, cooptando al Ejército y la Policía al control político familiar de la pareja presidencial —otrora las joyas de la transición democrática—.

Su esposa Rosario Murillo, vocera del Gobierno, diseñó una estrategia de comunicación para imponer la llamada *información incontaminada*, es decir, la información en *estado puro* que llegaría a los ciudadanos de forma directa a través de los medios oficiales, sin pasar por el filtro de las preguntas o investigaciones de la prensa independiente, para lo cual incluso cancelaron las conferencias de prensa.

Una década antes de la aparición de Donald Trump en Estados Unidos y de Jair Bolsonaro en Brasil, Daniel Ortega calificó a la prensa independiente como *el enemigo* y, mucho antes de la era de las *fake news*, acusó a los periodistas de ser los *hijos de Goebbels*, desatando virulentas campañas de linchamiento en los medios oficiales como respuesta a las denuncias de corrupción y abusos de poder de su Gobierno.

En sus primeros años, Ortega promovió la intimidación contra la prensa independiente, el espionaje político, el bloqueo al acceso de información pública y creó su propio emporio privado de medios de comunicación.

Sin embargo, mientras gobernó con base en una alianza económica con los grandes empresarios, sin democracia ni transparencia, toleró la existencia de medios como *Confidencial* que investigamos la corrupción del régimen —como el desvío de más de cinco mil millones de dólares de la cooperación venezolana para sus negocios privados, o la mega estafa del fallido proyecto del canal interoceánico—. Probablemente, porque al tener el control total de los poderes del Estado, incluido el Ejército y la Policía, no consideraba a la débil oposición política como una competencia o amenaza.

La rebelión de 2018: periodismo e insurrección cívica

Cuando este modelo de gobierno autoritario colapsó bajo el estallido de las protestas cívicas en abril de 2018, y el régimen vio amenazado su poder, respondió con una brutal represión que dejó más de trescientos veinticinco asesinatos en la impunidad, y convirtió a la prensa en el enemigo a aplastar.

Así se produjo un cambio fundamental en la relación entre la prensa y el poder. Dejó de ser una relación conflictiva en la que los medios fiscalizan al poder y el poder trata de influir en los medios, en la competencia por fijar la agenda pública, para convertirse en otra en la que el poder identifica a los periodistas no como adversarios en una democracia, sino como *enemigos*. Se trata, por tanto, de una *guerra* en la que el objetivo del Estado no es persuadir, sino combatir sin cuartel al *enemigo*, hasta eliminarlo en el campo de batalla.

La represión contra los periodistas incluyó asesinatos y agresiones físicas, censura a la televisión, destrucción física de medios, bloqueo aduanero a los periódicos de manera que estos no pudieran importar materiales imprescindibles para sus publicaciones, hasta culminar con el cierre y la confiscación de medios, la imposición de leyes represivas y el encarcelamiento de periodistas.

Durante los primeros cien días de la insurrección cívica, nuestra tarea principal fue nombrar a las víctimas de la represión y contar las historias de los asesinados que hasta hoy siguen siendo negadas y ocultadas por el Estado. Así surgió una estrecha colaboración entre el periodismo, las organizaciones de derechos humanos y las Madres de Abril, el movimiento de los familiares de las víctimas que reclaman verdad y justicia sin impunidad.

En efecto, los periodistas tomamos partido al lado de las víctimas de la masacre para promover una agenda de verdad, memoria, justicia y no repetición, como un compromiso ético con la reconstrucción democrática del país. Tomamos partido también demandando la liberación incondicional de los presos políticos, la anulación de los juicios espurios y la suspensión del estado policial para restablecer las libertades democráticas.

En las protestas de abril 2018 se hermanó la libertad de expresión de los ciudadanos con la libertad de los periodistas para difundir noticias e información confiable. El empoderamiento de la gente en la protesta y el uso intensivo de los teléfonos celulares y las redes sociales generó un torrente de información e imágenes sin el cual no habría sido posible cubrir la insurrección cívica en su dimensión nacional.

En casi cinco años de crisis sociopolítica, entre 2018 y 2023, en Nicaragua se han concentrado todos los crímenes contra la prensa que en Venezuela tomaron más de una década, entre agresiones de facto y también judiciales.

En 2020 se aprobó la Ley Especial de Ciberdelitos, que castiga con penas de cárcel de uno a cinco años el presunto delito de propagar *noticias falsas* a través de redes sociales y medios, que provoquen zozobra, desestabilización y daños morales, aunque la misma ley no define qué es una *noticia falsa*.

En virtud de esa ley, más de veinte personas han sido condenadas a penas de cárcel por el presunto delito de propagar *noticias falsas*, entre ellos periodistas, activistas, sacerdotes, y *hasta un campesino que ni siquiera tenía redes sociales*.

La resistencia de la prensa

Hacer periodismo bajo una dictadura es un acto de resistencia para seguir informando y contando la verdad. Mi propia redacción, *Confidencial*, ha sido confiscada dos veces. Primero fue asaltada por la policía, sin ninguna orden judicial, en la medianoche del 13 de diciembre de 2018 y *ocupada de forma permanente por elementos armados*. En noviembre de 2019 instalamos una redacción provisional, pero *el 20 de mayo de 2021 nuevamente fuimos asaltados por la policía*, que otra vez se robó todas nuestras computadoras y equipos de televisión. Pero nunca dejamos de informar un solo día a través de las plataformas digitales.

Ortega también confiscó el canal de cable 100% Noticias y el diario *La Prensa*. Sin embargo, nunca ha podido confiscar al periodismo, y los medios confiscados seguimos informando desde el exilio.

El régimen ha cerrado, además, más de cincuenta medios radiales y televisivos locales, y más de ciento cincuenta periodistas se han visto obligados a exiliarse. Una parte de ellos se han reorganizado en torno a unos veinticinco medios digitales, principalmente en Costa Rica, España y Estados Unidos. Sin embargo, más del 30% de los periodistas se dedican a otros empleos para sobrevivir o *abandonaron la profesión por temor a represalias contra sus familias*.

Nuestros programas de televisión «Esta semana» y «Esta noche» están censurados en la televisión abierta y el sistema de cable, pero continuamos llegando a una audiencia de más de cuatrocientos veinte mil suscriptores a través del canal de YouTube de *Confidencial* y cientos de miles más a través de Facebook. Las redes sociales representan un vehículo extraordinario para vencer la censura, pero también se han convertido en un espacio de desinformación que compite contra la prensa independiente.

Por tanto, la resistencia de la prensa también requiere hacer periodismo de calidad. De ello depende la eficacia de la prensa frente a la maquinaria de desinformación y propaganda de los cinco canales de televisión, decenas de radioemisoras y portales de internet que maneja la familia gobernante como negocios privados a costa del Estado.

Sin Estado de derecho y sin democracia la existencia de la prensa libre está amenazada por la arbitrariedad de un poder sin límites, como ocurre hoy en Nicaragua, Cuba y Venezuela, donde no existe ninguna protección para los periodistas.

Las organizaciones defensoras de derechos humanos y de la libertad de prensa, en América y Europa, han hecho un esfuerzo extraordinario por documentar y visibilizar la persecución contra la prensa en estos tres países.

Pero, en última instancia, nuestra única protección radica en hacer mejor periodismo para fortalecer la credibilidad de los medios y la relación con nuestras audiencias.

Una dictadura totalitaria

El pasado 15 de febrero, *noventa y cuatro ciudadanos nicaragüenses fuimos despojados de nuestra nacionalidad* por el régimen de Daniel Ortega, en un acto ilegal, inconstitucional y violatorio de tratados internacionales suscritos por el Estado de Nicaragua. La pena incluye, además, la pérdida de nuestros derechos ciudadanos a perpetuidad y la confiscación de nuestros bienes, incluidas las pensiones del Seguro Social.

En la lista de los noventa y cuatro estamos incluidos once periodistas, directores de medios de comunicación en el exilio como *Confidencial*, 100% Noticias, *Artículo 66*, Nicaragua Investiga, Radio Darío, Divergentes, Café con Voz y otros medios.

Seis días antes, el 9 de febrero, otras doscientas veintidós personas —todas presas y presos políticos— *fueron excarceladas, desterradas a*

Estados Unidos y despojadas de su nacionalidad nicaragüense en un acto de venganza, en el que Ortega con una mano deshizo el gesto político que había hecho con la otra.

El único preso político que se rehusó a aceptar el destierro, el obispo de la Iglesia católica Rolando Álvarez, fue condenado un día después en un juicio exprés a veintiséis años y cuatro meses de cárcel y *permanece en una celda de máxima seguridad.*

Entre los excarcelados, había doce personas vinculadas a medios de comunicación: un cronista deportivo y bloguero, tres directivos del diario *La Prensa*, un periodista fundador del canal de televisión por cable 100% Noticias, un comentarista político de televisión, varios periodistas locales, e incluso dos choferes del diario *La Prensa*, cuyo *delito* fue haber transportado a los reporteros que cubrieron la noticia de la expulsión de las monjas de Madre Teresa de Calcuta, el 6 de julio de 2022.

Todos ellos habían sido condenados sin ninguna prueba por presuntos delitos de *conspiración contra la soberanía nacional, lavado de dinero* y *propagación de falsas noticias*, permanecieron en una cárcel de aislamiento o bajo arresto domiciliario hasta seiscientos días.

En los simulacros de juicios en los que fueron condenados en las cárceles de El Chipote, sin respetar el debido proceso, los testigos citados por la Fiscalía eran los mismos policías que espiaron y secuestraron a los acusados, y las *pruebas del delito* que presentaron ante el juez también fueron las entrevistas sobre temas de interés público que los acusados brindaron a medios de comunicación como *Confidencial*, 100% Noticias, *La Prensa* y *El País*, o las opiniones que postearon en sus redes sociales.

Entre las trescientas diecisiete personas despojadas de su nacionalidad, hay líderes políticos y cívicos, economistas, analistas políticos, juristas, empresarios, diplomáticos, académicos, científicos, médicos, sacerdotes y activistas sociales.

Muchos de ellos son fuentes informativas imprescindibles para la prensa independiente, en un país en el que desde hace más de quince años se prohibió el acceso a la información pública. Y como resultado de esta persecución, en Nicaragua ya no existen fuentes independientes a quienes se les pueda atribuir una información, un dato o una valoración de los hechos. Todos sin excepción solicitan que su identidad sea protegida para poder informar u opinar por temor a represalias oficiales, que incluyen la cárcel.

Esta doble criminalización de la libertad de prensa y de la libertad de expresión —para silenciar a periodistas, fuentes informativas y la libertad de opinión— representa la última etapa de un largo proceso de demolición del Estado de derecho.

Bajo el estado policial de facto, en Nicaragua no hay libertad de reunión, ni de movilización. El régimen persigue a la Iglesia católica y prohíbe hasta las procesiones religiosas. En 2021 anuló la competencia política y la celebración de elecciones libres, y desde 2022 incrementó una persecución implacable contra la sociedad civil, cancelando *más de tres mil doscientas organizaciones no gubernamentales.*

Sin embargo, el periodismo desde el exilio resiste como la última reserva de todas las libertades conculcadas.

Las lecciones del periodismo en el exilio

Desde mediados de 2021 estoy exiliado por segunda vez en Costa Rica, para evitar ser silenciado en Nicaragua con una infame acusación criminal y una orden de captura. Toda mi redacción y prácticamente todos los medios de comunicación independientes estamos trabajando desde el exilio.

El exilio ya no es una situación temporal de emergencia que nos obliga a salir y reubicarnos en otro país, sino una condición permanente, de mediano plazo, que plantea inmensos desafíos para hacer periodismo. Nuestro objetivo sigue siendo contar la historia de cómo se cambia una dictadura a través de la resistencia cívica, pero esta noticia no se puede contar desde la burbuja del exilio en Costa Rica o en Estados Unidos, sino más bien en Nicaragua.

Reportear en Nicaragua desde el exterior implica, primero, cultivar fuentes que están amenazadas por el estado policial y, al mismo tiempo, elevar los estándares de verificación y contraste de las fuentes anónimas, para seguir publicando información confiable.

Segundo, generar confianza en las fuentes para investigar la corrupción, el malestar de los servidores públicos y la crisis del régimen por dentro, y garantizar canales de comunicación seguros para proteger a nuestras fuentes.

Tercero, multiplicar nuestra capacidad de observación con redes de colaboradores, haciendo una curaduría profesional del torrente de imágenes e información de las redes sociales para ver, escuchar y reportar el estado de ánimo de la vida cotidiana, la crisis social, la represión, la resistencia y la esperanza del cambio.

Cuarto, el desafío de seguir innovando en las plataformas digitales para estrechar la relación con nuestras audiencias y para contar historias memorables que nos permitan contrarrestar la mentira oficial y la viralidad de la desinformación en las redes sociales.

Las iniciativas de *fact checking* son condición necesaria, pero no suficiente, para vencer la desinformación. Además, se necesita la recuperación de la credibilidad y la confianza en una prensa útil, capaz de reconectarse con sus audiencias, e incluso de aprovechar el alcance de las mismas redes sociales para promover el periodismo de calidad.

Quinto, el periodismo en el exilio forma parte de las principales iniciativas de periodismo colaborativo a nivel internacional y en América Latina, como el Centro Latinoamericano de Investigación Periodística (CLIP) o la Plataforma Periodística para las Américas CONNECTAS, para producir historias regionales que se desarrollan en varios países y contarlas a través de novedosos formatos narrativos multimedia.

Y por último, pero no menos importante, enfrentamos el desafío de la sostenibilidad económica del periodismo en el exilio. A la crisis provocada por la revolución digital y la competencia desleal con los gigantes tecnológicos, se agregan problemas tradicionales como la recesión económica y la criminalización en contra de nuestros anunciantes. La crisis nos obliga a buscar nuevos modelos de gestión económica para financiar la independencia de los medios, a través de donaciones internacionales, los aportes de la audiencia y la monetización comercial.

También se necesita un cambio de paradigma en fundaciones y agencias de cooperación internacional que apoyan el periodismo independiente. Es necesario reconocer que la sobrevivencia de la prensa en el exilio, no solo en Nicaragua, Cuba y Venezuela, sino también en Rusia, Ucrania, Irán, Afganistán, Myanmar, Azerbaiyán y en otros países, es un imperativo democrático que requiere estrategias de apoyo de largo plazo.

He seleccionado una muestra de diez historias, publicadas en *Confidencial* entre 2018 y 2023, algunas de ellas ganadoras de premios internacionales, que ilustran mejor cómo se hace periodismo bajo una dictadura.

1. La investigación «Disparaban con precisión a matar», publicada en *Confidencial* en junio de 2018, demostró con base en diecinueve tomografías de las víctimas asesinadas y heridas durante la represión, la existencia de un patrón letal de disparos efectuados con armas de guerra en la cabeza y en el tórax contra la población civil, ejecutadas por francotiradores.

   La evidencia, corroborada por médicos especialistas y por los testimonios de los familiares de las víctimas, se convirtió en uno de los pilares que sostiene los informes posteriores de las comisiones internacionales de derechos humanos sobre la masacre y la llamada Operación Limpieza.

2. La entrevista con la economista Ligia Gómez, exsecretaria política del Banco Central, publicada en noviembre de 2018, testigo del momento en que Rosario Murillo emitió la orden «Vamos con todo» para desatar la matanza, fue la primera de una serie de investigaciones sobre cómo opera la cadena de mando de la represión, en las fuerzas coordinadas entre policías y grupos paramilitares.

3. La serie de investigaciones publicadas en febrero de 2020, sobre «Ejecuciones extrajudiciales en el campo y la masacre contra los campesinos» reveló una realidad oculta en la zonas rurales sobre más de treinta asesinatos ocurridos entre 2018 y 2019, y la corresponsabilidad del Ejército de Nicaragua.

4. Las investigaciones sobre el ocultamiento por parte del Estado de la tragedia de las muertes masivas por la COVID-19, publicadas en 2021 y 2022, demostraron que Nicaragua fue uno de los países con índices de mortalidad por COVID-19 más altos del mundo, con base en un análisis comparativo de las actas oficiales de defunción por neumonía, infarto, diabetes e hipertensión, durante los primeros veintiún meses de pandemia.

   Una historia de datos con rostro humano, gracias a los testimonios de los familiares de las víctimas y de los médicos y técnicos del sistema de salud, que desafiaron la censura oficial, pagando el costo con el despido y la represión.

5. Los reportajes sobre la condición de centenares de presos políticos, sometidos a un prolongado régimen de tortura y aislamiento, así como las investigaciones sobre la impunidad de la maquinaria de la Policía, la Fiscalía y el Poder Judicial, dominaron la agenda noticiosa entre 2018 y 2023. Mientras el régimen intentaba inútilmente borrar a los presos políticos de la memoria nacional.

6. La investigación sobre la red de veintidós empresas privadas de la familia Ortega Murillo, publicada en febrero de 2022, basada en actas oficiales de juntas directivas, reveló la existencia de una red de testaferros y un esquema de corrupción de negocios financiados a costa del presupuesto del Estado y el desvío de los fondos de la cooperación estatal de Venezuela.

7. Los testimonios bajo protección de su identidad de altos funcionarios del Gobierno, y decenas de servidores públicos sobre la corrupción y la represión publicados en 2022, revelaron la creciente pérdida de apoyo político del régimen, que ha convertido en rehenes a los trabajadores del Estado.

8. Entre 2018 y 2023 se produjo un éxodo masivo de más de seiscientos mil nicaragüenses, equivalentes al 10% del total de la población, principalmente hacia Estados Unidos y Costa Rica. La plataforma Nicas Migrantes de Confidencial ha contado la historia de la otra Nicaragua: los migrantes varados en Ciudad Juárez, México; los que fallecen ahogados intentando cruzar el río Bravo o perecen asfixiados en un furgón en México abandonados por los coyotes; y los trabajadores migrantes que son víctima de la explotación laboral en Costa Rica.

9. Las investigaciones sobre los principales aliados internacionales del régimen de Ortega: Rusia, Cuba, Venezuela, China e Irán, han demostrado la existencia de una relación clientelista con aliados que promueven el espionaje político y la impunidad, con poca o ninguna incidencia en la inversión, el comercio internacional o la ayuda externa que aún recibe Nicaragua.

10. La caricatura de PX Molina, y la sátira política de los segmentos televisivos «La última Mirada News» o «Fuera de Broma»,

han demostrado que el humor y la burla representan el recurso más efectivo frente al poder autoritario, sobre todo para desmontar el lenguaje orwelliano de la mentira oficial.

Ninguna de estas investigaciones periodísticas produjo algún cambio en las políticas públicas del régimen autoritario de Daniel Ortega, que no está diseñado para la rendición de cuentas. Sin embargo, muchas de estas historias, datos y testimonios representan insumos valiosos para alimentar investigaciones sobre violaciones de los derechos humanos en Nicaragua, como el informe que presentó en Ginebra el Grupo de Expertos en el Consejo de Derechos Humanos de la ONU.

El informe concluye que *existen pruebas de la responsabilidad* del presidente Daniel Ortega, la vicepresidenta Rosario Murillo y la cadena de mando del Estado en la comisión de crímenes de lesa humanidad que se siguen cometiendo hasta hoy en Nicaragua. En las pruebas y evidencias de ese informe trascendental está la huella del periodismo nicaragüense en el exilio. Junto a los familiares de las víctimas de la represión, el periodismo ha documentado el primer borrador de la verdad y la memoria, para sentar las bases de la justicia y la restitución de la democracia en Nicaragua.

Mientras tanto, el Estado mantiene el discurso de odio con el que pretende descalificar a los ciudadanos como *golpistas, terroristas* y ahora *apátridas*. Pero a pesar del miedo, del silencio y del intento por normalizar una dictadura en la impunidad, la prensa independiente está ganando la batalla por la verdad ante la maquinaria de medios oficiales que carecen de audiencia y credibilidad.

La experiencia de Nicaragua demuestra que la resistencia de la prensa en el exilio bajo una dictadura no es suficiente para despejar el camino hacia un cambio democrático, pero mientras persista haciendo más y mejor periodismo, mantendrá encendida la llama de la libertad de prensa, como la última reserva de todas las libertades.

Historias, exclusiones y desafíos: los pueblos indígenas y afrodescendientes de Centroamérica

Irma A. Velásquez Nimatuj

Introducción

Los países que conforman Centroamérica, pese a compartir la historia prehispánica, colonial y liberal, en lo que respecta al abordaje de los pueblos indígenas y afrodescendientes, poseen diferencias basadas en los proyectos liberales de construcción de sus Estados nación. Aunque estos proyectos compartieron un marco ideológico y económico, no funcionaron de manera idéntica. En este trabajo se aborda de manera general cómo en algunos casos prevalecieron los procesos estatales del mestizaje biológico y cultural como el costarricense y el nicaragüense. En otros lugares se buscó borrarlos de la memoria histórica, como ocurrió en El Salvador, donde el éxito relativo de esos proyectos se basó en *disimular* una presunta desaparición de las naciones indígenas, apelando a un mitológico proceso de *mestizaje total*. Sin embargo, el mayor fracaso se presenta en Guatemala, donde hasta el presente se ha mantenido una cruenta represión estatal para controlar las sublevaciones indígenas y someter a la mayoría de la población, descendiente del tronco mayense, a los dictados de los criollos.

Las diferencias entre los países se hacen evidentes en los estudios; por eso, no extraña que en lugares con una mayor población indígena, como es el caso de Guatemala, exista una mayor diversidad de análisis e investigaciones. Por otro lado, en países como El Salvador, donde los pueblos indígenas luchan por el reconocimiento por parte del Estado y las élites, es donde se encuentran menos estudios. De igual forma, la vida de los indígenas y afrodescendientes ha sido condicionada por eventos históricos. Por ejemplo, es más fácil aprender sobre las dos regiones de la costa Caribe de Nicaragua después de que los pueblos indígenas y afros lograran su autonomía territorial, tras un cruento y complejo enfrentamiento con el gobierno sandinista en septiembre de 1987.

Ser mayoría poblacional no garantiza vivir mejor o poseer poder político. Tal es el caso de Guatemala, que posee la mayor cantidad de población indígena de Centroamérica. En este país, el pueblo maya ha alcanzado un nivel cada vez más significativo de organización, convirtiéndose, gradualmente, en un movimiento que se caracteriza por su solidez y su combatividad frente al Estado y al sector privado organizado. Sin embargo, a pesar de esa capacidad organizativa y de incidencia, los indígenas guatemaltecos no han sido capaces de lograr autonomía territorial parcial o total que sí han logrado otros pueblos indígenas y afrodescendientes, a pesar de ser más pequeños en términos poblacionales, de la región Caribe de Nicaragua o de Panamá.

Un elemento en común que comparten los pueblos indígenas y afrodescendientes es que, a pesar de enfrentar la exclusión, el racismo y la violencia a la que están sometidos, sus propuestas y demandas están siendo menos ignoradas en las políticas nacionales de los países en las que se encuentran. Evidentemente, los Estados centroamericanos, incluidos los más racistas y represores, no pueden hacer caso omiso a las propuestas y demandas de más de sesenta pueblos indígenas que viven en la región, quienes también cargan sobre sí los niveles más altos de exclusión social y de pobreza extrema.

Este trabajo concluye con los retos que enfrentan los pueblos originarios y afrodescendientes como actores en su difícil relación con los Estados centroamericanos, para construir procesos de equidad en una región que margina a más de diez millones de personas.

Los pueblos subalternos como sujetos para la investigación

La bibliografía sobre los pueblos indígenas evidencia que ha sido un tema recurrente de estudio desde la llegada de los conquistadores españoles en 1524, así como de cronistas, viajeros y frailes de diferentes nacionalidades a lo largo de cinco siglos. A pesar de la abundancia de obras publicadas en inglés, pocas veces estos trabajos han sido traducidos al español o a las lenguas nativas y regresado a las comunidades donde se generaron. El número de publicaciones muestra que la vida y los procesos de resistencia indígena han creado una élite de expertos técnicos en la materia, mayoritariamente desvinculados de los pueblos originarios. Sin embargo, esta tendencia está siendo cada vez más cuestionada tanto por las poblaciones aborígenes como por académicos que proponen combinar una agenda compleja de investigación y acompañamiento a las luchas comunitarias (Gordon, 1998; Hale, 2001 y Gómez, 2001).

No obstante lo anterior, la agenda de la investigación indígena en Centroamérica ha sido controlada por la de los investigadores extranjeros, lo cual ha influido tanto en los investigadores, en los centros de investigación, así como en las universidades de la región. Las metodologías y los marcos de análisis utilizados han sido incorporados por influencia de la academia extranjera, las primeras de las cuales llegaron a la región cargadas de elementos colonizadores y racistas. Estos estudios han sido ampliamente criticados por parte de los propios pueblos indígenas, quienes los han revisitado y contrastado con los suyos propios (Pop Caal 1972; Bonfill,1990; Smith 1999 y 2004). En los últimos años, gracias a las contribuciones de los intelectuales tanto indígenas como no indígenas del área, se han impulsado temáticas ignoradas o evitadas anteriormente en los países centroamericanos. Un ejemplo de esto es el análisis racial como categoría analítica, que muestra cómo el racismo ha sido utilizado para generar y sostener en el tiempo la opresión estructural que ha sido clave para mantener a las mayorías indígenas y afro en los niveles inferiores de la escala social (Omi y Winant 1986; Visweswaran, 2001). Así, varios de los cambios gestados en la academia han sido significativamente influenciados por las luchas llevadas a cabo por los pueblos indígenas. Ello, a su vez, les ha permitido contar con un cuerpo discursivo sólido, en el que la lucha por los recursos naturales y los derechos originarios sobre ellos es una piedra angular.

El esfuerzo de llevar a cabo estudios etnográficos, históricos y metodológicos, a través del análisis de la memoria popular, ha permitido denunciar con datos sólidos la situación marginal y de invisibilidad a la que los pueblos indígenas han sido sometidos por parte del Estado, como es el caso de El Salvador. Estas prácticas oficiales están siendo socavadas por las luchas cotidianas y los estudios que muestran la capacidad y complejidad de las estrategias de supervivencia de estos pueblos, quienes han vivido una larga historia de represión, pero también de acomodación y de resistencia.

El caso de los pueblos indígenas de El Salvador es paradigmático porque pese a haber perdido la mayoría de sus marcadores culturales como resultado de un esfuerzo deliberado y oficial por desnaturalizarles, utilizando la teoría del mestizaje total del país, hoy los sobrevivientes han logrado revertir paulatinamente ese relato, especialmente a partir de las Campañas Continentales 500 años de Resistencia Indígena, Negra y Popular celebradas en las Américas entre 1990 y 1992 (Alvarenga, 2004 y Gould 1998; 2004). Es indudable que las acciones del movimiento indígena dentro de cada nación centroamericana inciden en la redefinición de los paradigmas académicos y, a través de ellos, de la forma en cómo se administran las políticas públicas que les afectan, con sus particularidades, en los diferentes países de la región.

Luchas indígenas/afrodescendientes: los ejercicios colectivos

A lo largo de los años, los espacios desde donde los movimientos y pueblos indígenas, que han logrado incidir en las líneas de estudio e implementación de políticas públicas más respetuosas de sus derechos y reivindicaciones, han aumentado en cantidad y calidad. Algunos de los eventos más significativos incluyen el Primer Parlamento Indio de América del Sur (Paraguay, 1974), que aunque no contó con la participaron de indígenas de Centroamérica, abrió las puertas a eventos posteriores como el Consejo Mundial de los Pueblos Indígenas (Canadá, 1975), al que asistieron representantes indígenas de Panamá, Nicaragua y Guatemala.

Además, durante el Primer Congreso Internacional Indígena de América Central (Panamá, 1977) y el Primer Congreso de los Movimientos Indios de América del Sur (1980) se generaron fuertes debates entre quienes respaldaban las luchas indígenas como prioritarias para lograr la descolonización indígena y aquellos que sostenían que las demandas económicas debían colocarse por sobre las étnicas (Barre, 1982). Ya para entonces, aunque sin haber alcanzado un consenso, también se discutió la posibilidad de tomar el poder político en los países donde los indígenas fueran mayoría o de forjar alianzas para, eventualmente, llegar al poder en aquellos lugares donde estos colectivos fueran minoritarios.

Esas discusiones entre representantes indígenas continuaron diseminándose a lo largo de América Latina y encontraron terreno fértil en el Encuentro Latinoamericano de Organizaciones Campesinas e Indígenas (Colombia, 1989). Este encuentro fue clave porque allí los líderes indígenas acordaron realizar la Campaña Continental 500 años de Resistencia Indígena, Negra y Popular. Su objetivo principal era contrarrestar el programa oficial de los Estados y de las élites de las Américas que hacía eco a la política internacional y oficial de España, que proponía celebrar el Encuentro de Dos Mundos sin una adecuada contextualización del proceso de conquista y colonización, ni de las terribles consecuencias humanas y materiales que tuvo sobre las poblaciones subyugadas del continente americano.

El primer encuentro se realizó en Quito, Ecuador, en 1990, el segundo en Guatemala en 1991 y el tercero en Nicaragua en 1992. La celebración de la campaña evidenció que los indígenas convocados a los encuentros tenían diferencias ideológicas y políticas, pero convergieron al reafirmar que nunca se produjo un *encuentro* entre el mundo de los pueblos originarios y el de las huestes españolas, como se afirmaba en la retórica oficial, sino un violento choque cultural y militar que tendría consecuencias perdurables de racismo, exclusión y violencia sobre los vencidos durante los siglos subsecuentes.

A partir de la década de 1990 los pueblos indígenas no han dejado de reunirse y han estado inmersos en agendas de trabajo cada vez mejor perfiladas, que priorizan sus demandas y acciones en todo el continente. Tampoco han dejado de compartir experiencias por medio de la realización de cumbres continentales indígenas, cumbres de mujeres indígenas, y la construcción de redes de pueblos y mujeres indígenas, así como de pueblos afrolatinoamericanos y afrocaribeños. Las declaraciones públicas y los documentos de trabajo gene-

rados en estos espacios son fuentes primarias e insumos para todos
aquellos interesados en aprender de los cambios, las alianzas y continuidades en las discusiones, así como en el estado de las luchas indígenas y afrodescendientes continentales (Burguete, 2007; Bartolomé, 2006).

Luchas indígenas y el sistema de las Naciones Unidas

Los diversos escenarios construidos por los pueblos originarios y afrodescendientes han permitido el debate, la negociación, la construcción de acuerdos, así como la búsqueda de la unidad alrededor de un
proyecto político indígena de carácter continental. Por esta razón, la
importancia de su accionar en la arena internacional es tanto simbó-
lica como política, ya que abrió el camino y dio líneas de acción dentro del sistema de las Naciones Unidas a estos colectivos organizados.
Desde entonces, estos grupos no han dejado de usar este espacio internacional como escenario para avanzar en sus luchas, a pesar de las
condiciones adversas y, en ocasiones, de gran lentitud. Tal fue el caso
de la Declaración de las Naciones Unidas sobre los Derechos de los
Pueblos Indígenas, que finalmente se aprobó en 2007, después de más
de veinte años de trabajo para lograr un consenso interno. Ello, debido a las profundas discrepancias entre los pueblos del primer y del
tercer mundo en temas fundamentales como tierra, territorio, autodeterminación y autonomía, por mencionar los sobresalientes.

Estos pasos dados por los colectivos indígenas y afrodescendientes
han permitido que exista un marco de convenios, convenciones y tratados, los cuales, desde la ONU, garantizan sus derechos individuales y
colectivos y crean un espacio de maniobra más holgado para librar las
luchas cotidianas. Sin embargo, las demandas de los pueblos originarios, buscando ser planteadas en el marco mundial de las naciones,
tienen una historia. Se reconoce que la primera vez que hicieron oír
su voz de manera colectiva en las Naciones Unidas fue en Ginebra,
Suiza, del 20 al 23 de septiembre de 1977, durante la Conferencia Internacional de Organizaciones no Gubernamentales sobre la Discriminación frente a las poblaciones indígenas de las Américas (Barre,
1982). Entonces, más de doscientos delegados indígenas del mundo se

reunieron en Ginebra. El evento fue preparado por el Comité de Derechos Humanos de las Organizaciones no Gubernamentales y por el Subcomité sobre el Racismo, la Discriminación Racial, el Apartheid y la Descolonización. Allí reafirmaron sus demandas sobre su derecho a la autodeterminación, a ser reconocidos como naciones, a la posesión de sus tierras, al control de los recursos naturales, a ejercer su propio derecho, a gobernar sus territorios y a relacionarse con otras naciones.

Antes de la creación de la ONU, en 1923 el jefe Cayuga Deskaheh llegó a la Sociedad de las Naciones como representante de las Seis Naciones de los Iroqueses conformada por tribus amerindias de lengua iroquesa, que habitaban el noreste de Estados Unidos y el sureste de Canadá en la zona de los Grandes Lagos, para demandar el derecho a sus territorios y presentar el memorial *The red man's appeal for Justice*. El jefe Cayuga buscó durante doce meses el reconocimiento de la Sociedad de las Naciones, sin embargo, su caso no fue escuchado. (Wilbur, 1973; Wright, 1992). Otra denuncia internacional tuvo lugar en 1924 y 1925, cuando el dirigente indígena y religioso maorí W. T. Ratana, de la isla Norte de Nueva Zelanda, viajó dos veces a Ginebra para protestar ante la Sociedad de las Naciones por el incumplimiento del Tratado de Waitangi, firmado por Nueva Zelanda en 1840, que garantizaba la propiedad de sus tierras.

En respuesta a los constantes informes desde los pueblos indígenas sobre violaciones de sus derechos humanos, en 1970 la Subcomisión de Prevención de Discriminaciones y Protección a las Minorías recomendó la realización de un estudio sobre la situación de estos pueblos. En 1971 se nombró a José Martínez Cobo como relator especial para esa labor. El estudio, de cinco volúmenes, fue finalizado en 1984 y mostró la histórica, dramática, excluyente y compleja situación en la que sobrevivían los colectivos indígenas en treinta y siete países. Además, también abordó la situación de algunos pueblos afroindígenas, incluida la de los indígenas de Costa Rica, El Salvador, Guatemala y Honduras.

En 1982, el Consejo Económico y Social de la ONU materializó una de las recomendaciones del estudio creando el Grupo de Trabajo sobre Poblaciones Indígenas como órgano subsidiario de la subcomisión. Su mandato era examinar los acontecimientos relacionados con la protección de los derechos humanos y las libertades fundamentales de los pueblos originarios, enfatizando en las normas relativas a sus derechos. Poco después, el sistema de las Naciones Unidas permitió que representantes de estos pueblos participaran en los períodos de sesiones del grupo de trabajo.

Una de las lideresas que mantuvo durante más de diez años un trabajo de cabildeo y negociación dentro del sistema de las Naciones Unidas fue Rigoberta Menchú Tum, indígena k'iche' de Guatemala y sobreviviente de la política de genocidio que impulsó el Estado. En 1992, ella recibió el Premio Nobel de la Paz, reconocimiento que le proporcionó visibilidad internacional a la desposesión, a la persecución estatal y a la tragedia histórica de los indígenas de las Américas. Rigoberta personificó la tenacidad de estos pueblos que enfrentan con ahínco los intentos de deshumanización. A raíz del proceso de concientización mundial y del trabajo de cabildeo indígena, las Naciones Unidas proclamaron 1993 como el Año Internacional de las Poblaciones Indígenas del Mundo. El objetivo era impulsar soluciones a sus principales problemas, como la violación de sus derechos humanos, la destrucción de sus ambientes, la desposesión de sus territorios, la construcción de alternativas de desarrollo y el mejoramiento de los bajos niveles de educación y salud. Durante la Conferencia Mundial de Derechos Humanos celebrada en Viena, Austria, ese mismo año, se pidió por primera vez la creación de Foro Permanente para los Pueblos Indígenas.

En 1994, la Asamblea General de las Naciones Unidas proclamó el Decenio Internacional de las Poblaciones Indígenas del Mundo (1995-2004). Uno de sus dos objetivos principales fue el establecimiento del Foro permanente para los Pueblos Indígenas, creado en 2002 por el Consejo Económico y Social. Esta instancia tiene la responsabilidad de abordar los temas de desarrollo económico, social, cultural, medio ambiente, educación, salud y derechos humanos. También asesora y formula recomendaciones sobre la temática indígena al consejo, programas, fondos y organismos de las Naciones Unidas, además de difundir y coordinar las actividades de estos pueblos dentro del sistema de Naciones Unidas.

De igual manera, deben tomarse en cuenta los informes y recomendaciones de los relatores especiales, representantes especiales, expertos y presidentes de los grupos de trabajo encargados de los procedimientos especiales de la Comisión de Derechos Humanos en la diversidad de temas relacionados con la vida de los pueblos indígenas. Muchos de ellos han visitado los países centroamericanos y han presentado sendos reportes de sus complejas situaciones a la Asamblea de Naciones Unidas.

Luchas indígenas y la Organización Internacional del Trabajo

Otra de las organizaciones del sistema de las Naciones Unidas, en la que ha sido clave la influencia de los pueblos indígenas, es la OIT. En 1957, la OIT aprobó el Convenio 107, que se convirtió en el primer instrumento jurídico internacional sobre estos pueblos y sus derechos. Sin embargo, uno de los principales avances, producto de la crisis del indigenismo integracionista, y como respuesta a las severas críticas de pueblos y organizaciones indígenas a nivel mundial, fue la promoción por parte de la OIT de la redacción de un nuevo acuerdo que reemplazó al Convenio 107.

Luego de un período de consultas, en 1989, la Asamblea General de la OIT aprobó el Convenio Internacional sobre Pueblos Indígenas y Tribales en Países Independientes, conocido como Convenio 169 de la OIT. Este instrumento cambió la redacción sustantivamente y reconoció la categoría de pueblos, eliminando la de poblaciones o comunidades. Además, descartó el concepto de integración que prevalecía en el Convenio 107, promoviendo en su lugar el reconocimiento y la aplicabilidad del derecho consuetudinario, así como la participación de los pueblos indígenas en las decisiones que afectan su vida y territorios. Hoy, el Convenio 169 constituye el instrumento legal más importante a nivel mundial para los pueblos indígenas.

Pueblos indígenas y pueblos afrodescendientes de Centroamérica

A pesar de la influencia que los representantes de los pueblos indígenas y afrodescendientes han tenido en el sistema de las Naciones Unidas para lograr la aprobación de los marcos legales que garanticen sus derechos, estas poblaciones siguen enfrentando los embates de la pobreza, la pobreza extrema y la discriminación racial. Las mujeres, junto a las y los niños afro e indígenas, se ubican en los niveles más bajos de la exclusión social de los países centroamericanos. Asimismo, debe sumarse que no existen cifras confiables que indiquen la cantidad de población indígena en cada país. Los datos existentes tienen debilidades. Por ejemplo, el Segundo Informe sobre Desarrollo Humano en Centroamérica y Panamá (2003) estimaba que la población indígena en Centroamérica en el año 2000, incluidos Panamá y Belice, oscilaba entre seis y siete millones de personas. A juicio de los liderazgos indígenas, esta cifra subestima a la población originaria. Ante la falta de censos fiables, los datos deben ser asumidos como instrumentos con limitaciones para recoger con efectividad la diversidad racial.

A continuación se abordan brevemente las condiciones de la población indígena y afrodescendiente en cada país. Aunque existe bibliografía sobre estos pueblos en la región, es evidente que los datos no siempre concuerdan. Los casos más dramáticos son los de El Salvador, Nicaragua y Honduras, donde no se cuentan con datos fehacientes y confiables para algunos pueblos indígenas. En lo que respecta a las categorías que se emplean para referirse a los pueblos subalternos, algunos estudios siguen usando formas racistas y denigrantes para referirse a ellos.

Guatemala

Guatemala es el país más grande y poblado de los países centroamericanos, con la mayor población indígena tanto en términos porcentuales como cifras absolutas. Según el XII Censo Nacional de Población y VII de Vivienda (INE, 2019), la población total de Guatemala asciende a 14 901 286. De este total, 6 207 503 se identifican como mayas; 264 167 como xinkas; 19 519 como garífunas y 27 647 como afrodescendientes/creoles/afromestizos. En términos porcentuales, el 44% de la población es indígena. Sin embargo, muchas organizaciones rebaten estas cifras y argumentan que el porcentaje es mucho mayor, ubicándolo entre el 60% y el 70% del total de la población.

De los tres pueblos indígenas (garífuna, xinca y maya), reconocidos en el Acuerdo sobre Identidad y Derechos de los Pueblos Indígenas (AIDPI), el pueblo maya constituye el 99.5% de la población indígena del país. Se han identificado veintiún grupos mayas que hablan igual número de idiomas y tienen presencia en casi todo el país, aunque algunas regiones muestran una mayor concentración en doce de los veintidós departamentos, aproximadamente. Estas áreas ubicadas especialmente en la zona montañosa alta del centro, occidente y norte, registran poblaciones indígenas que oscilan entre el 80% y más del 95% del total. Por ejemplo, en el departamento de Huehuetenango viven los pueblos mam, q'anjob'al, chuj, jacalteco y akateko. En el Quiché, en la región noroccidental, se concentran los k'iche' y los ixil. En las Verapaces los q'eqchi' y poqomchi'. Los pueblos más numerosos son los k'iche', que suman más de un millón quinientas mil personas, y los q'eqchi' que superan las ochocientas mil.

Más de la mitad del territorio guatemalteco alberga una diversidad de culturas indígenas, pero no todos sus idiomas son reconocidos oficialmente. La población garífuna vive en Livingston, Puerto Barrios y en áreas aledañas al departamento de Izabal, mientras que los xincas se ubican en Jutiapa, Santa Rosa y Chiquimula. A pesar de que los indígenas son la mayoría de la población de Guatemala y cuentan con una larga experiencia organizativa y de resistencia, no tienen igual presencia en la vida política. A la fecha, la Constitución Política de Guatemala no reconoce al país como una nación *multicultural, pluriétnica y multilingüe*; esta distinción solo se encuentra en el Acuerdo sobre Identidad y Derechos de los Pueblos Indígenas, firmado en 1995 entre la guerrilla y el Gobierno. Thelma Cabrera, mujer mam y campesina, fue la única candidata maya que alcanzó el cuarto lugar en las elecciones presidenciales de 2019. Sin embargo, su presencia en la contienda electoral asustó a la élite corporativa, lo que llevó al Tribunal Supremo Electoral a prohibir su participación en las elecciones de 2023 (Associated Press, 2023). Esta negación del ejercicio de derechos a un significativo sector de la población indígena señala por qué las relaciones interétnicas en Guatemala, si bien han estado transformándose, siguen siendo tensas (No Ficción, 2019).

El Estado de Guatemala ratificó el Convenio 169 de la OIT en 1996, pero su aplicabilidad ha tenido severas limitaciones en los temas relacionados con el derecho a la consulta y el manejo de territorios y recursos del suelo y subsuelo por parte de los pueblos indígenas. A raíz de la firma de los acuerdos de paz en 1996, se logró institucionalizar la educación bilingüe, aunque esta solo se imparte hasta el tercer grado de primaria. En lo que respecta al derecho indígena, si bien es un tema de discusión y, en algunos casos, se reconoce su aplicabilidad, no se le asigna el mismo estatus que al derecho ordinario y las modificaciones propuestas en esta línea a la Constitución no fueron aceptadas.

El derecho a la autodeterminación de los pueblos indígenas no es un tema que se discuta a nivel nacional y las pocas veces que se ha hecho ha sido satanizado, argumentando que promueve la fragmentación del país. El más reciente genocidio que el pueblo maya enfrentó desde el Estado fue entre 1978 a 1985, dejando más de cuatrocientas aldeas arrasadas y seiscientas masacres. A pesar de los esfuerzos por materializar los acuerdos de paz a partir de 1996, los niveles de exclusión no han variado significativamente. Por ejemplo, en el tema de la distribución de la tierra, en 2003 el 24% de los campesinos, en su mayoría indígenas, poseían el 3.2% de la tierra cultivable, mientras que el 0.1% de los latifundistas eran dueños del 22%, según informe del PNUD (2005a). Estas desigualdades se mantuvieron entre 1979 y 2003.

En lo que se refiere a la educación, la escolaridad promedio nacional en los niños es de 5.4 años, mientras que para los niños indígenas es de 3.8 años. Este fenómeno se agrava en el caso de las niñas. El promedio de escolaridad en las niñas indígenas a nivel nacional es de 1.7 años y en las niñas indígenas rurales es de 1.2 años. La participación política es baja, en general. Por otro lado, en el Congreso de la República, de ciento cincuenta y ocho diputados solo hay tres mujeres mayas y ni una garífuna o afro. Igual exclusión enfrentan en el acceso al empleo. En el organismo judicial, pilar del Estado, solo el 10.3% de los funcionarios son indígenas.

Frente a esta realidad, en las últimas décadas la mayoría de los jóvenes indígenas no han dejado de migrar a Estados Unidos, convirtiéndose en una válvula de escape tanto para ellos como para el país. Hoy en día, Guatemala mantiene una economía estable gracias a las remesas enviadas por más de dos millones de indígenas que dejaron sus comunidades.

Costa Rica

En Costa Rica la población mestiza es mayoritaria con 289 209 personas y la población negra o afrodescendiente es de 45 228. La población indígena, que hasta hace muy poco ha sido reconocida en el imaginario nacional, es minoritaria en cifras oficiales y está integrada por ocho pueblos indígenas. Según el X censo, de 2011, los bribri poseen la mayor población con 18 198 personas; los cabécar son 16 985; los chorotega con 11 442; los ngöbe o guaymí con 9543; los brunca o boruca con 5555; los huetar con 3461; los teribe o térraba con 2665; los maleku o guatuso con 1780 (INEC, 2011). En 2000 la población indígena representaba el 1.7% del total de la población, dos décadas después, en 2020, este porcentaje subió al 2.4%. Se calcula que el 52% de los indígenas habita en territorios indígenas.

En Costa Rica, los indígenas poseen veintidós territorios legalizados, de los cuales ocho se ubican en las provincias de Limón y diez en Puntarenas. El pueblo bribri, que es el más grande, posee cuatro territorios en las provincias de Limón y de Puntarenas, mientras que el cabécar tiene siete territorios que se extienden desde Puntarenas hasta el límite con Cartago. En Costa Rica, como en el resto de Centroamérica, la tenencia y posesión de la tierra es conflictiva. Por ejemplo, los ngöbe están en posesión solo de un 63% de la tierra que les corresponde, los bribri del 60%, los térrabas poseen el 33%, los huetar tienen el 26% y los maleku solo conservan el 20% de sus tierras, ya que el resto son territorios usurpados por no indígenas. Además, en las últimas décadas sus territorios y otros aledaños han sido amenazados por el narcotráfico.

La población indígena de Costa Rica aún practica una economía de subsistencia, la cual fue clave para garantizar la soberanía alimentaria durante la pandemia de la COVID-19. Además de producir diversos granos, frutos y vegetales para el consumo del mercado interno, también se dedica al cultivo de cacao, café, banano y plátanos para exportación. Estos pueblos también son artesanos, muchos de ellos reconocidos recientemente, aunque un número significativo se emplea como jornaleros. En el caso de los cabécar, logran una fina combinación entre dedicarse a la pesca y cultivar plátano de buena calidad, mientras que los ngöbe dependen de la venta de su fuerza laboral y de la producción artesanal.

Costa Rica, como nación, ha tenido dificultades para reconocer su diversidad racial. De hecho, hasta la primera década del presente siglo, el discurso oficial negaba que existieran pueblos indígenas. Por eso no extraña los niveles de exclusión en los que viven estas personas, la deforestación de sus territorios y el irrespeto a sus prácticas de cacería tradicional, que solo ellos pueden realizar legalmente en el país. Además, el paternalismo y el racismo siguen reproduciéndose. Por ejemplo, a los indígenas la burocracia bancaria les obstaculiza convertirse en sujetos de crédito, por lo que necesitan de intermediarios para conseguirlo.

Respecto al acceso a la educación, en la región de Chirripó, donde vive el pueblo huetar, el analfabetismo puede alcanzar hasta el 90%. En el Alto Chirripó el ausentismo escolar alcanza un 32%. En relación con el acceso a la salud, más de la mitad de los indígenas se ven atacados por enfermedades controlables como el dengue, diarreas, malaria, tos ferina, tuberculosis, desnutrición y parásitos. En la región de Talamanca, en donde el 80% del territorio está habitado por indígenas, la mortalidad infantil por cada 1000 nacidos vivos es de 25 a 35, siendo el doble de la nacional. Aunque el Estado ratificó el Convenio 169 de la OIT en 1993, en varios temas no se han logrado avances, como en el derecho a la educación bilingüe. Además, a pesar de que el Estado reconoce los territorios indígenas, no hay procesos autonómicos en curso. Tampoco existe un reconocimiento del derecho indígena ni del derecho a la autodeterminación de los pueblos indígenas. Los líderes y ancianos afirman que el Estado, la religión y la escuela han sido instrumentos de aculturación intensa dentro de sus comunidades.

El pueblo afrodescendiente en Costa Rica ha mantenido luchas en busca de la equidad, la igualdad de derechos y el reconocimiento de su identidad y cultura. Ha buscado la valoración de su contribución a la sociedad costarricense, visibilizando su historia, cultura y tradiciones, y promoviendo el respeto a la diversidad étnica y racial. Además, ha luchado por el reconocimiento de sus derechos territoriales buscando la titulación y demarcación de sus territorios ancestrales, así como el acceso a recursos naturales y el control sobre ellos.

Ha abogado por la equidad y la justicia social, promoviendo la igualdad de oportunidades, acceso a la educación, salud, empleo y otros servicios. Ha denunciado la discriminación racial y la desigualdad estructural, impulsado políticas y acciones afirmativas para reducir las brechas sociales y económicas. De igual manera, ha estimulado la participación política y representación en los espacios de toma de decisiones, promoviendo la inclusión de la voz y las demandas afrodescendiente en políticas públicas y la adopción de medidas para garantizar su participación en la vida nacional. En 2014, Luis Guillermo Solís, descendiente directo de abuela y bisabuela jamaiquinas, fue electo presidente de la República. Durante su gobierno se nombró el primer Comisionado para los Afrodescendientes. Otro logro en el siguiente cuatrienio fue la elección de Epsy Campbell, activista y artista, como vicepresidenta del país en 2018. En resumen, han trabajado combatiendo el racismo y la discriminación racial con campañas de sensibilización, educación y formación sobre la igualdad racial y el respeto a la diversidad étnica.

Nicaragua

En Nicaragua no hay consenso sobre el número de pueblos indígenas y afrodescendientes en el país. Algunos informes sostienen que son ocho pueblos, pero los propios pueblos afirman ser más de diez. Formalmente, el Estado nicaragüense reconoce a los chorotegas, creoles, garífunas, matagalpas, miskitos, nahuas, nicaraos, ramas, sumu/mayangnas y subtiavas. Los miskitos son la mayoría con 120 817; seguidos por los criollos afrocaribeños con veinticinco mil; los mayangna/sumus con doce mil y los garífunas con 3271, quienes residen en la amplia región de la costa Caribe. En esa área también se ubican los creoles y los ramas (Asamblea Nacional, 2011). Mientras que los monimbós, ubtiavas, nahualts, hokan sui y chorotegas, así como los matagalpa viven en el Pacífico y en la región central. De acuerdo con el VII Censo de Población y IV de Vivienda (INEC, 2005), el 14% de la población proviene de estos pueblos. Sin embargo, en 2000, las Naciones Unidas manejaba la cifra del 7.7% de la población, es decir, 50% menos. Esto es un ejemplo de las diferencias porcentuales que existen en los datos disponibles.

Los indígenas de Nicaragua viven en cuatro zonas: la marino-costera litoral pesquero, donde habitan miskitos, creoles, ramas y garífunas; la de sabanas de pino y los llanos, hogar de los miskitos; la zona del bosque húmedo tropical, donde viven los sumu/mayangnas y miskitos, y finalmente la zona agropecuaria, habitada por miskitos, ramas y los sumu/mayangnas. La mayor parte de los miskitos vive en la región nordeste del país en pequeños grupos, a lo largo de la costa y en las riberas de los ríos. Además, una población significativa de miskitos vive en ciudades como Bilwi y Waspam. Por otro lado, los mayangna están concentrados en pequeñas comunidades en el nordeste. Los criollos y garífunas viven en Bluefields, el centro poblacional más grande de la costa, y en agrupaciones a lo largo de la costa en la región sureste del país. Por último, los ramas viven en una isla en la laguna de Bluefields.

La población indígena en las zonas rurales se dedica a diversas actividades, como la agricultura migratoria, la siembra de arroz, café, cacao y tubérculos, como es el caso de los matagalpa que viven en comunidades del altiplano del centro y norte. Asimismo, se involucran en actividades de pesca y ganadería. Un número significativo se emplean como jornaleros y en áreas de turismo, otros en la extracción de madera, oro y plata, mientras que los que viven en centros urbanos son fuerza obrera, como los monimboseños y subtiavas, quienes viven en barrios de Masaya y León, y trabajan en la pequeña industria y trabajos asalariados.

El Estado nicaragüense reconoce los derechos específicos de las poblaciones indígenas de la costa Caribe y de los pueblos afroamericanos. Sin embargo, la identidad indígena de aquellos que residen en la región del Pacífico es más precaria debido a que sus derechos indígenas les han sido negados. Durante el gobierno sandinista en la década de 1980, los miskitos, sumo, rama y otros pueblos se organizaron en el grupo MISURASATA e impulsaron la lucha armada en contra del Estado demandando un gobierno indígena autónomo. Pese a que no lograron alcanzar una victoria militar en esos años, la organización y militancia indígena desempeñó un papel clave en la formulación de reformas constitucionales que garantizaron a los pueblos indígenas sus derechos culturales y territoriales. Esto incluyó el reconocimiento del derecho a la autodeterminación dentro de dos territorios autónomos legalmente establecidos. Uno de los logros históricos fue la suscripción del Estatuto de la Autonomía de las Regiones de la Costa Atlántica, Ley 28 de 1987.

La situación del pueblo afrodescendiente tiene similitudes con la de los indígenas. Por ejemplo, ambos enfrentan desafíos en relación con la titulación y protección de sus territorios ancestrales debido a los conflictos y disputas en torno a la demarcación y el reconocimiento de estos derechos. Tanto los indígenas como los afrodescendientes han denunciado discriminación racial y exclusión y la necesidad de luchar contra el racismo, promoviendo la igualdad racial.

Además, ambos grupos enfrentan dificultades para acceder a servicios básicos como educación, salud, agua potable y saneamiento. La falta de infraestructura adecuada, sumada a la discriminación, contribuye a la desigualdad en el disfrute de esos servicios. Tanto los indígenas como los afrodescendientes han abogado por una mayor participación política y una representación efectiva en los espacios de toma de decisiones. Han buscado tener voz en las políticas públicas y demandado medidas para garantizar su participación en la vida política del país.

Es importante decir que desde 2018, debido al control y la represión impuestos por el régimen, se desconocen los niveles de violencias y violaciones a sus derechos. Esto se debe a la prohibición de hablar, formar o defender cualquiera de sus derechos, a pesar de contar con el respaldo de leyes, decretos o declaraciones, así como haber ratificado el Convenio 169 en 2010.

Panamá

Panamá tiene ocho pueblos indígenas: los kuna, ngöbe, emberá, buglé, wounaan, teribe-naso, bokota y bribri. En el censo de 2000, un 10% del total de la población se identificaba como indígena, cifra que aumentó a 12.3%, en el censo de 2010. Estos pueblos viven principalmente en el oriente y occidente del país. Los ngöbe son los más numerosos, representando el 59.3% de la población indígena total, seguidos por los kuna y los buglé.

La organización social de estos pueblos se basa en linajes, con la excepción del pueblo kuna. Además, Panamá cuenta con cuatro pueblos de ascendencia africana que se identifican como afrocaribeños, afrodarienistas, costeños y afropanameños. Estas comunidades habitan en Ciudad de Panamá, Colón, Bocas del Toro y Darién, siendo los afropanameños el grupo más numeroso.

En lo que respecta a la tenencia y posesión de la tierra, el pueblo kuna ocupa cuatro comarcas en San Blas, Panamá y Darién, además de poseer tierras comunales en Darién. Este grupo reconoce tres tipos de propiedad: personal, familiar y comunal o cooperativa. Cultivan yuca, caña, maíz, arroz, plátano. Además, poseen fincas cocoteras que explotan mediante un sistema de rotación familiar. En el mundo kuna, tanto hombres como mujeres tienen el mismo derecho a la herencia, un rasgo que los diferencia del resto de pueblos indígenas de Centroamérica, en los que generalmente se privilegia la herencia hacia los hombres.

Los ngöbe, buglé, naso-teribe y los bribri viven en la comarca Ngöbe Buglé, que abarca las provincias de Veraguas, Chiriquí y Bocas del Toro, siendo esta última la segunda área con mayor presencia de población indígena en el país. Por otro lado, los emberá y wounaan residen en la comarca Emberá-Wounaan de Darién y en tierras colectivas en Panamá y Darién.

El Gobierno panameño ha desarrollado un cuerpo legislativo que reconoce a los pueblos indígenas como poseedores de un estatus único con derechos especiales. La comarca indígena representa una forma de *territorio* reconocido por el Estado y perteneciente a un grupo específico con estipulaciones legales para tener un gobierno interno a cargo de congresos indígenas generales. Este tipo de organización social es única en Centroamérica. El modelo de comarca fue desarrollado como resultado de las luchas militantes de la población kuna a inicios del siglo XX, contando, insólitamente, por lo menos en un caso con el apoyo de Estados Unidos.

La comarca indígena Kuna-Yala fue legalmente establecida en 1953, luego de intensas luchas con el Estado. En 1983 se estableció la comarca Emberá-Wounaan, la comarca kuna de Madungandi en 1996, la Ngöbe Buglé en 1997 y la de Wargandí en 2000. En las últimas dos décadas, el pueblo naso teribe ha luchado por una comarca en la zona del río Sixaola, en la frontera con Costa Rica, así como contra la corrupción de su dirigencia, llegando a tener que destituir a su rey en 2004. En las tierras indígenas del Darién se localizan ochenta y una comunidades de más de cinco casas, agrupadas en veinte *zonas de subsistencia* (II IDHCAP 2003).

La mayor parte del activismo indígena en Panamá ha girado alrededor de la formación de nuevas comarcas y el reconocimiento de las tierras colectivas, junto con demandas para que el Gobierno cumpla con la legislación relativa a los derechos indígenas y que ratifique el Convenio 169 de la OIT. De hecho, los pueblos indígenas de este país poseen cuerpos de abogadas y abogados que han dedicado su vida a la defensa de sus pueblos. Además, se han enfrentado a las empresas trasnacionales que buscan extraer la riqueza que poseen sus territorios. Por ejemplo, la lucha contra la construcción de la hidroeléctrica de Barro Blanco, en territorio de la comarca Ngöbe Buglé, en la cual las mujeres de las comunidades han desempeñado un papel protagónico (IWGIA, 2022; García, 2021).

Asimismo, los pueblos indígenas luchan contra los altos índices de pobreza, cuya tasa oscila entre un 83% y un 96%, mientras que en las áreas no indígenas la pobreza es de un 52%. La mortalidad infantil en las regiones indígenas oscila entre un 30% y un 64%, en comparación con el promedio nacional del 24%. En Chiquirí, región donde viven los ngöbe y los buglé, la tasa de mortalidad infantil alcanza el 64%. La tasa de mortalidad materna indígena es el doble de la nacional, con un promedio de 200 por cada 100 000 nacimientos. La desnutrición infantil oscila entre el 35% y el 63% de la población indígena, en comparación con el 24% a nivel nacional. Además, solo el 55% de la población indígena tiene acceso a agua potable, mientras que el 44% no tiene servicio sanitario ni letrina. El analfabetismo en las poblaciones indígenas linda en 40%, y en el pueblo ngöbe llega hasta un 77% del total de su población.

A pesar de enfrentar bajos niveles de inversión social, los pueblos indígenas tienen la tasa más alta de crecimiento poblacional, con un 5.2%, en comparación con la nacional del 2.6%. El autoempleo genera un 40% de los ingresos, pero en términos generales el trabajador indígena recibe un 32% menos de salario por hora trabajada que el trabajador no indígena. La fuerza indígena se emplea como artesanos, en bananeras en la provincia de Boca del Toro, fincas de café, ganaderas, ingenios de azúcar y cultivando productos indispensables como arroz, maíz, café, achiote, plátano y frutas. La comercialización de mariscos es la actividad más importante para las mujeres y la segunda de los jóvenes buceadores. Además, más poblaciones indígenas se han involucrado recientemente en diferentes áreas del turismo.

Los pueblos negros en Panamá son comunidades heterogéneas en términos de diversidad política, religiosa, cultural y económica, lo cual ha llevado a la creación de la Coordinadora Nacional de Organizaciones Negras Panameñas. Debido a su historia de esclavitud y de rebeliones, tienen una voz influyente en la lucha contra la desigualdad que ha creado el modelo económico neoliberal impuesto en el campo y la ciudad por el capital nacional y extranjero. Han desempeñado un papel importante en la lucha por los derechos civiles y la igualdad, participando activamente en movimientos sociales y políticos que buscan la justicia racial y la equidad, promoviendo la inclusión y la igualdad de oportunidades para sus pueblos. Sin embargo, a nivel nacional, aún enfrentan el racismo y la percepción errónea de que sus contribuciones se limitan a algunas actividades deportivas o artísticas. Enfrentar y deconstruir estos estereotipos es solo uno de los retos que enfrentan.

Honduras

De acuerdo con el censo de 2013, el 12% de la población hondureña se identifica como miembro de algún pueblo indígena o afrodescendiente. Aunque sin consenso, se reconocen al menos diez grupos en Honduras: Chortí, Garífuna, Texihuat, Isleño, Lenca, Miskito, Nahoa, Pech, Tawahka tolupan y Negro inglés.

El pueblo lenca es el más numeroso, representando el 65% del total de los indígenas. Se encuentran ubicados en La Paz, Lempira, San Francisco de Opalaca e Intibucá, al oeste del país. En esas regiones existen pequeños yacimientos de oro, plata, cobre, ópalo y obsidiana, en los que algunos de ellos se emplean. Otros viven del cultivo de granos, tubérculos y hortalizas. Un buen número se dedica al comercio local en la frontera con El Salvador, mientras que otros encuentran empleo como jornaleros en el corte de café.

Los garífunas habitan en la Costa Atlántica, en los departamentos de Colón, Cortés y Yoro. Siembran banano, piña, caña, arroz y yuca.

Crían ganado vacuno, mantienen la pesca artesanal y prestan servicios turísticos. Actualmente, su economía, como en muchos otros pueblos indígenas de Centroamérica, gira alrededor de las remesas que reciben de sus familiares que emigraron a Estados Unidos. Los miskitos se ubican en Gracias a Dios, el puerto de Lempira, Brus Laguna, Ahuas, Wampusirpe, Villa Morales y Juan Francisco Bilmes. Esta región enfrenta desafíos educativos registrando el índice más alto de ausentismo escolar, repitencia y reprobación en los niños, principalmente en Gracias a Dios.

El pueblo tawahka está ubicado en agrupaciones a la orilla del río Patuca, que incluyen los municipios de Dulce Nombre de Culmí en el departamento de Olancho y de Brus Laguna en Gracias a Dios. Su sustento proviene del cultivo de yuca, plátano, maíz, frijol, arroz y cacao, así como de actividades de caza, pesca, artesanías y cría de ganado. Sus comunidades enfrentan carencias en medidas de saneamiento ambiental e infraestructura médica, con una esperanza de vida promedio de treinta y ocho años para los hombres y de cuarenta y tres años para las mujeres, el parto mal atendido es la causa más frecuente de muerte de las mujeres de este pueblo. Además, de cada cinco niños que nacen, tres mueren antes de llegar a los siete años.

Los chortí se ubican en Copán y Ocotepeque, la zona occidental de Honduras, viven de la venta de artesanías y del trabajo asalariado en las fincas de café. Los tolupanes, a quienes llaman jicaques o xicaques, viven de la madera, habitan en zonas boscosas en el departamento de Yoro, en los municipios de Negrito, Victoria, Olanchito y en Francisco Morazán. El pueblo pech habita en Olancho y Colón. Su economía se sustenta en el turismo, en cultivos de subsistencia en pequeñas parcelas y el trabajo como jornaleros en las fincas. Además, alrededor del 50% de los pech se dedica a la explotación de resina de liquidámbar. Por otro lado, los nahua o nahoa es un pueblo de reciente reivindicación étnica que habita en Jano, Guata y Catacamas.

Honduras tiene una población negra angloantillana en el archipiélago de las Islas de Bahía, con una extensión de 260 km^2 cuadrados. Su economía se basa en la pesca y el turismo. Aunque el Estado ratificó el Convenio 169 de la OIT en 1995, su implementación ha sido limitada. Por ejemplo, el derecho a la educación bilingüe para la niñez indígena no se ha logrado y es casi inexistente. Tampoco se reconocen áreas o regiones autonómicas, ni se discute el derecho a la autodeterminación de los pueblos indígenas.

A partir de 2016, Honduras ha estado en la palestra mundial por el asesinato de Berta Cáceres, una destacada líder indígena, defensora de los derechos humanos y cofundadora de la coordinadora del Consejo Cívico de Organizaciones Populares e Indígenas de Honduras (COPINH), que desde 1993 trabaja en la protección de los derechos territoriales, culturales y ambientales de las comunidades indígenas. Berta Cáceres y el COPINH se involucraron en luchas contra el racismo histórico-estructural, la opresión neocolonial, las violencias machistas y el sistema capitalista. Lideraron protestas en defensa de la tierra y de los recursos naturales. Una de las más conocidas fue la oposición al proyecto hidroeléctrico Agua Zarca en el río Gualcarque, considerado sagrado por la comunidad lenca. Berta Cáceres lideró la campaña para detener el proyecto, destacando los impactos negativos que tendría sobre el medio ambiente y los derechos de los pueblos indígenas. Por eso, fue asesinada en marzo de 2016, generando conmoción a nivel nacional e internacional y resaltando los peligros que enfrentan los defensores de derechos humanos en Honduras y otros lugares. A pesar de la pérdida de Berta, el COPINH continúa liderando movilizaciones y demandas para garantizar la justicia y la protección de los derechos de las comunidades indígenas y continuar al servicio de los movimientos.

Honduras es de los países centroamericanos con una vibrante organización de los pueblos afrodescendientes que trabajan en la defensa de sus derechos, así como en la promoción y empoderamiento de sus colectivos. Una de las principales organizaciones negras es la Organización Fraternal Negra Hondureña (OFRANEH), que se dedica a la protección de los derechos de las comunidades garífunas y trabaja en la defensa de la tierra, el medio ambiente, la cultura y la identidad. Miriam Miranda es una de sus voces vitales en la lucha contra el despojo de tierras y los impactos de los megaproyectos en sus territorios. El Comité de Familiares de Detenidos Desaparecidos en Honduras (COFADEH), aunque no es exclusivamente una organización negra, ha sido fundamental en la búsqueda de justicia para casos de violencia y violaciones de derechos contra la comunidad afrodescendiente. La Organización Negra Hondureña (ONH) promueve la participación política y social, trabaja en la defensa de los derechos humanos, el empoderamiento y la visibilización de los afrohondureños. El Comité de Derechos Humanos de Afrohondureños (CDHA) se enfoca en la promoción y defensa de los derechos humanos, la discriminación racial, la violencia, el acceso a la justicia y la igualdad de oportunidades. Otra voz clave es Sulma Arzu-Brown, escritora y activista garífuna, quien aboga por la visibilidad y los derechos de los afrohondureños desde Estados Unidos, donde vive.

El Salvador

El Salvador destaca como uno de los casos más dramáticos en la región centroamericana debido a sus pobres indicadores y al hecho de que representa uno de los ejemplos más notables de invisibilización por parte del Estado hacia los pueblos indígenas y afrodescendientes. El Censo de Población y Vivienda 2007 es el que, por primera vez, reconoce a los pueblos indígenas. Según sus resultados, se registraron 2012 lencas, 4165 kakawiras o cacaoperas, 3539 nahuas-pipil y 3594 se identificaron como miembros de otros pueblos indígenas (Gobierno de El Salvador, 2007). Este censo no reporta a la población afrodescendiente, sin embargo, fuentes como la CEPAL (2013) estiman que 7441 personas se identifican como afroamericanos.

Los pueblos indígenas de El Salvador debieron recorrer un largo camino para finalmente ser reconocidos en el censo de 2007. Antes de eso, solo habían sido mencionados en el Segundo Informe sobre Desarrollo Humano en Centroamérica y Panamá (2001), donde se indicó la existencia de sesenta y siete comunidades en «las cuales se observa la persistencia de rasgos y prácticas culturales indígenas». Además, Naciones Unidas reconoció en 2003 que la última vez que se realizó un recuento de la población indígena fue en el censo de 1930 cuando se registraron 79 573 indígenas sobre un total de 1 434 361 habitantes, lo que representaba un 5.6% del total de la población. El libro *Perfil de los pueblos indígenas de El Salvador* argumenta que, a diferencia de otros países latinoamericanos, los pueblos ancestrales nacionales ya no tienen presentes los rasgos culturales con los que acostumbraban a identificarse, como el idioma y el vestuario tradicional. El Salvador es un país que evidencia el racismo histórico y estructural, dado que hasta 2006 no existían censos oficiales o alternativos que indicaran el número de la población indígena del país. Allí la política del mestizaje nacional logró distorsionar la realidad racial, sociocultural y demográfica. Por esta razón, El Salvador es el país más atípico de Centroamérica respecto a los pueblos indígenas pese a que estos siempre existieron diferenciados con marcados rasgos ancestrales y propios de su cosmovisión.

En la actualidad, las pocas organizaciones indígenas vigentes argumentan que la política de exterminio, la invisibilización y la asimilación que el Estado salvadoreño ha impulsado, se enmarca en intereses económicos que han buscado arrebatarles sus tierras y los recursos de los que son propietarios. Los gobiernos de El Salvador se negaron a hacer reformas legales internas o a firmar y ratificar convenios internacionales, como el 169 de la OIT, que garantizan y legitiman las demandas indígenas. Sin embargo, a pesar de estas políticas etnocidas del Estado, tres son los pueblos que nunca cedieron: los nahua/pipil, quienes se ubican en los departamentos de Ahuachapán, Santa Ana, Sonsonate, La Libertad, San Salvador, Cuscatlán, La Paz, Chalatenango y San Vicente. Los lencas, que viven en Usulután, San Miguel, Morazán, La Unión. Finalmente, los cacaopera, quienes se ubican en Morazán. La economía indígena es agrícola y de subsistencia, basándose en producir maíz y frijol, en pequeñas parcelas, la mayoría arrendadas y, por eso, los indígenas que carecen de tierra se emplean como jornaleros. Otras actividades de subsistencia son la artesanía, ebanistería y alfarería.

Sin disponer de datos fidedignos, se calcula que en 2010, aproximadamente el 38% de los indígenas se encontraban viviendo en pobreza extrema, en contraste con el promedio nacional de 18.9%. Mientras el promedio nacional de personas por debajo de la línea de pobreza era 25.7%, entre los indígenas este subía a 61.1%. Estos datos sugerían que solo el 0.6% de los indígenas podía cubrir sus necesidades básicas. La desnutrición infantil en la niñez indígena de cinco años era de 40%, mientras el nacional se situaba en el 20%. En cuanto al analfabetismo, las cifras varían, la UNICEF indica un índice superior al 35%, mientras que la OPS un 40%, en contraste con la tasa nacional de analfabetismo del 21.5%. Además, el 91% de la población indígena se abastecía de agua de río y solo el 8.4% de cañería domiciliar o colectiva. A pesar de vivir en condiciones de marginalidad económica y de tener un reconocimiento cultural limitado, los pueblos indígenas de El Salvador mantienen una organización social basada en alcaldías del común, cofradías, hermandades y consejos.

El informe alternativo de la sociedad civil presentado por segunda vez en noviembre de 2006, ante el Comité de los Derechos Económicos, Sociales y Culturales (DESC) de las Naciones Unidas, en Ginebra, Suiza, por organizaciones sociales que forman parte del Capítulo Salvadoreño de la Plataforma Interamericana de Derechos Humanos Democracia y Desarrollo (PIDHDD), demandó al Estado salvadoreño para que realizara un censo que permitiera conocer la cantidad real de los pueblos indígenas existentes y para determinar su situación económica. Además, el Comité de la ONU para la Eliminación de la Discriminación Racial pidió en 2007 al Gobierno de El Salvador que otorgara *reconocimiento legal a los pueblos indígenas*. En su informe final, los representantes del comité insistieron en que *permanecen preocupados* por las declaraciones del Gobierno salvadoreño que niega la existencia de los distintos grupos raciales en ese país y, por tanto, de los problemas de discriminación originados en esas negaciones. Desde 2007 hasta la fecha, el Estado de El Salvador ha tomado un paso significativo al aceptar su inclusión en el censo de ese año, lo que ha contribuido al reconocimiento del carácter multiétnico del país.

Sin embargo, como El Salvador no ha ratificado el Convenio 169 de la OIT, no existen procesos estatales que impulsen la educación bilingüe ni el derecho indígena. No se abordan los derechos autonómicos territoriales y menos aún el derecho a la autodeterminación de los pueblos indígenas. Por el contrario, la discriminación contra los pueblos originarios ha sido adoptada por el actual régimen político para aumentar la polarización y provocar la división interna de la nación.

Los retos

Centroamérica es una región cuyas naciones no supieron enfrentar la posguerra tras los conflictos armados internos de la década de 1980.

Solo en el caso de Guatemala, las profundas heridas que dejaron treinta y seis años de guerra interna (1960-1996) no fueron atendidas institucionalmente con la responsabilidad y complejidad que demandaron los sobrevivientes, dada la magnitud de los crímenes cometidos. En ese país, el costo del genocidio se retrata en más de seiscientas masacres, el arrasamiento de cuatrocientas cuarenta aldeas indígenas, el desplazamiento de más de un millón de hombres y mujeres, la pérdida de miles de niños y la desestructuración de más de un millón de familias.

En el caso de Nicaragua, los pueblos miskitos, sumus y rama, si bien lograron procesos de autonomía regional, fue a costa de enfrentarse por medio de las armas a un proyecto revolucionario que se cegó —al igual que las democracias que sucedieron a la revolución sandinista— a las demandas étnicas, raciales y al respeto de sus límites territoriales. En el caso de los pueblos indígenas de El Salvador, si bien la guerra revolucionaria les permitió una participación armada a quienes así lo decidieron para transformar el Estado, sus demandas como colectivos indígenas no llegaron a la mesa de negociaciones ni se plasmaron en acuerdos que les concedieran herramientas y marcos de acción para avanzar en sus derechos. En estos tres países aún se viven los efectos de los conflictos armados que continuarán recordándose como atrocidades en la larga historia de los pueblos del área, independientemente de cuál sea el signo ideológico de los partidos que los gobiernen. Sin embargo, y pese a la dolorosa experiencia que indígenas y afrodescendientes sobrellevaron durante aquellos años de tanta violencia y opresión, de ahí emergieron como actores clave en las sociedades del istmo.

Ante una realidad tan contradictoria, cabría plantear algunas interrogantes sobre los retos que enfrentan los pueblos originarios. Por ejemplo, ¿es posible construir procesos de cohesión social en una región multicultural, en donde aproximadamente el 80% de las poblaciones indígenas viven en condiciones de pobreza y pobreza extrema? ¿Puede crearse sentido de pertenencia hacia los Estados nación y sus instituciones, aunque más de diez millones de indígenas y afrodescendientes no tengan acceso a los servicios sociales básicos? ¿Hasta dónde es contraproducente impulsar procesos de ciudadanía universal cuando no se tienen datos reales sobre cuántos son, quiénes son o saber en dónde realmente se ubican los pueblos indígenas de la región? ¿Debe aplicarse una ciudadanía universal cuando se marginan sus complejas historias como pueblos distintos? ¿Es recomendable demandar solidaridad desde los Estados a los pueblos indígenas cuando muchos de ellos no son reconocidos sino desplazados de sus territorios, vulnerados por las políticas neoliberales, encarcelados, perseguidos y obligados a migrar para alcanzar una vida digna? En lo que corresponde a atender las necesidades de exclusión, ¿por qué los Estados no asumen sus propias responsabilidades para dotar a las comunidades indígenas y afrodescendientes de condiciones efectivas de bienestar? No es responsabilidad de la cooperación internacional ni de las entidades multilaterales atender a dichas poblaciones. Darles condiciones de vida digna es tarea inexcusable e ineludible de los Estados nacionales, los cuales están sujetos, y deben cumplir a cabalidad, a los marcos de derechos nacionales e internacionales de los que son parte.

Frente a lo anterior, ¿cuál es el papel de los pueblos indígenas y afrodescendientes en la construcción de su historia propia? La experiencia cotidiana de los indígenas y afrodescendientes es que no es suficiente el reconocimiento cultural si no viene acompañado de derechos económicos. De igual forma, los derechos económicos y la movilidad social, por sí solos, no son suficientes para los indígenas y afrodescendientes si esto implica renunciar al reconocimiento cultural. Esa historia alternativa debe emerger de los propios pueblos, nutrirse de sus luchas y plantear un marco de pensamiento que permita no solo conectar las distintas opresiones de raza, clase, sexualidad y género, sino además que evite la romantización de lo *originario* y permita conectar la complejidad con la que ocurren las fragmentaciones, los enfrentamientos, las disputas y las negociaciones dentro de esos pueblos. Que tenga, además, la habilidad de retratar cómo, a pesar de sus propias divisiones, los indígenas han sido capaces de movilizarse mucho antes de la imposición de la globalización económica y cultural, para realizar una silenciosa, pero permanente incidencia internacional, con la habilidad de construir alianzas internas y externas. Esto señala que esa capacidad de construir colectivamente puede ser una herramienta que permita renovarse para continuar enfrentando los embates del actual sistema económico mundial que busca invisibilizarlos y, por esa vía, llevarlos a su exterminio.

Centroamérica y República Dominicana: una visión sobre migración y desarrollo económico

Manuel Orozco

Introducción

Este capítulo presenta un análisis de las tendencias migratorias en Centroamérica y República Dominicana y el efecto que las condiciones políticas pueden tener en la movilización de seres humanos. Asimismo, el documento presenta un acercamiento sobre el impacto económico que la migración tiene sobre los países.

Aunque la movilización de centroamericanos y dominicanos suma más de cinco millones de personas, las tendencias, razones o causas de esta migración han sido diferentes. De esta forma, el capítulo diferencia la migración centroamericana de la dominicana, en gran parte debido a sus causas.

En el mundo, y en América Latina y el Caribe en particular, históricamente la movilidad de las personas entre fronteras y territorios nacionales ha constituido el test de la elasticidad y calidad democrática de un país. Es decir, *la magnitud y ámbito de la libertad de movimiento de los ciudadanos ha dependido de la discrecionalidad soberana del ejercicio de la autoridad del Estado.*

La autoridad política ha pautado *quién y cómo entra y sale de un territorio.* En este siglo XXI, y en coincidencia con la observación de Saskia Sassen (2018), la exclusión y la expulsión se han convertido en dos determinantes de la forma en cómo la política está operando en el mundo y en las Américas, en particular, hasta el punto de crear patrones migratorios.

En algunos contextos esta exclusión y expulsión resultan del extremo deterioro de la estructura estatal, llevando a muchos países a condiciones de Estado fallido. Esto también puede ser el resultado de la ausencia de consenso o de la polarización social y política sobre el tipo de sujeto político que debería conformar la sociedad moderna.

En ambos casos, la migración está surgiendo como una conse-cuencia. Viendo los ranqueos que realiza el Banco Mundial sobre Estado de derecho y estabilidad política en treinta países de América Latina y el Caribe, en relación con el crecimiento migratorio, se puede observar una tendencia negativa: ante el deterioro del Estado de derecho o estabilidad política, la migración aumenta. En el caso de los países en referencia en este trabajo, ellos representan el 20% de la diáspora latinoamericana (ver figuras 1 y 2).

Figuras 1 y 2. Migración y Estado de derecho

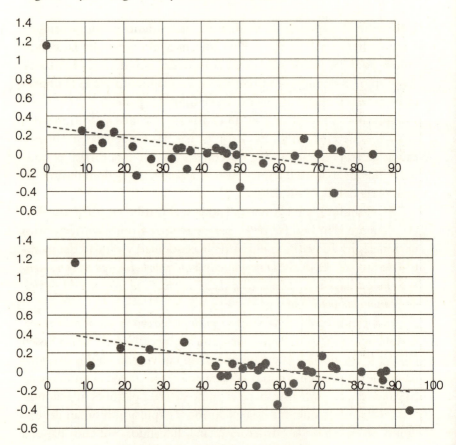

Fuente: Banco Mundial y UNDESA.

Cuadro 1. Migrantes de América Latina y el Caribe

	1990	1995	2000	2005	2010	2015	2019	2020	2023
Costa Rica	69 711	85 421	105 682	118 673	133 027	139 525	150 400	150 241	
República Dominicana	466 216	675 282	897 785	1 023 442	1 185 546	1 456 950	1 558 668	1 608 567	1 700 000
El Salvador	1 242 075	933 330	949 270	1 119 319	1 337 458	1 514 601	1 600 739	1 599 058	1 671 145
Guatemala	348 332	462 072	583 020	737 106	925 252	1 119 417	1 205 644	1 368 431	2 260 890
Honduras	156 594	246 799	342 337	449 303	587 886	731 096	800 707	985 077	1 435 836
Nicaragua	442 126	438 387	502 243	436 780	610 902	647 919	682 865	850 000	1 157 941
Panamá	134 743	133 405	137 430	132 266	140 609	150 417	161 107	139 520	
LAC	13 271 542	17 409 918	22 110 620	26 602 460	31 751 744	33 617 243	36 881 313	39 746 784	44 000 000
CAM-RD/LAC	22%	17%	16%	15%	15%	17%	17%	17%	20%

Fuente: UNDESA (2023) y proyecciones del autor.

Exclusión y expulsión en el origen

Entre ocho (37%) y diez (45%) países de América Latina y el Caribe conforman casi la mitad de la migración latinoamericana. Estos países tienen en común un fuerte deterioro de sus estructuras institucionales y estatales, junto con la dificultad o falta de voluntad de proteger o dar albergue mínimo a sus ciudadanos. Entre estos países se encuentran naciones de Centroamérica como Guatemala, El Salvador, Honduras, Nicaragua; del Caribe como Cuba y Haití, y de Sudamérica como Venezuela y Bolivia. Todos ellos presentan fuertes problemas tanto en la protección de derechos constitucionales de sus ciudadanos como en aspectos fundamentales de la gobernabilidad democrática. Incluso en el caso de México, la migración ha resurgido después de años de haber decaído, coincidiendo con los cambios políticos recientes en el país, marcados por patrones populistas.

Una de las tendencias de los últimos cinco años es el aumento de la migración hacia Estados Unidos. Desde el inicio de la pandemia, cerca de cinco millones de latinoamericanos y caribeños salieron de sus países hacia este país, con una tendencia continua en 2023.

El crecimiento migratorio hacia Estados Unidos desde países como Venezuela, Colombia, Nicaragua e incluso México, comparado con la ya creciente ola migratoria que ocurrió en 2019, fue inesperado. En muchos casos, estos flujos migratorios están motivados por el deterioro progresivo de sus países y situaciones impostergables de quedarse en sus lugares de origen (ver figura 3).

Como muestra la sección siguiente, la continuidad de modelos obsoletos de crecimiento económico plasmados de fuertes economías informales, con redes del crimen organizado bien establecidas y una fragmentación profunda de la autoridad política, que va haciendo prevalecer el ejercicio de la violencia como forma de control, han creado condiciones perversas para la expulsión de personas.

Figura 3. Migración a Estados Unidos vía frontera con México, 2018-2023

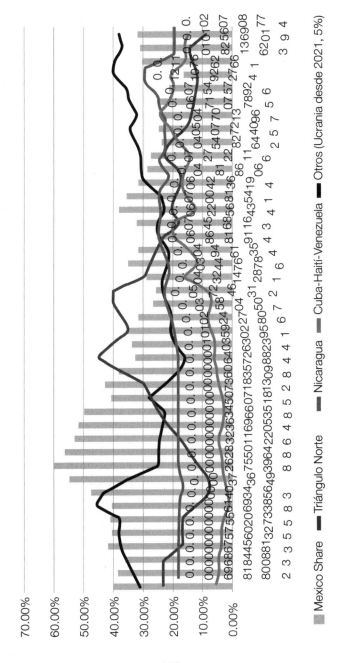

La tendencia migratoria en Centroamérica y República Dominicana

La difícil historia de Centroamérica ha incluido largos períodos dictatoriales y militarizados acompañados de problemas estructurales como la desigualdad social y económica. Como resultado, la migración durante los años setenta y ochenta fue impulsada primordialmente por la inestabilidad política. Más adelante, en los noventa, pasó a ser empujada mayoritariamente por factores económicos. Desde los años setenta hasta el presente, esta región ha pasado por al menos tres períodos migratorios:

- Migración por causas políticas: como resultado de la represión y los conflictos armados (1970-1980).
- Migración económica: a partir de los procesos de paz (1990-2000).
- Migración actual, resultado de complejas dinámicas transnacionales acompañadas de un deterioro del Estado de derecho, con factores impulsores como la violencia, reunificación familiar, trabajo y crecimiento económico (2000 al presente).

Hoy en día, la región sigue pasando por grandes movilizaciones migratorias, con miles de personas centroamericanas entrando a Estados Unidos cada año, muchas de ellas sin un estatus migratorio legal. Estos movimientos se asocian con las cambiantes dinámicas globales, incluida la demanda de mano de obra no calificada, el incremento del crimen organizado y la violencia entre pandillas transnacionales, así como la continua violencia política. Millones de centroamericanos y dominicanos ahora viven fuera de sus países y un 80% de ellos vive en Estados Unidos.

La migración reciente desde Centroamérica y República Dominicana

La reciente migración desde Centroamérica también está mostrando lo que podría representar un flujo de salida históricamente alto. La emigración anual, de 2018 a 2022, asciende a más de dos millones de personas y, según las encuestas, un gran porcentaje de ciudadanos con la intención de emigrar lo termina haciendo.

Un estudio realizado en 2019 reveló que el 25% de las personas de estos países ha considerado emigrar. En 2021, en El Salvador, la cifra aumentó del 24% al 36% (Orozco, 2021). Para los nicaragüenses, la intención de emigrar aumentó del 19% al 65% en diciembre de 2021 y se ha mantenido por encima del 30% en 2023. En términos prácticos, 22% de quienes expresaron la intención de salir de su país, lo terminaron haciendo. Sin embargo, al calcular entre aquellos que salieron, independientemente de si fueron devueltos o lograron ingresar, la cifra es de un 30%. Esto quiere decir que uno de cada tres centroamericanos que desea emigrar, termina haciéndolo, aun asumiendo el riesgo de que lo devuelvan (ver figura 4 y cuadro 2).

Figura 4. La intención a emigrar

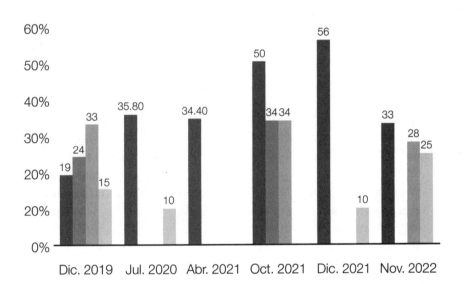

Fuente: encuestas realizadas por el autor.

Cuadro 2. Tendencias migratorias de los centroamericanos

A. Llegadas con estatus legal permanente *	2018	2019	2020	2021	2022	Intención de emigrar
El Salvador	16014	10605	5343	7500	8176	
Guatemala	9188	5479	2302	3500	2838	
Honduras	6997	6045	2250	4000	3314	
Nicaragua	1972	2248	1077	500	3359	
Cuatro países	36189	26396	12992	17521	17687	
B y C. Estimaciones de entrada irregulares **	2018	2019	2020	2021	2022	
El Salvador	25189	51035	6736	37273	54062	
Guatemala	97107	137145	19676	99756	103727	
Honduras	70107	140287	16830	112908	122187	
Nicaragua	1800	8400	960	89051	222315	
Cuatro países	194203	336868	44203	338988	502291	
D. Detenciones	2018	2019	2020	2021	2022	Intención
El Salvador	41981	85059	21051	116477	85813	544500
Guatemala	161845	228575	61488	311739	216098	430000
Honduras	116845	233812	52594	352838	193947	575000
Nicaragua	3000	14000	3000	87305	217956	560000
Cuatro países	323671	561446	138133	868359	713814	2111521
E. Sobreestadía de visa***	2018	2019	2020	2021 est.	2022	
El Salvador	869	813	815	1716	418	
Guatemala	945	1009	815	2832	408	
Honduras	730	2128	842	2373	589	
Nicaragua	389	386	228	500	51	
Cuatro países	2933	4336	2699	7421	1466	

Migración total	2018	2019	2020	2021	2022	Intención
El Salvador	84052	147512	33945	162966	62657	544500
Guatemala	107240	143633	22793	106088	106973	850000
Honduras	194679	382272	72516	472119	126089	650000
Nicaragua	7161	25034	5265	177356	225725	416000
Cuatro países	393133	698452	134519	918529	521444	
Deportaciones	2018	2019	2020	2021 est.	2022 est.	
El Salvador	15445	18981	12590	15786	14188	
Guatemala	50390	54919	29790	42355	36072	
Honduras	28894	41800	21139	31470	26304	
Nicaragua	879	2240	1416	1828	1622	
Cuatro países	95608	117940	64935	91438	78186	
Cambio neto (reposición de migrantes)	2018	2019	2020	2021	2022	
El Salvador	68607	128531	21355	147180	94789	
Guatemala	56850	88714	(6997)	63734	39747	
Honduras	165785	340472	51377	440650	317455	
Nicaragua	6282	22794	3849	175528	49191	
Cuatro países	297525	580512	69584	827092	501182	

Nota. ★US Visa Statistics, https://travel.state.gov/content/dam/visas/Statistics/AnnualReports; https://travel.state.gov/content/travel/en/legal/visa-law0/visa-statistics/nonimmigrant-visa-statistics.html. ★★Sobre entrada irregular se usa la estadística de DHS sobre *impactable border crossers* quienes son sujetos a las restricciones migratorias existentes; https://www.dhs.gov/sites/default/files/publications/immigration-statistics/BSMR/ndaa_border_security_metrics_report_fy_2019_0.pdf.pdf. ★★★Entre el 0,6 y el 2% de los migrantes latinoamericanos y caribeños se exceden en su estancia; https://www.dhs.gov/sites/default/files/publications/20_0513_fy19-entry-and-exit-overstay-report.pdf. Intención de migrar: saliendo adelante y encuestas de diálogo interamericano.

República Dominicana, al igual que los países de Centroaméri-ca, es un país con una larga trayectoria de migración y una diáspora participativa desde el siglo XIX. Desde la transición democrática de la década de 1980, la migración desde República Dominicana aumen-tó en economías de escala, formando lazos transnacionales que hoy en día se han consolidado en todo el mundo. Sin embargo, este cre-cimiento migratorio ha sido menor en comparación con otros países de la región.

Desde la década de 1990, casi el 80% de la migración está dirigi-da a Estados Unidos, con un porcentaje importante hacia Puerto Rico. A partir del año 2000, esta migración se ha expandido a Euro-pa, predominantemente a España, donde la comunidad dominicana representa más del 10% de la diáspora en el exterior. Las razones de emigrar son predominantemente de dos tipos: reunificación familiar o empleo.

Cuadro 3. Migración desde República Dominicana

Etiquetas de fila	1995	2000	2005	2010	2015	2019	(1995)	(2019)
Puerto Rico	49 325	61 563	66 983	63 981	57 891	50 643	7%	3%
España	21 654	36 953	73 049	136 976	156 905	167 176	3%	11%
Estados Unidos	524 698	705 139	761 989	843 720	1 086 819	1 173 662	78%	75%
Resto	79 605	94 130	121 421	140 869	155 335	167 187	12%	11%
MUN-DIAL	675 282	897 785	1 023 442	1 185 546	1 456 950	1 558 668	100%	100%

Fuente: ONU DESA.

El perfil demográfico de los dominicanos varía según la nación en la que estén. Por ejemplo, las mujeres dominicanas en Europa representan alrededor del 66% (71% en Suiza), mientras que en Estados Unidos son el 58% (ver el cuadro 4). La distribución por género es diferente, si no única, en relación con todas las otras nacionalidades migrantes, en las que las personas del sexo masculino representan una proporción mayor.

Cuadro 4. Mujeres dominicanas migrantes como porcentaje del total de migrantes

Zona principal, región, país o zona de destino	Porcentaje de mujeres
MUNDIAL	59%
Estados Unidos	58%
Puerto Rico	53%
Italia	70%
España	63%
Venezuela	71%
Suiza	71%
Otros	56%

Fuente: ONU DESA.

La migración infantil

La migración de menores no acompañados es un fenómeno en aumento después del período de la recesión global y se pronuncia entre los países del llamado Triángulo Norte de Centroamérica. Este grupo representa otra tendencia que conforma la migración en la región. Aunque captó la atención de los políticos estadounidenses, organizaciones de derechos humanos y medios de comunicación en el verano de 2014, no es un fenómeno nuevo. La migración de adultos también ha estado en aumento desde mediados de la década de 2000, con un incremento notable en el período posterior a la recesión.

Aunque el año fiscal 2014 registró niveles récord de menores no acompañados procedentes de Centroamérica, los años siguientes muestran una tendencia creciente. Esto es preocupante, ya que el 90% de estos menores proviene de los tres países del Triángulo Norte, siendo la mitad de ellos de Guatemala (ver figuras 5 y 6). Prácticamente más del 5% de los migrantes que llegan a la frontera entre México y Estados Unidos son menores no acompañados, de los cuales el 65% son menores de dieciséis años. En Guatemala, la inscripción de matrícula escolar cayó más del 10% entre 2018 y 2022, con menos de trescientos mil menores matriculados durante ese período (Morales, 2022).

Figura 5. Nacionalidades de migrantes menores no acompañados

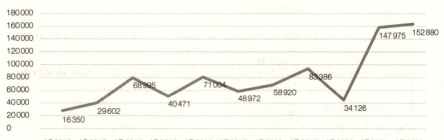

Figura 6. Menores provenientes de Centroamérica

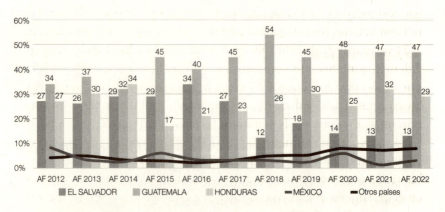

Fuente: Office of Refugee Resettlement. (28 de julio de 2023).
https://www.acf.hhs.gov/orr/about/ucs/facts-and-data

Los determinantes de la migración centroamericana

Estas tendencias migratorias son el resultado de una combinación de dinámicas en las que los vínculos transnacionales, lo económico y el deterioro institucional de los Estados, tanto en lo económico como lo político, incide sobre la migración.

En general, las personas en Centroamérica que han pensado en emigrar declaran haber estado expuestas a situaciones económicas difíciles, haber sido víctimas de crimen o no estar satisfechas con la situación política en su país, en mayor medida que aquellas que no han pensado en emigrar. También tienen mayores lazos familiares transnacionales que los que no han pensado en emigrar (IOM, 2019).

En toda la región, las experiencias y características individuales asociadas a la idea de emigrar incluyen ser joven, vivir en un hogar de bajos ingresos, ser un trabajador poco cualificado o estar en el sector informal, estar desempleado y tener una perspectiva desfavorable sobre la situación económica futura. Además, para algunos, haber sido víctima de un crimen también se asocia con la intención de migrar. Los jóvenes tienen el doble de probabilidades de considerar la posibilidad de emigrar que sus homólogos de más edad (Creative Associates, 2019).

Una serie de factores económicos influyen en que los residentes de estos países consideren la posibilidad de emigrar. Vivir en un hogar con ingresos mensuales de menos de cuatrocientos dólares y tener dificultades para llegar a fin de mes hace que las personas tengan 1.24 veces más probabilidades de considerar la posibilidad de emigrar. Además, aquellos que perciben que las condiciones son peores hoy que el año pasado tienen 1.67 veces más de probabilidades de pensar en emigrar. Las condiciones del mercado laboral también son importantes. En cuanto a los vínculos transnacionales, tener un familiar en el extranjero no aumenta la probabilidad de que una persona piense en emigrar, pero recibir remesas sí lo hace. En los tres países, recibir remesas es estadísticamente más relevante que tener un familiar en el extranjero. Asimismo, la interacción estadística entre recibir remesas y tener un familiar en el extranjero es significativa y arroja un 71% de probabilidades de que la persona haya pensado en migrar.

En el caso de Honduras, la intención de migrar se correlaciona con la experiencia de haber perdido una propiedad debido al huracán Eta. Según una encuesta realizada en noviembre de 2020, un 6% de guatemaltecos y hondureños dijeron que la violencia y la extorsión eran factores para emigrar (Orozco y Jewers, 2021a). A nivel municipal, se observa una correlación estadística entre los homicidios y la migración: un aumento del 1% de homicidios se traduce en un incremento del 130% en la migración. En El Salvador, la intención de migrar (que en 2021 alcanzó el 34%) aumentó en un 15% entre aquellos que afirmaron haber sido afectados por el crimen y la victimización (Orozco y Jewers, 2021b).

En Nicaragua, la crisis política y económica provocó un masivo flujo migratorio. Más de quinientas noventa mil personas han abandonado el país desde el inicio de la crisis, un número incluso más asombroso si se toma en cuenta que la población total de Nicaragua es de menos de siete millones de habitantes. En los meses posteriores a abril de 2021, cuando la represión política se intensificó a través del encarcelamiento, más de cien mil nicaragüenses emigraron a Estados Unidos, mientras que un número similar optó por dirigirse a Costa Rica (ver figura 5 y cuadro 8).

Cuadro 5. Emigración desde Nicaragua al mundo desde la crisis política de 2018

Año	Costa Rica	Estados Unidos	Otros países	Mundo	Población	Migr-Pobl.
2019	39 423	1202	6094	46 719	6 663 000	0.7%
2020	9416	3430	1927	14 773	6 755 855	0.2%
2021	52 929	87 305	21 035	161 269	6 720 543	2.4%
2022	80 028	216 956	45 513	342 934	6 815 132	5.1%
2019-2022	207 056	308 893	74 569	586 518	6 819 132	8.6%

Fuente: datos recopilados por el autor.

Los datos de encuestas demuestran que los factores determinantes de esta migración entre los nicaragüenses han sido predominantemente políticos y económicos. Estar desempleado, creer que habría fraude en cualquier elección futura, un sentimiento de miedo tras la elección, falta de confianza y reconocer el empeoramiento de las condiciones económicas son parte de las razones para emigrar. La figura 7 muestra cómo la intención de migrar aumentó con el empeoramiento de las condiciones políticas en el país: de 19% en 2019 a 56% en diciembre de 2021, de forma paralela al deterioro político del país (Orozco, 2022a).

Figura 7. Porcentaje de hogares que piensa en salir del país

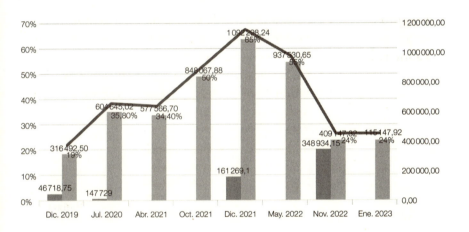

Fuente: encuestas realizadas por el autor. Orozco, (2022b).

Asimismo, el cuadro 6 muestra cómo resultados de cuatro encuestas diferentes capturaron la lógica detrás de la intención de los nicaragüenses de migrar en momentos diferentes desde la crisis política de 2018 (ver figura 8).

189

Cuadro 6. Correlaciones estadísticas entre la intención de migrar y factores socioeconómicos

Relación de probabilidad de la intención de emigrar			
Abril de 2021	**Octubre de 2021**	**Diciembre de 2021**	**Enero de 2023**
• Estar desempleado (2), trabajar en la economía informal (1,5) y pensar que la crisis económica es el principal problema en el país (6). • Creer que habrá fraude (1,5), así como un mal Gobierno (2) y violaciones de los derechos humanos (1,4).	• Creer que el país va en la dirección equivocada (1,9). • No estar de acuerdo con las acusaciones contra los presos políticos (2,6). • El costo de la vida (1,5). • No tener un título universitario.	• Percibir que las condiciones económicas empeorarán y que el país va en la dirección equivocada (1,9). • Está en desacuerdo con que después de las elecciones de noviembre Ortega tendrá más apoyo (1,8). • Uno no puede confiar en la gente después de las elecciones (1,8). • Tener un ingreso familiar por debajo de $500 (1,4). • Otros factores incluyen tener menos de treinta y cinco años (1,4) y vivir en Managua (1,5).	• No tener tanto ingreso para ahorrar aumenta la intención 1,9 veces. • Tener dinero guardado aumenta la intención 4,3 veces. • Tener una cuenta bancaria aumenta la intención 2,3 veces. • Creer que la situación económica estará peor en 2023 aumenta la intención 2 veces. • Trabajar para el sector privado aumenta la intención 5 veces y estar desempleado no.

Fuente: Orozco (2022). *A Push for Freedom*, IAD.

Figura 8. Migración desde Nicaragua, 2019-2023

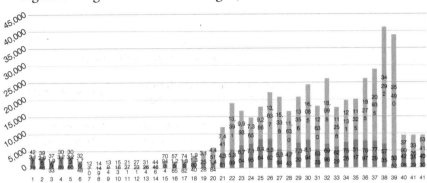

Fuente: DHS y Gobierno de Costa Rica.

Estas realidades se presentan de manera uniforme, tanto si se trata de emigrar a Estados Unidos como a otros países, incluso dentro de América Latina. En un estudio realizado en 2018 en cuatro países receptores, Colombia, Chile, Costa Rica y Panamá, con migrantes de origen nicaragüense, venezolano y haitiano, se encontró que la violencia o la situación política fueron citadas como la segunda razón más común por más del 20% de los encuestados, después del tema económico (Orozco, 2019).

El nexo entre migración y desarrollo

Esta tendencia está intrínsecamente relacionada con el desarrollo económico. La migración no solo es un subproducto de las tendencias económicas, sino que también genera dinámicas económicas significativas en el país de origen. De ahí que exista una intersección entre migración y desarrollo.

Esta intersección entre migración y desarrollo es aquella en donde se producen intercambios entre el proceso de desarrollo económico y los tres ciclos de movilidad —antes, durante y después— de la migración. La movilidad humana y laboral hacia el extranjero está vinculada con procesos políticos, económicos, sociales y de seguridad, todos los cuales están asociados con el desarrollo.

Es más, en cada etapa del proceso de migración la movilidad laboral puede estar relacionada de múltiples y complejas maneras con las políticas gubernamentales. La gestión migratoria, el desarrollo y la diplomacia son dimensiones que vinculan la movilidad y la política. Su impacto varía dependiendo del alcance y de la profundidad del compromiso del Gobierno. De igual manera, el nexo migración-desarrollo también se ve afectado por la situación legal y social de los trabajadores, por la calificación de la mano de obra, los niveles de las remesas, el acceso a las instituciones financieras, las oportunidades de creación de activos, la posición del capital humano, las circunstancias para el retorno al país de origen, así como por los medios para reintegrar a los trabajadores retornados.

La experiencia de países de todo el mundo muestra que la migración tiene el mayor potencial para el desarrollo *cuando se normaliza, se protege mediante la cooperación diplomática, se integra a las estrategias de desarrollo y se acompaña de políticas o incentivos de retorno y reinserción.* A continuación, en el cuadro 7, se presenta una descripción preliminar (y parcial) de las dinámicas y políticas relacionadas con el vínculo migración-desarrollo.

Cuadro 7. Dinámicas y políticas de migración y desarrollo

Dinámicas	Aspectos políticos	Administración	Desarrollo	Diplomacia
Antes de la migración o salida				
Alcance de la migración laboral regulada	Políticas gubernamentales bilaterales.	Procesamiento y emisión de visas y protección del migrante.	*Sensibilización y capacitación de la fuerza laboral.*	Cooperación bilateral en materia de migración laboral y protección de inmigrantes.
Migración calificada y no calificada	Presencia de capacidades y derechos laborales.			
Condición social de los migrantes	Mitigación de riesgo frente a amenazas a los derechos humanos.			

Durante la migración (permanencia en el país de acogida)				
Naturaleza o calidad de la inserción en el país de acogida	Vulnerabilidad social y económica	Regularización de la situación	*Inclusión social y económica.*	Cooperación bilateral en materia de migración laboral y protección de inmigrantes
Remesas y otros costos de pago	Mercado de remesas	Nexos institucionales con políticas formales de migración laboral	*Aprovechamiento de herramientas de desarrollo por parte del Gobierno.*	Asociaciones de desarrollo conjunto con gobiernos, comunidades de la diáspora y sector privado.
Acceso a instituciones financieras y creación de activos, tanto en el país de origen como en el extranjero	Acceso financiero y educación; Integración en el país de acogida.			
Salud y educación	Protección social.			
Inversión y actividades filantrópicas en país de origen	Alcance de la diáspora y compromiso transnacional.			
Después de la migración				
Retorno voluntario e involuntario; retorno tras jubilación de migrantes mayores	Reinserción legal. Reinserción social. Reinserción económica y laboral.	Leyes de retorno y apoyo institucional.	*Herramientas de reinserción e incentivos.*	Programas bilaterales de cooperación para el desarrollo para retornados.

Fuente: Orozco (2013). *Migrant Remittances and Development in the Global Economy*, Reinner.

Un asunto que importa: migración y economías

En Centroamérica, la interdependencia entre migración y crecimiento económico se ha profundizado de manera sistemática. Los más de cinco millones de migrantes centroamericanos que trabajan en el extranjero han establecido una red de relaciones económicas que influye directamente en el crecimiento y la política en sus países de origen. Esta realidad no va a desaparecer; más bien, es probable que crezca.

Cabe señalar que el 10% de los migrantes centroamericanos se ha movido dentro de la región, principalmente hacia Costa Rica, Panamá y El Salvador. De particular importancia son los de origen nicaragüense en Costa Rica, donde más del 20% son empleadas domésticas (Slooten, 2012; Orozco, 2022c). La importancia de estos compromisos económicos se ilustra en los siguientes cuadros. Las remesas familiares se han convertido en una importante fuente de ingresos para muchos de estos países.

Es importante destacar que estos países tienen economías con un bajo nivel de complejidad y una alta dependencia de unos pocos factores económicos. A diferencia de Costa Rica, los otros países exportan mercancías de bajo valor (agricultura y textiles), con una creciente y fuerte dependencia en las remesas (ver cuadro 8).

Cuadro 8. Indicadores clave en las economías centroamericanas, 2021

País	Exportaciones	Inversión extranjera directa	Remesas	Turismo	Ayuda externa	Dependencia
Costa Rica	36 %	6 %	1 %	7 %	0.1 %	50
El Salvador	30 %	3 %	26 %	6 %	1 %	75
Guatemala	18 %	4 %	18 %	1.5 %	0.5 %	42
Honduras	38 %	3 %	25 %	2 %	2 %	82
Nicaragua	47 %	6 %	15 %	2 %	3 %	76
Panama	51 %	2 %	1 %	11 %	0.1 %	65
República Dominicana	22 %	3 %	11 %	6 %	0.1 %	42

Fuente: datos del Banco Mundial.

Las remesas reflejan la evolución actual de la migración y el crecimiento económico en Centroamérica (ver cuadro 9). El volumen de estos fondos transferidos a la región es un subproducto de los lazos transnacionales formados entre las comunidades de la diáspora centroamericana y sus familiares en los países de origen. Las remesas, la mayoría de las cuales provienen de Estados Unidos, han experimentado un crecimiento notable. En 1980 se reportaron solo cien millones de dólares, cifra que se elevó a más de trece mil millones de dólares durante 2012 y se triplicó en 2022.

Sin embargo, es importante destacar que la magnitud y los efectos de las remesas varían entre países. Por ejemplo, recientemente las remesas a El Salvador y Guatemala han superado los siete mil millones de dólares anuales en cada país, mientras que en Panamá y Costa Rica han sido en promedio de seiscientos millones de dólares. La contribución de estas transferencias ya representa más del 20% del ingreso nacional en muchos de estos países (ver cuadro 10).

Cuadro 9. Remesas a Centroamérica (US$000, 1980-2022

País	1980	1990	2000	2010	2012	2022
Costa Rica	4000	47 703	120 384	509 000	530 000	629 778
El Salvador	10 880	322 105	1 750 700	3 539 500	3 650 000	7 741 411
Guatemala	26 000	106 600	563 439	4 127 000	4 377 000	19 407 779
Honduras	2000	50 000	409 600	2 527 000	2 862 000	8 686 862
Nicaragua	11 000	73 554	320 000	966 000	1 053 000	3 203 000
Panamá	65 000	110 000	160 000	297 000	592 000	601 745
Centroamérica	118 880	709 962	3 351 912	12 065 500	13 064 000	40 270 577
República Dominicana				3 682 900	4 045 000	9 857 000

Fuente: bancos centrales de cada país.

Cuadro 10. Remesas como porcentaje del producto interno bruto

País	1990	2000	2010	2015	2020	2021	2022
Costa Rica	0.2	0.9	1.4	1	0.8	0.9	1
El Salvador	7.6	15	18.8	18.2	24.1	26.1	26.7
Guatemala	1.6	3.1	10.4	10.4	14.7	17.9	20
Honduras	1.3	6.6	16.5	17.5	23.5	25.3	28.8
Nicaragua	-	6.3	9.4	9.4	14.7	15.3	22.2
Panamá	1.7	0.1	1.4	1	0.8	0.9	0.9
R. Dominicana			7	7	10	11	10

Fuente: bancos centrales de cada país.

Sin embargo, como se mencionó anteriormente, las remesas no son la única forma en que los migrantes mantienen vínculos con sus países de origen. Investigaciones previas han demostrado que las llamadas telefónicas, los mensajes de texto, las visitas al país de origen y el consumo de alimentos importados, entre otros, también generan ingresos adicionales para el país de origen. Además, se suman la construcción de activos a través de ahorros e inversiones, así como las actividades filantrópicas de los migrantes.

Los hogares receptores de remesas tienen la capacidad de acumular ahorros significativos con el tiempo. *Las remesas tienen un efecto directo en el aumento de la renta disponible, lo que se convierte típicamente en una acumulación de ahorros.* Esto no significa que las personas planifiquen destinar las remesas al ahorro, sino que reservan y acumulan parte de su ingreso total, que incluye las remesas. Estos ahorros crecen a medida que aumenta el ingreso disponible.

En cuanto a las remesas dirigidas a Guatemala, Honduras y Nicaragua, se observa que entre el 60% y el 40% de los receptores de remesas ahorran una parte de esos fondos (The Dialogue, 2023). Un número sustancial de beneficiarios ahorran, sin importar su género, localización rural, edad o ingreso. Sin embargo, se nota que en Guatemala, a pesar de tener una mayor dependencia de las remesas, la proporción de beneficiarios que ahorran es superior en comparación con Nicaragua. Esto se debe en parte a que la población de dependientes de remesas en Nicaragua suele tener ingresos más bajos en general, lo que crea una mayor necesidad de destinar esos fondos al consumo básico, especialmente entre aquellos que reciben remesas desde Costa Rica (que son de menor cuantía que las que proceden de Estados Unidos). En todos los casos, las personas que ahorran están entre los que reciben más remesas.

En el caso de los dominicanos, al igual que otras nacionalidades centroamericanas que viven en el extranjero, demuestran su compromiso con su patria a través del apoyo a sus familias y comunidades, incluso participan en el escenario político. En el ámbito económico, más del 80% de los dominicanos envía dinero a su país. Este volumen prácticamente se ha duplicado en un período de cinco años, entre 2015 y 2020. Este aumento se atribuye en parte al hecho de que los dominicanos que residen en Estados Unidos están enviando una mayor cantidad de dinero en términos de monto remitido y con una frecuencia más constante. Esta es una característica importante de los remitentes dominicanos, quienes envían remesas más de quince veces al año, con un promedio de más de trescientos dólares por envío. En 2005, este grupo enviaba un promedio de doscientos dólares, mientras que quince años después, esta cifra se ha incrementado a trescientos dólares. (ver cuadro 11 y figuras 9 y 10).

Cuadro 11. Remesas a República Dominicana, 2010-2022

Año	Remesas (US$,000,000)	Porcentaje del PIB
2010	3682.9	7%
2011	4008.4	7%
2012	4045.4	7%
2013	4262.3	7%

2014	4571.3	7%
2015	4960.8	7%
2016	5260.8	7%
2017	5911.8	7%
2018	6494.1	8%
2019	7087.0	8%
2020	8219.3	10%
2021	10 402	11%
2022	9857	10%

Fuente: Banco Central de República Dominicana y Banco Mundial.

Figura 9. Remesas por país de envío

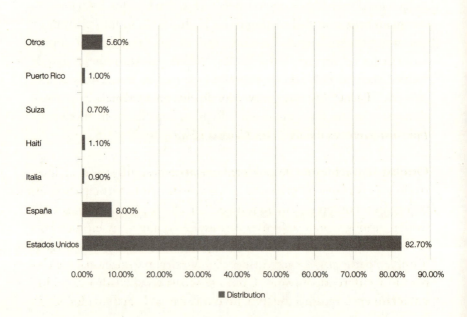

Fuente: Banco Central de República Dominicana.

Figura 10. República Dominicana. Cantidad promedio enviada por los dominicanos desde Estados Unidos

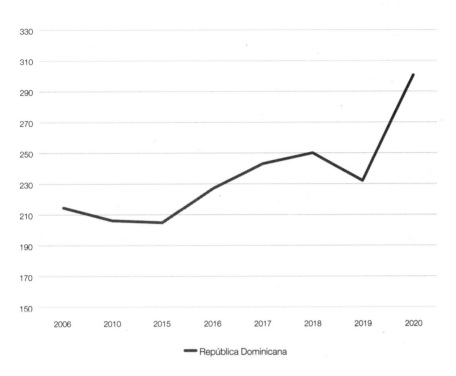

Fuente: Datos del proveedor de servicios de remesas.

Inversión y comercio nostálgico en Centroamérica

Otro aspecto relevante de la contribución de los inmigrantes al desarrollo en sus países de origen se da por medio de la participación en inversión y comercio. Además de enviar dinero, los migrantes centroamericanos visitan sus países, mantienen contacto telefónico con sus familias y adquieren productos importados de su lugar de origen. También participan en actividades de inversión transnacional, de comercio y emprendedurismo. Como se señala en el cuadro 12, el involucramiento transnacional incluye una gama de actividades. Cada una de las formas de acercamiento tiene, a su vez, importantes impactos en las economías locales.

Cuadro 12. Vinculación transnacional (entre migrantes que envían remesas)

Tipo de vinculación	% Encuestados
Viaja a su país por lo menos una vez al año	32.0%
Gasta más de mil dólares durante su viaje	55.9%
Llama a casa por lo menos una vez a la semana	61.0%
Gasta por lo menos veinte minutos por llamada	63.0%
Compra productos importados de su país (comercio nostálgico)	88.4%
Envía más de trescientos dólares por cada remesa	31.0%
Envía remesas por uso en un negocio	8.0%
Envía remesas por uso en una hipoteca	12.0%

Fuente: Orozco, Lowell, Bump y Fedewa (2006).
Encuesta de migrantes latinoamericanos y caribeños en Estados Unidos.
Transnational Engagement, Remittances and their Relationship to Development in Latin America and the Caribbean.

Gracias al consumo cotidiano de comidas, bebidas y otros productos que provienen de su país de origen, los migrantes establecen vínculos comerciales importantes con sus lugares de procedencia. Esto, a su vez, fomenta factores clave para el crecimiento económico y la diversificación, cualidades de gran importancia en las economías locales. El comercio nostálgico es significativo con un fuerte porcentaje de migrantes consumiendo diferentes productos. Con casi un 90% de los migrantes consumiendo el equivalente a más de mil dólares al año en bienes importados desde sus países de origen, el valor de este tipo de comercio se vuelve significativo (ver cuadro 13).

Cuadro 13. Consumo de productos nostálgicos

Características		Consume productos nostálgicos (Estados Unidos, escala nacional, 2008)	Consume productos nostálgicos (Washington D. C., 2014)
Generación	Migrante de 1.ra generación	89%	88%
	2.da o 3.ra generación	N/A	92%
Género	Femenino	91%	96%
	Masculino	88%	83%
Ciudadanía	Ciudadano/a EE. UU.	90%	95%
	No ciudadano/a EE. UU.	89%	84%

Fuentes: Diálogo Interamericano
(2008 y 2014). Encuestas de migrantes.

Aún y aun cuando las personas migrantes demandan una amplia variedad de productos nostálgicos, aquellos con más alta demanda pueden ser identificados mediante encuestas e investigación en las tiendas donde realizan las compras. Entre los migrantes salvadoreños, hondureños y guatemaltecos, al menos una tercera parte afirma consumir quesos de sus países de origen. Las frutas (en especial los mangos) fueron mencionados por migrantes de todas las regiones, así como el arroz, ropa y especias. Algunos productos específicos variaron según el país de origen. El cuadro 14 aporta detalles acerca de los productos de consumo más comunes según el país de origen.

Cuadro 14. Principales productos consumidos, selectos países de origen

Nacionalidad	Principales productos consumidos por categoría	% encuestados que consumen esta categoría de producto	% de todos los productos consumidos	Productos específicos en esta categoría
Salvadoreño	Queso	27%	14%	Cuajada, queso seco, otros quesos
	Frijoles	36%	9%	
	Frutas	22%	8%	Mango, jocote, otras frutas
	Arroz	38%	8%	
Hondureño	Frutas	33%	33%	Plátano, sandía, otros, melones, mango
	Queso	33%	15%	
	Crema	25%	11%	
Guatemalteco	Queso	38%	14%	
	Jabón	25%	10%	

Fuentes: Diálogo Interamericano (2014).
Encuesta de migrantes; Estudio de guatemaltecos (2018).

El turismo como otra forma de contacto

El turismo de la diáspora dominicana es otro factor muy importante para el país. Según datos del Banco Central de la República Dominicana (2023), anualmente, más de un millón de dominicanos residentes en el exterior visitan su país de origen, representando aproximadamente el 20% de la totalidad del turismo y aportando más de 1.7 mil millones de dólares en concepto de gastos durante su estadía. Además, la duración de sus visitas supera en más del doble la de los turistas extranjeros que visitan el país. Este aumento en las visitas de los dominicanos a su tierra natal se relaciona directamente con la migración y las oportunidades económicas que se presentan en la actualidad (ver figura 11).

Figura 11. Visita a República Dominicana de su diáspora

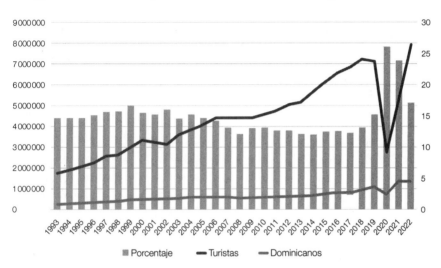

Inversión de la diáspora en los países de origen

Además de las actividades de consumo en Estados Unidos, la diáspora contribuye a la formación de negocios en sus países de origen aportando directa e indirectamente capital, conocimientos y trabajo. Estas contribuciones, a su vez, tienen impactos sobre el desarrollo, en especial en países con limitado desarrollo económico y bajos índices de crecimiento.

Cerca de la mitad de quienes migran cuentan con ahorros o inversiones, tanto formales como informales, en montos que se acercan a los dos mil setecientos dólares, en promedio. Además, un 8% de los migrantes declara que su ahorro tiene como propósito específico la inversión en un negocio. Sin embargo, se observan diferencias entre los grupos según su nacionalidad: un 6% de salvadoreños, el 2% de los guatemaltecos y el 14% de los hondureños encuestados reportan ahorrar con la finalidad de invertir. Los detalles de este hallazgo se resumen en el cuadro 15.

Cuadro 15. Inversión y ahorros de la diáspora

	Pro-medio	Centroamérica			Otros latinoamericanos y caribeños				
	Promedio	El Salvador	Guatemala	Honduras	México	República Dominicana	Nicaragua	Colombia	Ecuador
Ahorra o invierte de alguna manera (%)	49.0	45.8	60.6	60.4	35.0	28.0	53.6	50.5	70.0
Ahorra para invertir en un negocio (%)	8.0	6.1	1.7	14.1	2.4	0.0	16.9	18.9	2.9
Monto promedio ahorrado ($) por parte de las personas migrantes que ahorran	2704	2027	1994	3422	2025	2129	3040	3322	3322

Fuente: Diálogo Interamericano (2014). Encuesta de mil migrantes.

El emprendimiento y la inversión de un migrante en su país de origen pueden ocurrir en diversos momentos del ciclo migratorio. Por
ejemplo, algunos regresan a su país de origen y gracias a las habilidades,
redes profesionales o capital que han acumulado en su trabajo en el
extranjero, comienzan sus propios negocios (Wadhwa, 2011). En otros
casos, los migrantes invierten en negocios en sus países de origen mientras residen en el extranjero. De acuerdo con un informe reciente del
Fondo Internacional para el Desarrollo Agrícola (FIDA/IFAD):

> Debido a los vínculos cercanos que sienten las personas que vi-
> ven fuera con sus comunidades de origen ´en casa´ las personas de la
> diáspora que invierten no solo se encuentran bien informadas acerca
> de las oportunidades en sus países de origen, sino que además se en-
> cuentran más dispuestas a invertir en mercados frágiles que los inver-
> sionistas extranjeros. (s.f., p. 2)

A modo de conclusión

Este trabajo presenta distintas dimensiones de las dinámicas migratorias tanto en Centroamérica como en República Dominicana, resaltando especialmente la creciente intersección entre migración y desarrollo. Se abordan tanto los determinantes que la causan como sus
efectos económicos.

En este fenómeno es importante tomar en cuenta tres consideraciones.

En primer lugar, la migración no solo es un síntoma de las consecuencias de la exclusión y la expulsión, sino también un reflejo del
tipo de calidad de vida en el que se vive en estos países. En la medida
en que la migración irregular continúe, esta se manifestará en la satu-
ración de los centros de contención, más continuidad de la emigración y la demanda de modelos de vida global incluyentes. La inclusión e integración de personas es vital dentro de la política pública y
tiene efectos positivos en el largo plazo tanto para las poblaciones
migrantes como para los países receptores.

En segundo lugar, la realidad migratoria como un producto de
problemas de Estado de derecho y mal rendimiento económico, re-

salta la importancia de asumir el riesgo de invertir en capital humano y de aparejar la política migratoria con la política exterior para impulsar reformas políticas (Orozco, 2023). La temporalidad de las políticas migratorias no puede demorar la resolución de los problemas existentes ni el mejoramiento de la calidad de la democracia. Es decir, la presencia de un Estado fallido o casi fallido no es estática, por ejemplo, no siempre termina en expulsión, sino también podría terminar en implosión, creando efectos sociales epidémicos desastrosos, como la delincuencia entre migrantes, la violencia como forma de rebelión o la marginalización ante la globalización. En este sentido, es importante alinear el compromiso democrático y de desarrollo antes de que sea muy tarde para la región.

En tercer lugar, el ámbito y la magnitud de los vínculos transnacionales es constitutivo de la globalización y del desarrollo económico, toda vez que son fuerzas económicas determinantes del futuro económico de estas sociedades. En el centro de estos lazos están las diásporas, cuyos sujetos representan una fuerza política en el escenario futuro. Paradójicamente, las diásporas representan y resumen la conectividad, flexibilidad y portabilidad humana. Solo en 2022, la diáspora latinoamericana y caribeña envió ciento cincuenta mil millones de dólares en remesas, de los cuales cincuenta mil millones provinieron de los países reportados en este trabajo. Las experiencias positivas de apalancamiento para el desarrollo no se deben desaprovechar.

¿Un nuevo momento Esquipulas para una Centroamérica en crisis? Elementos para un nuevo enfoque en las relaciones con la Unión Europea

José Antonio Sanahuja
Francisco Javier Verdes-Montenegro

Introducción

¿A qué retos ha de responder en la actualidad la relación entre la Unión Europea y Centroamérica? Este interrogante reclama una nueva respuesta atendiendo a los cambios que han experimentado ambas regiones y a los que comporta un escenario global en profunda transformación. La argumentación de este capítulo se despliega en tres direcciones: en primer lugar, que esas relaciones deben fortalecer los vínculos asociativos de ambas regiones y, con ello, su autonomía relativa ante un mundo de creciente rivalidad geopolítica entre superpotencias, pero aún necesitado de gobernanza, reglas y certidumbre.

En segundo lugar, esa asociación ha de contribuir a fortalecer la democracia a través de la preservación y el fortalecimiento de la institucionalidad democrática, de sus bases socioeconómicas y de una adecuada provisión de bienes públicos, como la seguridad ciudadana, a fin de hacer frente a la deriva autoritaria que se observa en la región.

En tercer lugar, y relacionado con lo anterior, se debe promover una asociación económica y de cooperación renovada para afrontar los retos de desarrollo de ambas regiones, tanto los que ya existían como los que ha generado la COVID-19. Esta pandemia ha supuesto un duro golpe a la cohesión social en sociedades ya marcadas por las desigualdades profundas y que se entrecruzan. Se trata de establecer alianzas para el desarrollo que impulsen una recuperación transformadora de amplio espectro: digital, verde, así como social, que sirvan como palanca para cumplir con la Agenda 2030 (Sanahuja, 2022c).

Se trata de retos imperativos para la relación entre ambas regiones. Antes ya de la aparición de la pandemia de la COVID-19, Centroamérica atravesaba múltiples crisis que apuntaban a una situación de extrema gravedad, especialmente en cuatro de los países que la integran: El Salvador, Guatemala, Honduras y Nicaragua. Lejos de mejorar, la pandemia y los efectos de la guerra en Ucrania las han agravado, sumándole elementos nuevos y un mayor sentido de urgencia. Dicha situación no es, obviamente, comparable con lo que experimentó esta región durante la década de 1980, en la que los conflictos armados, las violaciones masivas de los derechos humanos y los desplazamientos forzados de población llegaron a afectar a alrededor del 10% de la región.

Ahora bien, a pesar de ello se puede afirmar que la situación que atraviesa Centroamérica desde 2020, y posiblemente desde antes, representa la peor crisis que ha experimentado la región desde los años ochenta. Por ello, como se expondrá en este trabajo, es preciso plantear la necesidad de un nuevo *momento Esquipulas* para la región y sus socios externos, entendido este como un tiempo político que requiere soluciones concertadas a los problemas estructurales de la región, en clave de democracia, derechos humanos, desarrollo socioeconómico, seguridad, migraciones y emergencia climática.

La crisis actual no es parte de un enfrentamiento estratégico entre bloques en conflicto, pero en ella se cruzan, como variables causales, las particulares dinámicas de cada país con las propias de una etapa de inestabilidad sistémica derivada de la crisis de la globalización y del orden internacional, aún más debilitado a causa de la guerra de Ucrania. Todo ello supone, para América Latina y para la subregión centroamericana, un escenario más adverso para sus procesos de desarrollo y menor capacidad como región para hacer frente a problemas de carácter transnacional y riesgos globales ante los que estos países no pueden responder en solitario (Sanahuja, 2022b).

La declaración de Esquipulas, firmada por los presidentes centroamericanos hace más de treinta y cinco años para poner fin a los conflictos que asolaban la región, ampliamente abordada en otros trabajos, es un hito fundamental en la historia centroamericana. Aunque supone un momento de claro protagonismo de los cinco países firmantes —Costa Rica, Guatemala, El Salvador, Honduras y Nicaragua—, también contó con el impulso y sostén de otros actores en juego, como los países latinoamericanos organizados en torno al Grupo de Contadora, el Grupo de Apoyo y el posterior Grupo de Río, que funcionaron como espacios de diálogo político y de concertación regional. No menos importante fue el papel de actores extrarregionales, como la entonces Comunidad Europea que, tratando de separar el conflicto centroamericano de la pugna Este-Oeste, buscó establecer espacios de autonomía mutua tanto para los países centroamericanos como para aquellos a los que brindaba apoyo en el resto de América Latina, como para la propia Europa (Sanahuja, 1994; 2021).

En la actualidad, Centroamérica y su crisis, pese a sus múltiples causas y manifestaciones, tiende a ser vista a través del limitado prisma de la cuestión migratoria, y la aproximación a esta cuestión ha sido a menudo eminentemente securitaria. Es el caso particular de Estados Unidos, pero también, de manera creciente, de México, en gran medida debido a la fuerte influencia de su vecino del norte.

En este capítulo se argumentará la necesidad de que la Unión Europea, como socio extrarregional, aborde la crisis centroamericana desde una aproximación que, como en el proceso de Esquipulas, se caracterice por los siguientes elementos: por un lado, el reconocimiento del carácter multidimensional de la crisis y, en particular, de los vínculos entre la agenda del desarrollo socioeconómico y la lucha contra la pobreza y la desigualdad, la promoción de la democracia, la mejora de la seguridad ciudadana, y las migraciones, en aras de abordar de manera integrada los problemas estructurales de la región.

Además, se planteará el carácter concertado, a través del diálogo político, que ha de caracterizar la relación y la cooperación entre ambas partes, así como la búsqueda de autonomía por parte de los países implicados. Para ello, primero se expondrán los ejes que caracterizan la crisis en Centroamérica, motivo por el cual se precisa adoptar un enfoque multidimensional en su abordaje; luego, se desarrollarán con mayor detalle cada uno de estos ejes. El capítulo se cerrará con un breve balance y recomendaciones en torno al papel a desempeñar por la Unión Europea y la definición de una estrategia global para la subregión.

Una crisis multidimensional: los ejes de la crisis centroamericana

La crisis en Centroamérica tiene distintas expresiones en cada uno de los países, con especificidades propias de cada contexto nacional, si bien se observan varios ejes comunes que se exponen a continuación.

En primer lugar, destaca una profunda crisis de gobernabilidad democrática, en la que convergen tendencias sociales de fondo, como la creciente insatisfacción con el funcionamiento de unas democracias que se han visto erosionadas por la fragilidad institucional, la violencia y la inseguridad ciudadana, la penetración del crimen organizado en las estructuras del Estado y la impunidad. A ello se suma la deriva autoritaria que, relacionada con todo lo anterior, se registra en algunos países de la región, como Nicaragua y El Salvador, y que ya supone serias violaciones a los derechos humanos.

Un segundo aspecto compartido es la persistencia de la pobreza y las desigualdades de ingreso y de género, tanto entre la población rural como en la urbana y que afecta a la población indígena, como reflejo de dinámicas de exclusión muy arraigadas en las estructuras económicas, sociales y políticas vigentes. Algunos de los países centroamericanos presentan cifras que se encuentran entre las peores de América Latina e incluso a escala mundial. El retroceso socioeconómico producido por la pandemia de la COVID-19 sumado a los efectos económicos de la invasión rusa a Ucrania han supuesto un retroceso aún mayor en estos ámbitos.

Como tercer elemento común cabe destacar la creciente vulnerabilidad de la región al cambio climático, con una mayor intensidad y recurrencia de fenómenos meteorológicos extremos, como sequías, inundaciones y huracanes. La región centroamericana combina una elevada propensión a este tipo de desastres, así como a aquellos de origen geológico (terremotos, vulcanismo) con una gran biodiversidad y, por ello, con ecosistemas de gran fragilidad. Todo en un contexto de instituciones frágiles, reducida capacidad estatal y sociedades vulnerables.

Finalmente, un cuarto eje común es la crisis migratoria que se agrava, con cifras récord de salidas y de llegadas, así como de detenciones tanto en México como en Estados Unidos, con los países centroamericanos como protagonistas de buena parte de estos desplazamientos. Así, entre octubre de 2021 y 2022, según datos de la oficina de Aduanas y Protección Fronteriza de Estados Unidos, 2.8 millones de inmigrantes en situación irregular han sido detenidos en ese país. Además de México (823 000), estos migrantes proceden, mayoritariamente, de cuatro países centroamericanos: Nicaragua (164 600), El Salvador (97 000), Guatemala (238 000) y Honduras (214 000) (Deutsche Welle, 2022). A los migrantes aprehendidos en Estados Unidos se suman otros 444 439 migrantes en territorio mexicano, un 44% más que el año anterior (Santos, 2023). Esas cifras agregadas engloban situaciones específicas de riesgo, como las que sufren las mujeres migrantes, así como situaciones de gran vulnerabilidad, como la que representan las/los menores, especialmente aquellos no acompañados de adultos.

Con estructuras socioeconómicas muy distintas y una democracia asentada, Costa Rica es en gran medida la excepción regional a estas dinámicas. Ahora bien, esto no significa que la pandemia no haya afectado su economía fuertemente dependiente del sector turístico, ni que sea ajena a las consecuencias de esta crisis regional en áreas como la seguridad ciudadana, el crimen organizado y la deriva autoritaria de sus vecinos. En particular, Costa Rica ha tenido que acoger crecientes flujos de refugiados y migrantes procedentes, sobre todo, de Nicaragua, cuya recepción requerirá de mayor apoyo externo.

Al mismo tiempo, Costa Rica puede ser también un país clave para el despliegue de iniciativas políticas de alcance regional, con el apoyo de socios externos, que contribuyan a promover la democracia y un desarrollo más inclusivo y sostenible. Un ejemplo de ello es la Alianza para el Desarrollo en Democracia que lanzó en septiembre de 2021 este país junto con República Dominicana y Panamá, a la que se incorporó posteriormente Ecuador. Esta experiencia es un ejemplo del *minilateralismo* que se observa en la región, ya que estos cuatro países —dos de ellos centroamericanos— pretenden trabajar de forma concertada en distintas materias (comercio, inversiones, investigación, educación superior, migraciones, etc.), al mismo tiempo que promocionan la democracia y los derechos humanos, con énfasis en la situación nicaragüense y, más recientemente, en la guatemalteca (Osborn, 2022).

Todo ello justificaría, igualmente, hablar de un *momento Esquipulas* para la región, lo cual implicaría una relación renovada con Costa Rica por parte de sus socios externos. La Unión Europea no debiera seguir viendo a este país o a Panamá únicamente en clave de una cooperación avanzada cuyos niveles de renta más elevados los sitúan en proceso de *graduación* y, por tanto, que dejan de ser receptores de ayuda externa. Son países, más bien, que se encuentran en una particular situación de *desarrollo en transición* en la cual sigue habiendo importantes retos a afrontar y, al mismo tiempo, son socios relevantes en distintas agendas de desarrollo tanto nacionales, regionales como globales. Además, también son socios preferentes para una estrategia política más amplia, en la que se aborde la crisis regional atendiendo a su carácter multidimensional y no solo, ni principalmente, en clave migratoria.

De esta manera, la Unión Europea puede seguir afirmando una posición propia como socio de la región, basada en su larga y rica trayectoria, así como el acervo de diálogo político y cooperación con Centroamérica. Esa posición diferenciada, basada en su propio enfoque de desarrollo, responde a su vez a la visión de *autonomía estratégica* preconizada en sus relaciones con otros actores presentes en la región, como Estados Unidos.

La dimensión económica de la crisis: caída del PIB, espacio fiscal reducido y deuda en ascenso

América Latina en conjunto ha salido de la pandemia con mayor vulnerabilidad ante las consecuencias económicas y sociales de la guerra de Ucrania, tales como el aumento de los precios de la energía y los alimentos, la inflación y políticas para atajarla que, a su vez, dañan el crecimiento. Aunque estas secuelas afectarían a todos, algunos de los países más expuestos se encuentran en Centroamérica y en el Caribe de habla hispana (Economist Intelligence Unit, 2022). Estos impactos se estarían trasladando a los mercados de materias primas, debilitando las cadenas de suministros, principalmente en los productos asociados con alimentos, metales y minerales, así como el petróleo y sus derivados. Con ello, el principal impacto que ocasiona la guerra en Ucrania se traduce en el incremento de la inflación. Algo que trasciende a las *commodities* e irradia al resto de productos que componen la canasta básica (Alvarado, 2022).

Antes de la crisis, Centroamérica venía creciendo a su menor ritmo en más de un siglo, y la pandemia de la COVID-19 llevó a la mayor caída en varias décadas durante 2020, un 6.6%, aun con variaciones por países. Aunque en 2021 se ha registrado una recuperación, según las estimaciones de la CEPAL que se recogen en el cuadro 1, esta ha sido lenta y desigual y hasta 2022 no se recuperaría lo perdido en ese año (CEPAL, 2021b). Por otro lado, se observa una ralentización del crecimiento desde 2022 que persistirá, de acuerdo con la CEPAL, al menos hasta 2024 (CEPAL, 2023).

Cuadro 1. América Central. Evolución del crecimiento del PIB

	2019	2020	2021	2022	2023*	2024*
América Central	2.4%	–6.6%	5.5%	3.9%	3.3%	2,8%
Costa Rica	1.8%	–4.8%	3.7%	3.5%	3.8%	3.4%
El Salvador	2.2%	–8.6%	7.5%	2.5%	2.1%	1.8%
Guatemala	3.3%	–2.5%	4.6%	3.7%	3.4%	3.1%
Honduras	2.9%	–8%	5%	3.5%	3.4%	2.6%
Nicaragua	–5.3%	–4%	2.5%	3.5%	2.4%	2.1%
Panamá	3.5%	–11%	12%	7.4%	5.1%	4.2%

*Previsiones. Fuente: CEPAL

Desde la COVID-19, y ya desde antes, estos países arrastran niveles altos de deuda pública, desequilibrios externos y alta inflación, además, ninguno de ellos es un importante exportador de materias primas. En este entorno, el endurecimiento monetario interno y de Estados Unidos es un lastre para el crecimiento y la solvencia crediticia, lo que aumenta la posibilidad de una crisis financiera y ser el caldo de cultivo de nuevas protestas sociales. También enfrentan problemas los grandes exportadores de *commodities*, a pesar del aumento de los precios, además de lidiar con las tantas veces pospuestas reformas fiscales (CEPAL, 2022a; Economist Intelligence Unit, 2022).

Esto ocurre, a su vez, en una región en la que ya existía un elevado grado de descontento e insatisfacción con el funcionamiento de la democracia y las políticas públicas. No debe descartarse, con todo ello, el riesgo de revueltas sociales o crisis políticas aún más profundas. Sin respuestas adecuadas, se agravarán las fracturas sociales, lo que complica la reformulación del contrato social, abonando el terreno para el ascenso de fuerzas autoritarias. Ese escenario también favorece que algunos actores externos utilicen la asistencia bilateral o la financiación de contingencia con objetivos de política de poder.

Los países de la región han tenido un espacio fiscal muy reducido para hacer frente a la pandemia, aumentando el gasto sanitario y la puesta en marcha de programas de apoyo a la renta de los más vulnerables, a las empresas y al tejido productivo. En 2020 el déficit fiscal se situó en torno al 8% del PIB en Costa Rica, 9% en El Salvador, 5% en Guatemala y 4% en Honduras, Nicaragua y Panamá. Sin embargo, durante 2022, según datos de la CEPAL (2023), estas cifras se atenuaron presentando incluso superávit del 1.3% en Nicaragua. Por su parte, Costa Rica presenta un déficit fiscal del 2.5%, El Salvador en torno al 1.8%, Guatemala un 1.7% y Panamá se sitúa en el 4.3%.

En paralelo, la deuda pública experimentó un fuerte aumento. Según datos de la CEPAL, desde finales de 2019 hasta el cierre de 2020, esta creció en promedio un 17% en la región. Para diciembre de 2020, representaba el 67.5% del PIB en Costa Rica; 69.8% en Panamá; 58.7% en El Salvador; 58.9% en Honduras; 50% en Nicaragua y 28.8% en Guatemala. De 2021 al final de 2022 el incremento nominal de la deuda fue del 6.2%, a pesar de que en términos del

PIB se redujo 2.2% (incluida República Dominicana). Concluyendo 2022, las cifras se mantienen similares con un 79.2% en Costa Rica; 63.8% en Panamá; 77.2% en El Salvador, 50% en Honduras, 63.9% en Nicaragua y 30.1% en Guatemala. Además, la mayor parte de los países de la región se vieron sometidos a una reducción de la calificación de riesgo soberano por parte de las agencias calificadoras más importantes, lo que supone una dificultad adicional para acceder al financiamiento externo.

En términos de acceso a recursos externos, durante la pandemia sorprende la resiliencia de los flujos de remesas familiares, que tienen una creciente participación en el PIB, por lo que están desempeñando un papel central en apoyar la dinámica económica de la región. Pese a observarse una leve desaceleración, se espera que estas cifras sigan creciendo, si bien a unos montos más cercanos al período prepandemia. En 2020 alcanzaron unos 25 800 millones de dólares y en 2022 aumentaron hasta 38 920 millones de dólares, con un peso de las remesas en El Salvador y Honduras equivalente al 24.2% y 28.4%, respectivamente de su PIB (BID, 2023). Este hecho, no obstante, tiene también consecuencias desfavorables para los migrantes, ya que puede alimentar *trampas de pobreza* para esas personas, así como dificultar su integración en los países de acogida.

Mientras América Latina recibió un total de cincuenta y un mil millones de dólares de la nueva emisión de Derechos Especiales de Giro (DEG), en América Central la cifra equivale a tres mil cuatrocientos millones de dólares, es decir, un 6.5% de lo que se asignó a toda la región. El escaso espacio fiscal, sumado a las señales de que la Reserva Federal comenzará a subir sus tasas de interés, genera preocupación por el encarecimiento de la deuda en un escenario de desaceleración económica. Por ello, la emisión de DEG debería complementarse con mecanismos que permitan la reasignación de los no utilizados por países ricos, junto con otras fuentes de financiamiento, a través de fondos multilaterales —por ejemplo, la propuesta costarricense del Fondo de Alivio de la Economía COVID-19 (FACE, por sus siglas en inglés)—. Esto facilitaría la transferencia de liquidez desde los países avanzados hacia los países en desarrollo.

Vulnerabilidad social y ambiental, pobreza y crisis alimentaria

La ralentización del crecimiento económico y el impacto de la pandemia han afectado también a los indicadores sociales de la región, en particular a los referidos a la pobreza y la pobreza extrema, que en algunos países centroamericanos se encuentran entre los más altos de América Latina y el Caribe. Aquellos países, para los que hay información disponible, muestran que con la pandemia se han perdido entre uno y dos años de avances en este ámbito (CEPAL, 2022b).

Cuadro 2. Pobreza y pobreza extrema en América Central

PAÍS	Pobreza extrema				Pobreza total			
	2018	2019	2020	2021	2018	2019	2020	2021
Costa Rica	4.0%	3.4%	4.0%	3.7%	16.1%	16.5%	19.4%	17.3%
El Salvador	7.6%	5.6%	8.3%	–	34.5%	30.4%	30.7%	–
Honduras	19.4%	20.0%	–	–	55.7%	52.3%	–	–
Panamá	6.8%	6.6%	–	5.7%	14.6%	14.6%	–	15.6%
Guatemala*	15.4%	–	–	–	50.5%	–	–	–
Nicaragua*	18.3%	–	–	–	46.3%	–	–	–

*Los datos referentes a Guatemala y Nicaragua corresponden al año 2014. Fuente: CEPAL.

En relación con la desigualdad, el coeficiente de Gini es el indicador que se utiliza para medir de 0 a 1 la diferencia de ingresos en cada uno de los Estados, siendo Centroamérica una de las regiones más desiguales del planeta bajo este parámetro. Los últimos datos recogidos al respecto (CEPAL, 2022b) arrojan las siguientes cifras en términos de desigualdad: Costa Rica cuenta con 0.501 en 2021, El Salvador con 0.421 en 2020, Guatemala con 0.535 en 2014, Honduras con 0.494 en 2019, Nicaragua con 0.495 en 2014 y Panamá con 0.519 para el año 2021. La media de la región centroamericana se ubica en un 0.494, casi medio punto por encima de la media sudamericana, situada en 0.447.

Así, el cruce de distintas crisis ha agudizado la situación de desnutrición y hambre. Se estima que 2.5 millones de personas se encuentran en situación de inseguridad alimentaria aguda en Guatemala, con el 47%, y cerca del 50% de los niños menores de cinco años sufriendo desnutrición crónica, la tasa más alta de América Latina (FAO, 2021; OCHA, 2023a). Por su parte, en Honduras se calcula que en 2022 hay más de 2.6 millones de personas en situación de inseguridad alimentaria aguda (más del 28% de su población), donde el porcentaje de hogares con brechas en el acceso a alimentos ha pasado del 8% al 21% (FAO, 2021b) (OCHA, 2023b). En paralelo, se aprecia una doble carga de malnutrición en la región, con altos niveles de sobrepeso, así como obesidad en la población adulta, con más de 50% y 20%, respectivamente.

Si América Latina y el Caribe fue la región en desarrollo más afectada por la pandemia de la COVID-19, Centroamérica sufrió, además, la temporada de huracanes en el Atlántico más fuerte jamás registrada con treinta tormentas y huracanes en 2020, entre los cuales se pueden destacar Eta e Iota, de categoría 4 y 5, respectivamente. Por ello, entre la pandemia y el impacto de los huracanes, las necesidades de asistencia humanitaria se han incrementado en un 60%, con 8.3 millones de personas en El Salvador, Guatemala y Honduras. O lo que es lo mismo, un 25% de la población total en estos tres países. Además, los índices de pobreza han aumentado: cuatro de cada diez personas en El Salvador, cinco de cada diez en Guatemala y seis de cada diez en Honduras (OCHA, 2021).

Violencia e impunidad

Tampoco se puede perder de vista que los países centroamericanos registran altos índices de violencia, cruzados por la incidencia del crimen organizado y el tráfico ilícito de estupefacientes, donde México lidera con los principales indicadores de mortalidad con violencia. Así, en 2018 la tasa media de homicidios en estos países era 1.5 veces más alta que el promedio de América Latina en conjunto. En los últimos años se han estado aproximando las cifras del istmo centroamericano con las del resto de América Latina, si bien el registro de 2022 (18.4 homicidios por cada 100 000 habitantes) todavía queda con una tasa de homicidios superior a la media regional (equivalente a 16.4). También a nivel intrarregional se observa una progresiva convergencia en esta materia, con las mejoras en El Salvador y Honduras, y el empeoramiento de la situación que registran Costa Rica y Guatemala.

Más que significativa, sin lugar a duda, es la disminución que se observa en El Salvador, con una reducción de más de la mitad (56.8%) en un año, alcanzando así la cifra más baja de toda la subregión (7.8 homicidios por cada 100 000 habitantes). Ahora bien, conviene tener presente que este registro se obtiene a través de unos métodos por parte del gobierno de Bukele que, como se verá más adelante, pasan por encima de algunos derechos fundamentales de los salvadoreños y, en cuanto a su cálculo, se omiten las muertes en combate de miembros de pandillas (maras). En todo caso, desde 2019 la variación en el total de víctimas por homicidios es la mayor de toda América Latina, con una disminución del 79%, es decir, mil novecientas víctimas menos por año en un trienio.

Como se apunta en distintos informes, todos los países centroamericanos cuentan con municipios con altas tasas de homicidios (superiores a 25 homicidios por cada 100 000 habitantes), siendo habitualmente zonas urbanas, fronterizas o costeras y menos comunes en áreas rurales y aquellas con una elevada proporción de población indígena (Estado de la región, 2021). Por rango de edad y género, las víctimas de homicidios en Centroamérica y República Dominicana son mayoritariamente de entre dieciocho y treinta años (44%). Además, si se tiene en cuenta el tipo de homicidio, prácticamente cuatro de cada cinco homicidios se cometen con armas de fuego (78.8%) (Infosegura, 2023).

Existen impactos diferenciados, como los feminicidios, un flagelo con fuerte presencia en la realidad centroamericana a pesar de las deficiencias para cuantificarlo. De acuerdo con la CEPAL (2021), Honduras contabiliza la tasa más alta en América Latina por cada 100 000 mujeres (4.7, por un total de 227 casos), mientras El Salvador ocupa el tercer lugar con una tasa de 3.3 por 73 casos totales. En un estudio más reciente, reducido a doce países latinoamericanos, Honduras sigue siendo el país con la tasa más alta, en este caso con guarismos aún más elevados por 280 feminicidios que se traducen en una tasa de 5.3 por cada 100 000 habitantes.

Dada la ausencia de una metodología común para generar estadísticas estandarizadas sobre este delito, cabe subrayar que estas cifras son orientativas, ya que la realidad de la violencia contra las mujeres es de una magnitud y variedad más significativa de lo que se capta. Durante la implementación de las medidas de confinamiento para mitigar los efectos sanitarios de la pandemia, algunas víctimas no tuvieron forma de pedir auxilio y, si lo hacían, no eran atendidas, lo que explicaría la caída en las cifras de violencia. Al mismo tiempo, aumentaron las agresiones físicas y psicológicas contra las mujeres, a la par que otras formas de violencia, como el control a través de las redes sociales y móviles. Existe una percepción bastante amplia de que, más allá de las cifras, la crueldad con la que actúan los agresores aumentó.

Si bien algunos estudios indican que la búsqueda de mejores condiciones de vida es el principal motivo para migrar, también la situación de violencia, inseguridad o situaciones familiares son otros factores que influyen en la toma de esta decisión (OIM, 2020). Entre las mujeres, la decisión de migrar puede estar motivada por más de una causa, pero destaca la falta de oportunidades. En particular, migrar parece fortalecer el acceso de las mujeres al empleo remunerado y también su capacidad de agencia, aumentando la proporción de mujeres que trabajan como autoempleadas en un emprendimiento o negocio familiar, sobre todo fuera de la agricultura.

Crisis de la democracia y deriva autoritaria

Junto al deterioro socioeconómico, la emergencia humanitaria y la violencia, cabe no dejar de lado el desencanto democrático que se está observando en la región. La indiferencia es parte sustantiva de la decepción por el mal funcionamiento de la democracia y, según el más reciente informe de Latinobarómetro (2023), está en aumento. Guatemala y Honduras lideran la región como los países con la mayor indiferencia hacia el tipo de régimen (41%). Guatemala, además, es el país en el que menos apoyo recaba la democracia (29%) de toda América Latina, siendo el segundo país donde más ha aumentado el autoritarismo (9%).

En Nicaragua, en cambio, no se recaban datos, ya que no existen condiciones mínimas de seguridad, dado que la deriva autoritaria es evidente desde 2007, si bien se intensificó desde las elecciones presidenciales del 7 de noviembre de 2021. Estas quedaron deslegitimadas por su represión contra opositores —siete de ellos detenidos con cargos falsos— y más de treinta líderes de la sociedad civil, incluidos empresarios y periodistas, que se suman a las más de ciento cuarenta personas apresadas por motivos políticos que han sido objeto de torturas y un juicio sin garantías (IDEA, 2021). Se estima en más de trescientas mil las personas que han huido del país por motivos políticos desde 2018, refugiándose, en su mayoría en Costa Rica, donde han llegado más de setenta y siete mil nicaragüenses (ACNUR, 2021). En febrero de 2023, el régimen encabezado por Daniel Ortega y Rosario Murillo desterró del país a más de doscientos veintidós presos políticos, entre los cuales figuran políticos, empresarios, activistas y periodistas. Estos fueron declarados *traidores a la patria* e inhabilitados a perpetuidad para ejercer la función pública o cargos de elección popular, quedando en suspenso sus derechos ciudadanos de forma perpetua. A este grupo y otro posterior de noventa y tres personas, incluso se las despojó de la nacionalidad y se expropiaron sus bienes en el país.

En otros países de la región también se observan derivas autoritarias que parecen emular la senda de cooptación de otros poderes del Estado y de erosión de los débiles contrapesos que ha seguido el tándem Ortega-Murillo. El Democracy Index de la Economist Intelligence Unit (EIU) apunta que el declive regional desde 2020 fue impulsado, principalmente, por la reducción de las libertades civiles en respuesta a la pandemia de la COVID-19. Pero además de lo ocurrido en Nicaragua, la regresión democrática en El Salvador y Guatemala también tuvieron un impacto negativo en el puntaje regional promedio. El único cambio en la clasificación de países por tipo de régimen en América Latina, como se observa en cuadro 3, fue la reubicación de El Salvador, que pasó de ser una *democracia defectuosa* a la categoría, más desfavorable, de *régimen híbrido* (EIU, 2021, 2022b y 2023).

Cuadro 3. Indicadores de erosión de la democracia, por valoración y tipo de régimen (Economist Democracy Index 2019-2022)

	2019		2020		2021		2022	
	Índice	Tipo	Índice	Tipo	Índice	Tipo	Índice	Tipo
Costa Rica	8.13	Democracia plena	8.16	Democracia plena	8.07	Democracia plena	8.29	Democracia plena
El Salvador	6.15	Democracia defectuosa	5.9	Híbrido	5.72	Híbrido	5.06	Híbrido
Guatemala	5.42	Híbrido	4.97	Híbrido	4.62	Híbrido	4.68	Híbrido
Honduras	5.26	Híbrido	5.36	Híbrido	5.10	Híbrido	5.15	Híbrido
Nicaragua	3.55	Autoritario	3.6	Autoritario	2.69	Autoritario	2.50	Autoritario
Panamá	7.05	Democracia defectuosa	7.18	Democracia defectuosa	6.85	Democracia defectuosa	6.91	Democracia defectuosa

Fuente: EIU (2021, 2022b, 2023).

221

En El Salvador, en particular, se registraron desproporcionadas restricciones para dar respuesta a la COVID-19, con la vulneración de libertades civiles durante la gestión de la pandemia. Además, el presidente Nayib Bukele ha logrado que su partido se impusiera con una mayoría holgada en el Poder Legislativo y ahora está operando para doblegar el sistema de justicia a su voluntad. En mayo, reemplazó sumariamente a todos los jueces de la Corte Constitucional del país y los recién nombrados votaron en septiembre a favor de permitir que pueda optar a un segundo mandato que ya se ha formalizado en julio de 2023 con una precandidatura, a pesar de la prohibición a la reelección que figura en el artículo 152 de la Constitución salvadoreña. Además, se aprobaron dos leyes que otorgan al fiscal general y a la Corte Suprema amplios poderes para destituir a cualquier juez o fiscal con sesenta años o más, lo que ha llevado a más de cien jueces destituidos, a fin de doblegar al Poder Judicial.

Por añadidura, desde marzo de 2022 Bukele abrió paso a una serie de decretos de emergencia tras una ola de homicidios perpetrados por bandas criminales (maras) en El Salvador. Un decreto que suspendía las garantías constitucionales por treinta días para reducir la violencia relacionada con estas pandillas se ha ido extendiendo hasta en doce ocasiones y ya lleva más de un año en vigor. El hecho de que lo excepcional se haya convertido en regla ha ido acompañado de abusos y vulneraciones de derechos humanos perpetrados por las fuerzas de seguridad del Estado, incluidas sus Fuerzas Armadas, lo cual ha agravado la corrupción (WOLA, 2022). Desde entonces, más de 66 417 personas han sido detenidas (en un país con una población que supera los seis millones de habitantes), y más del 90% no ha recibido un juicio (WOLA, 2023).

Entre otros efectos, El Salvador se ha convertido en el país con la mayor tasa de encarcelamiento del mundo, con el caso paradigmático de la inauguración de una megacárcel (*centro de confinamiento de terrorismo*, según las autoridades salvadoreñas) que ha sido objeto de una campaña mediática promovida por el propio Bukele en la que se presume de las condiciones carcelarias inhumanas. Este no deja de ser un caso más en el que se proyecta una política de *mano dura* frente a las pandillas, que no está erosionando ni mucho menos el liderazgo de Bukele, más bien al contrario. Así, su popularidad no deja de aumentar, habiendo alcanzado ya el 90% de la población salvadoreña e incluso estar siendo objeto de emulación en otros países de la región, como Honduras, y con asesoramiento formalizado ya en Haití (Stefanoni, 2023).

Con menos atención mediática hasta las elecciones presidenciales de 2023, Guatemala está siendo objeto de una estrategia para limitar la participación electoral de grupos opositores y, tras la victoria inesperada de Bernardo Arévalo y el Movimiento Semilla, obstaculizar la transición electoral. Previo a las elecciones se registraron una serie de medidas adoptadas por el Ministerio Público, el Tribunal Supremo Electoral y de las cortes, afines todas ella a la candidata oficialista por la coalición Valor-Unionista, Zury Ríos, ubicada en la extrema derecha e hija del militar golpista Efraín Ríos Montt. Entre las medidas adoptadas cabe mencionar los bloqueos a candidatos como Edmond Mulet, Roberto Arzú, Jordán Rojas y Thelma Cabrera, todos ellos con opciones según las encuestas. Tras las elecciones celebradas entre junio y agosto de 2023, el sociólogo y diplomático Bernardo Arévalo se impuso en segunda vuelta con un 58% de los votos frente a Sandra Torres que obtuvo el 37%. Sin embargo, el Movimiento Semilla que encabeza este, surgido de las protestas anticorrupción de 2015, está siendo objeto de persecución política desde entonces por parte del Ministerio Público. Todo ello muestra, una vez más, las resistencias al cambio en el país y la instrumentalización arbitraria de algunas instituciones guatemaltecas clave para garantizar un proceso electoral con las mínimas garantías (Silva, 2023).

Por si fuera poco, esta erosión democrática en Centroamérica tiene otras derivadas, como el cierre de los espacios de cooperación. Por un lado, esto es evidente en el proceso de contrarreforma en materia de lucha contra la corrupción y la impunidad en la región, con los cierres impulsados por los gobiernos concernidos de las comisiones internacionales: la Comisión Internacional contra la Impunidad en Guatemala (CICIG) de Naciones Unidas en 2019, la Misión de Apoyo contra la Corrupción y la Impunidad en Honduras (MAC-CIH) de la OEA en 2020, así como la Comisión Internacional contra la Impunidad en El Salvador (CICIES), también de la OEA, en 2021.

Por otro lado, esta erosión se manifiesta, igualmente, en la proliferación de legislaciones que tratan de controlar y amordazar la actuación de ONG y defensores de derechos humanos como la Ley de Agentes Extranjeros (2020) en Nicaragua, la cual bloquea las donaciones y el financiamiento de organizaciones civiles en aras de *salvaguardar la seguridad nacional* —con treinta y cuatro ONG ya ilegalizadas—, o la reforma que pretende llevar a cabo Nayib Bukele en El Salvador (por medio de la Ley de Asociaciones y Fundaciones Sin Fines de Lucro) cuyo objetivo es centralizar, en el Ejecutivo, la financiación internacional destinada a estas organizaciones. En esta misma línea, la conocida como Ley de ONG en Guatemala confiere al Gobierno la potestad de cancelar los registros de estas organizaciones sin la necesidad de pasar por un tribunal o que exista un mecanismo de defensa, otorgándole el control sobre los fondos provenientes de la cooperación internacional. Por su parte, en el caso hondureño no se puede perder de vista la preocupación que genera el nuevo Código Penal (2020) en materia de libertad de expresión y de prensa, sin perder de vista disminuir las penas por corrupción para funcionarios y empresarios (Puerta *et al.*, 2021).

Migración y movilidad humana como factor clave de la crisis regional

La cuestión migratoria es la que ha puesto el foco en la región, con una atención renovada por parte de México, como un país tanto de tránsito como de llegada, y de Estados Unidos, como destino final. Aunque ambos países reconocen la complejidad y multicausalidad de los problemas de la región, sus iniciativas se centran eminentemente en los flujos migratorios más que en la crisis de gobernabilidad y de desarrollo más amplia que los alimentan. Se basan, en ambos casos, en respuestas de corto plazo que, en los hechos, están marcadamente securitizadas.

Por parte de Estados Unidos, la llegada a la presidencia de Joe Biden ha significado un abordaje más amplio de la crisis migratoria centroamericana. Como muestra de la importancia que se ha dado a ese asunto, ha puesto al frente de su gestión a la vicepresidenta

Kamala Harris. En menos de un año se ha aprobado una estrategia que presta más atención a sus causas, a través de cinco *pilares*: el primero, orientado a abordar la inseguridad económica y la desigualdad; el segundo, a combatir la corrupción, fortalecer la gobernabilidad democrática y promover el Estado de derecho; el tercero, a promover el respeto por los derechos humanos y laborales, así como la libertad de prensa; el cuarto, a enfrentar y prevenir la violencia, la extorsión y otros delitos perpetrados por bandas delictivas, redes de tráfico y otros grupos de criminalidad organizada; y el quinto pilar, a combatir la violencia sexual, de género y doméstica. En respuesta al *llamado a la acción* se han anunciado más de mil doscientos millones de dólares en inversiones privadas para atajar las causas de raíz —pobreza, violencia y deterioro democrático— que obligan a decenas de miles de centroamericanas a salir de sus países (Beauregard, 2021). A ello cabe incluir el programa Sembrando Oportunidades, desplegado con el Gobierno de México, como nuevo marco de cooperación bilateral con los tres países centroamericanos clave en esta cuestión: El Salvador, Guatemala y Honduras.

Por su parte, Naciones Unidas, con el impulso de México, ha planteado una respuesta más amplia con el denominado Plan de Desarrollo Integral para El Salvador, Guatemala, Honduras y el sur-sureste de México, basado en un diagnóstico que identifica una serie de problemas de fondo de la región que explicarían los flujos migratorios: (i) el crecimiento insuficiente, con baja productividad, sin capacidad de generar empleos; (ii) la pobreza y la desigualdad de la región, en la que el 10% de mayor ingreso obtiene hasta 70 veces más que el 10% más pobre; (iii) el fuerte crecimiento demográfico en las ciudades y el gran rezago rural; (iv) la vulnerabilidad y riesgos crecientes frente al cambio climático (huracanes, sequías, inundaciones); (v) la reunificación familiar; y (vi) la violencia y la impunidad (CEPAL, 2021a). Esta propuesta, lanzada en junio de 2019, contó con el apoyo de la Unión Europea, España y Alemania, sin embargo, no logró el impulso necesario por las diferencias de enfoque con la Administración Trump (Castillo, 2019), si bien la llegada de Biden a la Casa Blanca, junto con el deterioro de la situación en la región, ha renovado su interés y pertinencia.

Una estrategia global para Centroamérica: el papel de la Unión Europea

Las relaciones entre la Unión Europea y Centroamérica cuentan con un gran acervo acumulado —el más prolongado y posiblemente el más rico en toda América Latina y el Caribe— y son un referente para los intereses, los valores y la identidad y la proyección internacional de ambas regiones. Este vínculo contribuyó a la democratización de la región tras el ciclo de dictaduras de la Guerra Fría y respaldó los procesos de paz a través del Diálogo de San José (Sanahuja, 1994). De esa trayectoria parte la *asociación estratégica birregional* que se creó en la Cumbre de Río de 1999, la cual ha dado lugar a un activo diálogo político, con gobiernos y también con la sociedad civil (Tvevad, 2020). Asimismo, para fomentar el comercio y las inversiones, en clave sostenible, se firmó en 2010 un acuerdo de asociación, cuyo componente comercial se aplica, de manera provisional, desde 2013, y que está pendiente de aprobarse en su totalidad hasta que sea ratificado por todas las partes. Este mecanismo, el primero de carácter interregional, es parte de una red de acuerdos de este tipo, aún incompleta, que aspira a abarcar la mayoría de los países de América Latina y el Caribe (Domínguez, 2015; Bonilla y Sanahuja, 2022). Existe también una larga experiencia de cooperación para el desarrollo y para la gobernabilidad democrática con Centroamérica, tanto de manera bilateral como con las organizaciones regionales. Esta última es, además, un rasgo singular de la cooperación de la Unión Europea.

El acervo acumulado en el diálogo de políticas, los flujos de comercio e inversión y la cooperación para el desarrollo es, en suma, muy amplio y valioso. Ello sitúa a ambos actores en una posición ventajosa y de gran importancia para poder responder a la grave crisis que vive la región. Es la base para desplegar una estrategia renovada, de carácter integral, que abarque al conjunto de su respectiva acción exterior, incluyendo sus dimensiones político-diplomáticas y de cooperación al desarrollo. Del mismo modo, dicha estrategia permitirá dar una respuesta adecuada al reto migratorio que vive la región, la cual es una de las manifestaciones de dicha crisis, pero que, al mismo tiempo, no se limita a ella.

Esta estrategia debería permitir también el diálogo y la cooperación con otros socios —en particular, México y Estados Unidos— con posiciones propias, como expresión de la autonomía estratégica a la que aspira la Unión Europea y sus Estados miembros en su actuación global y en la relación interregional con América Latina y el Caribe en conjunto y con Centroamérica en particular (Sanahuja, 2021; Verdes-Montenegro, 2022). Es en este contexto en el que puede situarse una iniciativa de diálogo político de alto nivel con Costa Rica, como país socio y líder político afín a la Unión Europea en la región, con una agenda amplia sobre democracia y desarrollo.

Como se indicó al inicio de este capítulo, ante un mundo en transformación, el vínculo entre Centroamérica y la Unión Europea sigue siendo necesario y relevante. Se presenta hoy con un potencial y una lógica renovada en función de los intereses y los valores de ambas regiones y, sobre todo, de los retos compartidos que se enfrentan. Ello afecta a sus tres dimensiones: concertación y diálogo político, comercio e inversiones, y cooperación para el desarrollo.

Las relaciones entre la Unión Europea y Centroamérica han de responder al reto de la democracia frente a los actores iliberales que la impugnan. Es importante subrayar que esta problemática es compartida tanto con los europeos como con otros actores, como Estados Unidos. El debate birregional sobre la democracia no debiera limitarse, de forma reduccionista, a los casos más graves como Nicaragua o El Salvador. El diálogo y la cooperación en este ámbito, posiblemente, no podrá abordarse en los canales político-diplomáticos formales debido a la elevada fragmentación política presente en la región, y se deberá optar por otro tipo de geometrías, más flexibles y transversales, al igual que del concurso de la sociedad civil. El apoyo a los defensores de los derechos humanos y a las organizaciones democráticas, tanto en el exilio como dentro de los países, además de respaldar a los medios independientes, deberá cobrar más importancia.

En segundo lugar, el diálogo político y la relación renovada entre la Unión Europea y Centroamérica pueden promover una mayor autonomía de ambas regiones en un mundo caracterizado por la crisis de la globalización, la competencia geopolítica entre Estados Unidos y China y una supuesta nueva *guerra fría*, así como de una

Rusia revisionista que no ha dudado en desencadenar una guerra de agresión. Esa narrativa de bipolaridad no responde a los intereses ni de Centroamérica, de América Latina en conjunto, ni de la Unión Europea, pues las sitúa en una posición de subordinación estratégica, cuestiona su agencia al retratarlas como actores subalternos y desalienta el compromiso de los gobiernos hacia las instituciones y normas regionales y multilaterales y la cooperación internacional. Dar prioridad a la geopolítica, la seguridad, la guerra y la rivalidad estratégica significa, por otro lado, que pierden relevancia, espacio y recursos los retos societales como la democracia, los derechos humanos, la igualdad de género, el medio ambiente, la cohesión económica, social o territorial junto con el desarrollo sostenible global y la Agenda 2030.

En este ámbito hay que constatar que el diálogo político se enfrenta a las posiciones diferenciadas que se observan en la región en torno a la invasión rusa de Ucrania. El grueso de los países centroamericanos ha reaccionado a la guerra en línea con la posición mayoritaria de condena que han adoptado en el marco de Naciones Unidas los países latinoamericanos y caribeños, si bien dos de las cinco excepciones que se registran en la región proceden del istmo centroamericano. Mientras Costa Rica, Guatemala, Honduras y Panamá han condenado sin ambages la invasión rusa —eso sí, sin sumarse a las sanciones adoptadas por la Unión Europea y Estados Unidos, ni prestar apoyo militar—, El Salvador y Nicaragua figuran entre las pocas excepciones que se han abstenido en distintas votaciones que han tenido lugar en distintos foros multilaterales (Sanahuja *et al.*, 2022).

En tercer lugar, la relación birregional puede contribuir, más allá de la respuesta inmediata a la crisis de la COVID-19, a la necesaria redefinición del desarrollo económico y social, en clave de cohesión social y sostenibilidad, como demanda la Agenda 2030. Ello requiere una *triple transición*: socioeconómica, digital y ecológica, que involucra a ambas regiones y que, como elemento transversal, ha de ser un pasaje justo. Esas transformaciones ya eran necesarias antes de la irrupción de la COVID-19, uno de cuyos efectos ha sido exponer las fracturas sociales y las desigualdades de renta, género o de otra índole. La pandemia también ha hecho aflorar disfunciones en las instituciones y modos de gobernanza en cada país, en el plano regional y en el global, además de revelar debilidades y fracturas del tejido social y productivo. La recuperación pospandemia no puede ignorarlas. Hay que recordar que democracia, desarrollo con justicia y paz son aspiraciones que no se pueden lograr por separado. Por ese motivo, en esa triple transición social, digital y ecológica está también en juego la reconstrucción del contrato social, así como la viabilidad y legitimidad de la democracia. Esas transiciones plantean, de por sí, complejos dilemas socioeconómicos en términos de equidad y de justicia, que pueden ser más difíciles aún por las disrupciones socioeconómicas de la guerra de Ucrania, como es el aumento de la inflación y del precio de la energía y los alimentos.

En los países de menor desarrollo relativo de la región, como Honduras o Guatemala, para lograr esa *triple transición* sigue siendo imperativa una agenda de cooperación centrada en la inversión, vía ayuda al desarrollo. Esta inversión debe priorizar aspectos sociales como la educación, la salud, la protección de la infancia o la seguridad alimentaria. También se deben llevar a cabo acciones de mitigación y adaptación a los efectos del cambio climático. Para otros países de mayor nivel de renta, como Costa Rica o Panamá, es relevante el enfoque del *desarrollo en transición*, impulsado por el Centro de Desarrollo de la OCDE y por la CEPAL, con el apoyo de la Comisión Europea (OCDE/CEPAL, 2019; Nieto y Da Costa, 2022). Ese enfoque permite plantear unas relaciones de cooperación más horizontales e inclusivas, con menores niveles de ayuda clásica, más intensivas en el aprendizaje conjunto y el intercambio de experiencias innovadoras en las políticas públicas. Se trata de promover un espacio compartido de diálogo de políticas, de convergencia regulatoria y de transformación productiva para esa *triple transición*.

Para abordar estos desafíos, es esencial una respuesta multilateral adecuada, sobre todo en lo concerniente a las necesidades de financiación de los países en desarrollo, si es que se quiere que estos dispongan de un mínimo de liquidez y de espacio fiscal para desplegar las políticas de recuperación transformadora que requieren, o al menos, eviten el riesgo de impagos de la deuda externa, así como nuevos ciclos de austeridad que lleven a una nueva *década perdida* para el desarrollo y al incumplimiento de la Agenda 2030. El papel de la cooperación internacional y regional será clave. Se deben utilizar mecanismos innovadores, mencionado anteriormente, como el acceso a los DEG no utilizados por los países ricos. Estos mecanismos facilitarán el acceso a financiación y el tratamiento de la deuda frente a la crisis económica y social. Además, deben combinarse con las necesarias reformas fiscales para mejorar la cobertura y la progresividad de sus sistemas tributarios al mismo tiempo que movilizan recursos nacionales que ayuden a mitigar el daño y financiar una recuperación transformadora en ámbitos como la digitalización, la transición ecológica y la justicia climática (Sanahuja, 2022b).

Esas estrategias de *desarrollo en transición* también son particularmente relevantes para los procesos de integración y cooperación regional que se enmarcan en el Sistema de la Cooperación Centroamericana (SICA) y de la banca de desarrollo, a través del BCIE. Hay que recordar que, más allá de su corazón comercial, los regionalismos latinoamericanos y europeos son proyectos eminentemente políticos y sociales, que buscan tanto la paz, la estabilidad y el progreso social en cada grupo como el fortalecimiento de la democracia y una mejor inserción en las relaciones internacionales.

En cuanto al Acuerdo de Asociación Unión Europea-Centroamérica y la dimensión comercial y de inversión de las relaciones, hay un registro positivo que hay que reseñar según los datos más recientes recogidos por el estudio de evaluación *ex post* del pilar comercial del acuerdo, encargado por la Dirección General de Comercio de la Comisión Europea (BKP, 2022). Según ese estudio, en el período 2013-2019 las exportaciones centroamericanas de bienes (CA-6) a la Unión Europea aumentaron un 31% y las de la Unión Europea a este grupo un 40%. Este aumento se vio reflejado por un ligero incremento de las respectivas cuotas de mercado acompañado de una modesta diversificación de las exportaciones, aunque siempre dentro del patrón tradicional Norte-Sur de los intercambios entre ambas regiones (Grieger, 2019). Por otra parte, más allá de su positivo impacto en materia de comercio, inversiones y crecimiento económico, este acuerdo contempla mecanismos de resolución de diferencias, diálogo y cooperación que permiten abordar cuestiones regulatorias de gran relevancia.

En este contexto, el compromiso con el Acuerdo de París y las metas de descarbonización y de cuidado del medio ambiente, así como la transición *verde* exigen una combinación de apertura junto con la adopción de estándares y normas ambientales, laborales y sociales más estrictas. Supone, en otros términos, una aproximación al comercio y a la inversión con un marco regulador y con principios ambientales y geopolíticos distintos al enfoque liberal de décadas anteriores. Aquí, la clave radica en promover una mayor cooperación y diálogo. Sin estos elementos, estas normas pueden terminar siendo un nuevo proteccionismo *verde*, con nuevas barreras no arancelarias, que podría ser impugnado como intento de imponer los principios y normas europeas al resto del mundo. La Unión Europea podrá hacer uso de su poder regulatorio y de la influencia que supone el mercado interior, pero no puede actuar de manera unilateral y enajenarse apoyos. En materia de estándares sociales, medio ambiente, clima y sostenibilidad, liderar supondrá mayor diálogo político y reforzar la cooperación (Bonilla y Sanahuja, 2022, p. 292).

De hecho, los tratados de última generación ya incluyen un moderno capítulo sobre comercio y desarrollo sostenible. Sin embargo, como se ha propuesto en el Pacto Verde Europeo, será necesario añadir a cualquier convenio comercial un compromiso vinculante con el Acuerdo de París, a modo de cláusula ambiental análoga a la cláusula democrática que desde los años noventa, y de manera obligatoria, se incluye en todos los acuerdos de la Unión Europea con terceros países (Giles, 2021). En cuanto al Acuerdo Unión Europea-Centroamérica, como ya ha ocurrido con los de México y Chile, será necesaria su modernización para que pueda abarcar un mayor espectro en materia tanto de comercio de servicios como en el comercio electrónico, sobre el intercambio de información relativa a normas y estándares y en el tratamiento de los obstáculos técnicos al comercio. Además, habrá de incorporar un capítulo actualizado sobre comercio y desarrollo sostenible (TSD, por sus siglas en inglés) como los que ya existen en los acuerdos posteriores, con disposiciones más amplias en materia de protección del medio ambiente, derechos laborales y trabajo infantil, de conformidad con los tratados internacionales vigentes, y en igualdad de género.

Finalmente, Centroamérica, la Unión Europea, México y Estados Unidos comparten, aunque de diferente manera, una misma problemática migratoria. Los factores que impulsan la movilidad en y entre estas regiones son distintos, al igual que los enfoques adoptados por cada parte para abordarla. Emprender acciones destinadas a mejorar la gestión de las migraciones, atendiendo a las dimensiones anteriormente mencionadas, exige contemplar adecuadamente cuáles son los factores de atracción y empuje. Es decir, es necesario poner en el centro a los y las migrantes y su acción y, a partir de ahí, desarrollar políticas públicas que incentiven las mejores prácticas y contribuyan a afrontar las dimensiones más problemáticas. Este es el espíritu y la letra de la meta 10.7 de los Objetivos de Desarrollo Sostenible, que por primera vez incluye a la migración como un elemento de desarrollo.

Por otro lado, la seguridad humana, en el más amplio sentido, es el hilo conductor del Pacto Global, que afirma que los derechos de los y las migrantes deben estar en el centro de los esfuerzos para una migración *legal, segura y ordenada*. Cómo gestionar las migraciones de forma conjunta, de acuerdo con el Pacto Global, tanto apoyando los marcos nacionales y subnacionales como los marcos bilaterales, regionales, interregionales y multilaterales, es un reto que no se puede abordar sin tener en consideración el marco más amplio de la Agenda 2030 y del Pacto Global.

El objetivo, por tanto, sería establecer un marco renovado de diálogo político y cooperación entre la Unión Europea y Centroamérica, con una temática global de desarrollo y gobernabilidad democrática centrada en la Agenda 2030 y los ODS. Una iniciativa integral y multisectorial de esta naturaleza permitiría dar un nuevo impulso a la cooperación con esta región en el marco más amplio de una estrategia política de alto nivel situada en el eje democracia-desarrollo y seguridad.

Esta iniciativa integraría programas de cooperación técnica ya vigentes con los países de la región, como COPOLAD en materia de política de drogas —con Nicaragua como único país que no lo integra en su tercera edición— o el PAcCTO en lo que respecta al apoyo a la lucha contra el crimen transnacional organizado. Todo ello se llevaría a cabo mediante enfoques centrados en las personas, especialmente en los sectores más vulnerables, basados en evidencias científicas, integrales, equilibradas y coherentes con el resto de las políticas que vinculan a ambas regiones.

En este marco más amplio, también se podría considerar un diálogo específico sobre políticas migratorias, que abordaría cómo frenar las dinámicas más perniciosas y favorecer los vectores de desarrollo de la migración, aquellos que impulsan los propios migrantes tanto en destino como en origen, tal como reconoce el Pacto Global. La situación de las niñas, mujeres jóvenes y mujeres migrantes debe abordarse de forma particular. A partir de ahí, se podrá abordar la gobernanza de la migración en cada uno de los Estados y en esquemas regionales e interregionales (Centroamérica-Unión Europea). De igual manera, se debería identificar qué cambios normativos, qué políticas públicas y qué marcos de gobernanza nacional, regional, interregional e internacional (Unión Europea-Centroamérica, junto con México y una posible colaboración *ad hoc* con Estados Unidos) pueden contribuir a una mejor gestión de las migraciones.

Religión, poder político y la lucha por definir el rumbo en Centroamérica

Roody Reserve

Introducción

Históricamente, la religión ha ocupado un lugar preponderante en América Latina. Llegó de la mano de los conquistadores españoles, quienes con sus crucifijos emprendieron el camino de evangelización que acompañó al proceso de colonización (Di Stefano, 2010). Luego, a través de sus fieles, y particularmente de sus clérigos, los cristianos católicos se convirtieron en actores claves de la independencia en el primer cuarto del siglo XIX. Esta dinámica se observa con nitidez en Centroamérica, donde una buena cantidad de los llamados *padres de la patria* son clérigos que se destacaron por su militancia política en contra de la monarquía española de la época.

Luego de la independencia, con la institucionalidad estatal instaurada y la necesidad de organización de los diferentes intereses en juego, la religión se fue estableciendo progresivamente como un grupo de presión (Di Stefano, 2010). Aprovechando su presencia e influencia transversal, las autoridades eclesiásticas empezaron a cabildear y a presionar a los políticos en la defensa de sus intereses terrenales o espirituales. Pese al conflicto de investiduras que produjo un serio enfrentamiento entre las élites liberales y la Iglesia católica después de 1860, buena parte del siglo XIX centroamericano puede leerse en clave de manipulación religiosa: ya sea de parte de los clérigos para obtener la satisfacción de sus intereses o de parte de las autoridades políticas para lograr mayor dominación social, usando la legitimidad espiritual de la Iglesia como institución y de los hombres de Dios.

Durante el siglo xx, en el contexto de las luchas sociales y políticas que experimentaron los países centroamericanos, la religión igualmente siguió ocupando un papel central (Nepstad, 2004; Gismondi, 1988). En este escenario, aparecieron en disputa dos visiones opuestas de ella: una que defendía el *statu quo*, cuyos representantes institucionales predicaban la resignación cristiana; otra, en cambio, se puso del lado de los más débiles, abogando por la liberación integral, física y espiritual de los fieles (Dodson, 1986). Este segundo enfoque tuvo sus representantes famosos en las personas de monseñor Romero en El Salvador, monseñor Girardi en Guatemala, el padre Carney en Honduras o Ernesto Cardenal en Nicaragua.

Luego de las transiciones a la democracia en la región, la religión se ha hecho más discreta, más intimista y variada en sus voces (Levine, 2009; Steigenga, 2005); en algunos casos, incluso ha perdido beligerancia. Las manifestaciones que clamaban por la liberación física, en contra de las injusticias materiales, son menos audibles. Aquellos que predican por un descubrimiento personal y una vivencia más sensible de la espiritualidad han tenido mucho más eco (Steigenga, 2005). En este contexto, las voces históricas, católicas o protestantes, que acompañaron las luchas sociales del siglo pasado, tienden a ser relegadas, en provecho de nuevas iglesias y pastores que pululan en las colonias y corredores insalubres de las ciudades centroamericanas.

Estas transformaciones, aludidas anteriormente, invitan a reflexionar sobre el papel de la religión actualmente en Centroamérica. ¿Qué peso tiene en la vida social, en general? ¿Qué tan variada y competitiva es la escena de la fe en la región? ¿Cuál es la visión predominante entre las personas creyentes sobre la política y la marcha de la sociedad? ¿De qué manera las autoridades o aspirantes al poder político se posicionan ante la religión o lo religioso? ¿Qué tipo de valores o visión de la sociedad perciben que es importante para los practicantes? En fin, ¿cómo se combinan las creencias y las prácticas cristianas, la sociedad y el poder en la Centroamérica de nuestros días?

El trabajo que sigue intenta dar respuesta a las preguntas anteriores. Para ello, aparte de esta introducción, el resto del texto está organizado de la siguiente forma. La primera sección analiza el estado de la religiosidad en Centroamérica. La segunda parte examina la relación y visión de los ciudadanos, especialmente de aquellos que manifiestan mayor sensibilidad en temas de la fe, con la política y otros asuntos sociales. Los datos utilizados en esta investigación fueron tomados de la encuesta bianual realizada por el Proyecto Latinoamericano de Opinión Pública (LAPOP) de la Universidad Vanderbilt de Estados Unidos. La tercera sección de este trabajo, haciendo uso de fuentes discursivas, hurgando en las declaraciones y comportamiento de los principales actores políticos y religiosos de cada uno de los países, indaga sobre la presencia de las referencias a la fe en su estrategia de convencer; también se presta atención a los mecanismos usados para relacionarse con los actores cristianos, institucionales y no institucionales. Finalmente, en la conclusión se presentan unas consideraciones generales, a modo prospectivo, del rumbo esperado de la religión y las relaciones de poder en Centroamérica en el contexto actual.

La ciudadanía y la religión en Centroamérica

La religión se define como un conjunto de creencias y prácticas que agrupan a los seres humanos y les ayuda a dar sentido a su existencia. El ritmo de la vida, el día a día de las personas está signado por su experiencia en la fe (Levine, 2012), lo cual es particularmente cierto en Centroamérica, donde históricamente la religión ha desempeñado un papel protagónico. ¿Cuántas y quiénes son las personas que manifiestan alguna cercanía con ella en la Centroamérica actual? ¿Qué tan importante es en su vida? ¿Cuál es la denominación religiosa más importante?

Los resultados de investigación en opinión pública acerca de la fe en la región indican que los centroamericanos manifiestan un alto grado de religiosidad. Entre 2010 y 2018, las encuestas del Barómetro de las Américas (LAPOP) indican que, en promedio, el 75% de los habitantes de la región declara que este aspecto es muy importante en su vida. Resultado que varía desde un 65.24% en Costa Rica, al 83.6% en El Salvador, siendo estos dos casos los que muestran las variaciones.

Figura 1. Importancia de la religión en Centroamérica

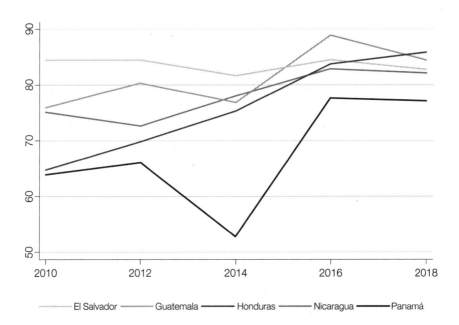

Fuente: elaboración propia a partir de The Americas Barometer by the LAPOP Lab, www.vanderbilt.edu/lapop (2018).

Además, es conveniente destacar que la intensidad con la que los ciudadanos declaran la importancia de la religión en su vida no ha mostrado señal de debilitarse. En promedio, hay más centroamericanos que manifiestan en 2018 que este es un factor muy importante en su vida en comparación con 2010. La tendencia al alza se verifica en todos los países, independientemente de su nivel de pobreza, educación, estabilidad política o madurez democrática.

Ahora, ¿qué tanto los centroamericanos practican la religión cuya importancia declaran tan alta en su vida? A pesar de las limitaciones que poseen las preguntas que miden religiosidad a partir de la cantidad de veces que una persona participa en servicios religiosos (ver Morello, 2019, pp. 5-7 para una discusión sobre este punto), la encuesta de LAPOP de 2018 indica que, en promedio, un 51.86% de los centroamericanos participa en este tipo de ceremonias al menos una vez por semana. Los más asiduos en su presencia en estos espacios son los guatemaltecos: el 63.66% se ubica en dicha categoría. Algo más que un tercio de los panameños (39.44%) y menos de la mitad de los costarricenses (43.72%) se ubican en esta frecuencia de participación en servicios religiosos (ver figura 2).

Figura 2. Porcentaje de participación en servicios religiosos más de una vez a la semana

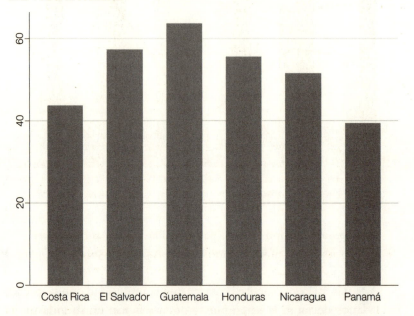

Fuente: elaboración propia a partir de The Americas Barometer by the LAPOP Lab, www.vanderbilt.edu/lapop (2018).

Si los centroamericanos manifiestan altos niveles de religiosidad, ¿en qué instituciones religiosas se congregan? En 2018, la encuesta de LAPOP encuentra que, exceptuando Honduras, la religión católica es la que tiene más adeptos en Centroamérica. Costa Rica y Panamá tienen más católicos con un 59.02% y un 57.98%, respectivamente. Honduras no solo tiene menos seguidores de la fe católica que el resto de los países, sino que también es el único donde los protestantes o evangélicos superan en número a estos últimos (51.33% frente a 34.74%) (ver figura 3).

Figura 3. Distribución de membresías religiosas en Centroamérica

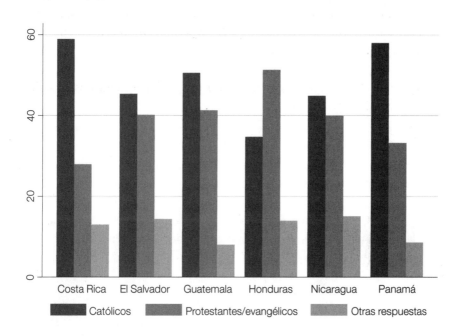

Fuente: elaboración propia a partir de The Americas Barometer by the LAPOP Lab, www.vanderbilt.edu/lapop (2018).

Por otro lado, se observa que, en general, hay una gran disparidad entre los adeptos de las instituciones religiosas. En promedio, hay una diferencia de 15 puntos entre el porcentaje de personas que se declara católica respecto de quienes se dicen protestantes, evangélicos o pentecostales. Costa Rica y Panamá varían entre 31.08 y 24.65, respectivamente, en esta temática. En el caso de Honduras la diferencia es de 16.59 puntos porcentuales, pero a favor de los protestantes; mientras que en Guatemala, El Salvador y Nicaragua la diferencia es, en este orden, 9.09, 5.21 y 4.82 puntos porcentuales. Dicho en otros términos, la Iglesia católica tiene mucha más competencia, en términos de número de adeptos, en El Salvador y Nicaragua que en Costa Rica y Panamá. En cambio, los protestantes dominan el panorama religioso en Honduras.

En resumidas cuentas, el análisis de la membresía y participación en servicios religiosos muestra el siguiente panorama. Por un lado, se encuentran Costa Rica y Panamá, con una feligresía mayormente católica y con una tendencia a ser menos asiduos en su participación en ceremonias religiosas que el resto de Centroamérica. Los ciudadanos de Guatemala, El Salvador y Nicaragua participan más en cultos o misas. Además, si bien siguen siendo en su mayoría católicos, también se nota que la diferencia porcentual entre quienes se declaran evangélicos, en comparación con los católicos, es menor que el promedio regional. Honduras se ubica, en una configuración singular, con un predominio de evangélicos y, también, con una menor competencia entre estos y los católicos (ver figura 4).

Figura 4. Comparación entre nivel de asistencia a servicios religiosos y la diferencia en membresía entre católicos y evangélicos

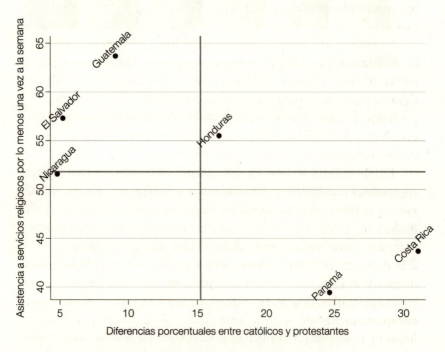

Fuente: elaboración propia a partir de The Americas Barometer by the LAPOP Lab, www.vanderbilt.edu/lapop (2018).

Los fieles y la vida social

La forma en que los seres humanos se enfrentan a las enfermedades, los momentos difíciles, la política y sus relaciones sociales e individuales tiene la impronta de sus creencias religiosas. La religión moviliza a la gente, de manera similar a la clase, el género y las ideas políticas (Levine, 2012; Morello, 2007; Taylor, 2004). A partir de ello, la gente decide involucrarse o abstenerse de la vida social. Las experiencias religiosas también afectan el estilo en que los creyentes se relacionan con los demás y el modo en que toman decisiones emocionales, personales, políticas y sociales. En pocas palabras, la religión moldea la cultura política de los ciudadanos. En relación con esto, Levine (2012) explica que la religión provee el contexto del significado último de los actos personales (p. 8; traducción propia). ¿De qué manera afecta la adscripción religiosa de los centroamericanos en su participación en la vida política y social?

La bibliografía sobre religión indica que las creencias individuales moldean el proceder en el modo en que se relacionan con su entorno. ¿Cómo se posicionan las personas religiosas de Centroamérica frente a temas sociopolíticos como las organizaciones ciudadanas, las protestas, la participación en elecciones o la adhesión a la democracia? A continuación se revisan algunas actitudes y comportamientos de los centroamericanos sobre estas temáticas.

En el cuadro 1 se presenta una comparación de los resultados de regresiones multivariables, donde la variable independiente considerada es el nivel de religiosidad de las personas y las variables dependientes incluyen el nivel de confianza interpersonal, la tendencia a protestar, votar, participar en actividades comunitarias y su adhesión a la democracia. En las filas se encuentran dichas variables dependientes y su valor expresado en signos positivos y negativos respecto a cada país, ubicados en las columnas. De esta forma, se expresa el comportamiento de los ciudadanos, en el sentido de si participan más (+) o menos (-) comparando aquellos que toman parte más a menudo en servicios religiosos que aquellos que lo hacen de manera menos regular.

Cuadro 1. Análisis comparativo del comportamiento y actitudes de las personas religiosas en Centroamérica

	Costa Rica	El Salvador	Guatemala	Nicaragua	Honduras	Panamá
Protesta	-	-	+	-	-	+
Vota	+	+	+	+	-	+
Participación comunitaria	+	+	+	+	+	+
Confianza	+	+	-	+	+	-
Democracia	-	+	+	+	-	+

Fuente: elaboración propia a partir de resultados
de regresiones multivariables de cada país.

En cuanto a las protestas, se observa que en Costa Rica, El Salvador, Nicaragua y Honduras la gente más creyente participa menos que aquella que no lo es. En cambio, en Guatemala y en Panamá sucede todo lo contrario. En todos los países centroamericanos, salvo en el caso de Honduras, las personas religiosas votan más que los otros miembros de la comunidad. En cuanto a la participación comunitaria, en toda Centroamérica los individuos más devotos reportan mayor participación en organizaciones de la sociedad civil que los demás ciudadanos. En Costa Rica, El Salvador, Nicaragua y Honduras el grado de religiosidad permite predecir un nivel más alto de confianza interpersonal que entre quienes manifiestan uno más bajo. Finalmente, en lo que se refiere a la democracia, quienes asisten más asiduamente a la misa o al culto en El Salvador, Guatemala, Nicaragua, Honduras y Panamá tienden a declarar en mayor medida que la democracia es la mejor forma de gobierno.

Aparte de los hallazgos que relacionan, de manera general, la concepción de vida de las personas con sus experiencias religiosas, los autores han destacado, particularmente en América Latina y Centroamérica, que no todas las religiones influyen del mismo modo en sus fieles, ni en todos los momentos. Hay religiones que históricamente han enfatizado una parte intimista de la trascendencia, sin compromiso social; otras, en cambio, tienen una tradición de mayor contenido social. Por esto, algunos autores se han preguntado por el aporte de las diferentes religiones en la consolidación de la democracia (Steigenga, 2005) o en el crecimiento económico de la región (Ortiz, 2009). Desde esta perspectiva, es importante preguntarse si los patrones de comportamientos y opiniones reseñados en el cuadro 1 se observan por igual entre católicos y protestantes centroamericanos.

Cuadro 2. Análisis comparativo del comportamiento y actitudes de católicos y evangélicos en Centroamérica

	Costa Rica		El Salvador		Gua-temala		Nicaragua		Honduras		Panamá	
	Ca.	Ev.	Ca.	Ev.	Ca.	Ev.	Ca.	Ev.	Ca.	Ev.	Ca.	Ev.
Protesta	–	–	–	–	+	–	+	–	–	–	–	+
Vota	+	+	+	+	+	+	+	+	+	+	+	+
Participación comunitaria	+	+	+	–	+	–	+	+	+	–	+	+
Confianza interpersonal	+	–	+	–	+	+	+	+	–	–	+	+
Democracia	+	+	+	+	–	–	+	+	+	+	+	+

Fuente: elaboración propia a partir de resultados
de regresiones multivariables de cada país.

En el cuadro 2 se observan los resultados del análisis que compara los comportamientos de los ciudadanos centroamericanos, según se declararon católicos (Ca.) o evangélicos/protestante (Ev.). En lo que concierne a la participación en protestas, a excepción de Nicaragua y Panamá, no se distinguen diferencias de comportamiento entre ambas categorías. Sin embargo, el patrón que emerge en la región muestra que las personas que asisten a cultos religiosos de manera más asidua tienden a participar menos en protestas que los demás ciudadanos. Además de esta observación, es interesante destacar que los católicos nicaragüenses protestan más que los evangélicos, mientras que en Panamá ocurre el comportamiento inverso.

Las personas religiosas votan más que aquellas que manifiestan participar en servicios religiosos con menor regularidad. Este comportamiento se observa indistintamente en todos los países, sin diferencias marcadas entre católicos y protestantes. En cuanto a la participación en actividades comunitarias, se observan dos patrones generales en la región. En primer lugar, en tres de los seis países (Costa Rica, Nicaragua y Panamá) las personas que declaran una afiliación religiosa (católicos o protestantes) participan más en estos quehaceres que los demás ciudadanos. En segundo lugar, los católicos de El Salvador, Guatemala y Honduras muestran una mayor acción comunitaria que los evangélicos, mientras que estos últimos tienen una menor tendencia a comprometerse en actividades comunitarias en comparación con el resto de la ciudadanía.

La confianza interpersonal entre los ciudadanos es fundamental en una sociedad democrática. Se considera como una variable central para la cultura cívica y política. Constituye un pilar fundamental del capital social, que a su vez condiciona el desempeño de los gobiernos y de las sociedades en general (Putnam, 1993). En relación con este tema, se observa que en Centroamérica, exceptuando el caso de Honduras, los católicos manifiestan mayor nivel de confianza interpersonal que el resto de los ciudadanos. Al contrario, los protestantes son quienes muestran un nivel de confianza en sus coetáneos en la región, tanto en su comparación con personas de otras confesiones religiosas como con las no religiosas.

Finalmente, en respuesta a la pregunta sobre su valoración de la democracia, se observa que la mayoría de los ciudadanos apoya la afirmación según la cual, a pesar de sus problemas, la democracia es la mejor forma de gobierno. En el cuadro 2 se aprecia que, exceptuando el caso de Guatemala, en el resto de los países las personas que afirman tener una adscripción religiosa (ya sean católicos o protestantes), apoyan en mayor medida esta declaración, en comparación con el resto de los ciudadanos.

Figura 5. Biplot comparación de los países

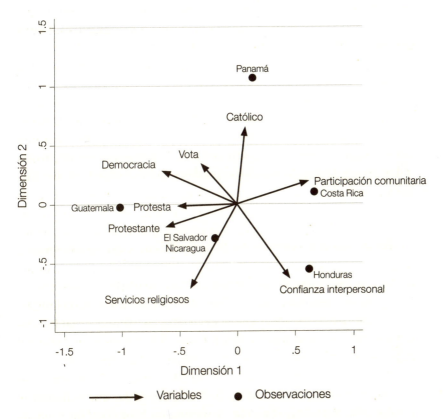

Fuente: elaboración propia a partir de The Americas Barometer by the LAPOP Lab, www.vanderbilt.edu/lapop (2018).

La figura 5 muestra un biplot que analiza, de manera comparativa, el comportamiento de los países en relación con seis variables ya analizadas individualmente en el cuadro 2. Este análisis ofrece una visión global del camino de la región en conjunto. La primera dimensión obtenida (representada en el eje horizontal del gráfico) explica el 41.60% de la varianza de la matriz. La segunda dimensión (representada en el eje vertical) da cuenta del 28.82% de la varianza. Se notan cuatro patrones claramente establecidos entre los seis países. El Salvador y Nicaragua se distinguen por formar un grupo mayormente relacionado con la primera dimensión, en la que la participación en servicios religiosos y la adscripción a la Iglesia católica se destacan como elementos llamativos. En este mismo eje, llama la atención Honduras, por el nivel de confianza interpersonal declarado entre los ciudadanos. Costa Rica forma otro grupo aparte, situado sobre la segunda dimensión, debido al papel que desempeña la variable de participación comunitaria. En Panamá sobresale la importancia del catolicismo. Finalmente, en Guatemala es donde se destacan varios elementos pertenecientes al segundo eje, donde prima un conjunto de variables como la propensión a votar, la pertenencia al protestantismo, la participación en manifestaciones y la alta valoración de la democracia como régimen político.

Poder político y religión en la actualidad centroamericana

Dada la importancia de la religión en Centroamérica, tanto por su peso en la historia y la cultura de los pueblos centroamericanos como por la cantidad de personas que se declaran practicantes, es de esperar que esta relación suponga un desafío para el poder político y económico. Desde esta perspectiva, todos los líderes políticos han tenido que tomar en cuenta este factor, considerando que la mayoría de su población es creyente (Morello, 2019). La forma en que se ha manifestado esta relación varía entre y dentro de los países, tanto en el pasado como en la actualidad.

Además, como se ha manifestado ya en este texto, los dirigentes políticos son conscientes de que la religión puede ser fuente de movilización y motivación de las agendas políticas (Steigenga, 2005). Es, en este sentido, que no pueden quedarse indiferentes frente a la fe. Además, deben decidir en cada momento qué tipo de doctrina conjuga mejor con su visión de la sociedad y del poder que están construyendo: ¿una religión de fieles comprometidos con cambios sociales o una con adeptos más bien sumisos, alejados de las preocupaciones terrenales?

Si predomina una noción autoritaria de la vida, con una religión que privilegia una organización vertical, concepciones que destacan un paradigma mítico o que se interesa poco por lo que sucede en planos terrenales, los políticos tendrán interés en enfatizar estos aspectos y ofrecer a los ciudadanos una visión de la vida social acorde con esta mirada. Si, en cambio, la fe se percibe como fuente de cambios sociales e históricos, es probable que los líderes se acomoden, o al menos se preparen, para lidiar con una feligresía rebelde, dispuesta a involucrarse para generar los cambios socialmente necesarios (Aragón, 2018).

Aragón (2014; 2018) interpreta la relación entre la Iglesia y el poder político en Nicaragua, en la actualidad, con estas claves mencionadas. La visión preferida de una fe anclada en la celebración de festividades populares, despreocupadas del manejo de la cosa pública, es la que prevalece entre los dirigentes políticos. En esta línea, el Gobierno nicaragüense establece dos tipos de relaciones con las creencias cristianas: por un lado, promueve una religiosidad popular extremadamente centrada en aspectos intimistas; por otro, dirige ataques constantes contra la Iglesia y los templos católicos, incluso llegando a encarcelar a líderes religiosos y laicos que se atreven a cuestionar su poder ilimitado. La tensión ha alcanzado su paroxismo en días recientes, hasta el punto de que el Gobierno ha anunciado la suspensión, el pasado 12 de marzo, de las relaciones diplomáticas con el Estado del Vaticano.

Actualmente, no se cuenta con datos suficientes para responder con certeza a la pregunta de por qué el presidente Ortega y su gobierno se han atrevido a tanto en un país donde cerca del 45% de la población se declara católica y el 40% protestante. Además, si se mide en términos de legitimidad, manifestada en el nivel de confianza que generan, se observa que las Iglesias, en general, suscitan más simpatía entre la población que las autoridades políticas. El 32.44% de los nicaragüenses dice tener mucha confianza en la Iglesia católica en una escala de 1 a 7, donde 7 significa mucha confianza y 1 nada de confianza; en cambio, solo el 22.19% de estos mismos ciudadanos declara confiar en el presidente en esa misma escala.

Figura 6. Nivel de confianza estimada en la Iglesia católica y en el presidente de Nicaragua

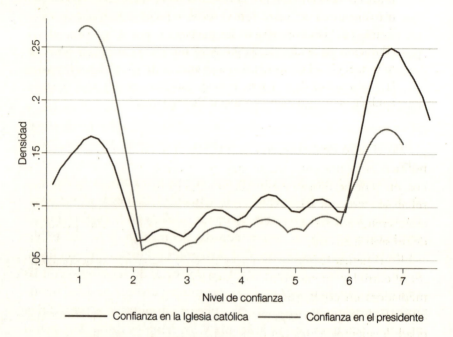

kernel = epanechnikov, bandwidth = 0.4934

Fuente: elaboración propia a partir de The Americas Barometer by the LAPOP Lab, www.vanderbilt.edu/lapop (2018).

Ante la pregunta de por qué un presidente con poca simpatía popular puede atreverse a atacar con tanta vehemencia a una religión bien enraizada, cuyos líderes religiosos gozan de niveles de confianza superiores a los suyos y de otras instituciones estatales como el sistema judicial, la Policía, Fuerzas Armadas o el Congreso, se argumenta en este trabajo, la respuesta hipotética se encontraría en la división interna de la Iglesia sobre aspectos tan importantes como su postura frente a esta autoridad, el tipo de compromiso de fe que se quiere impulsar y el uso a profusión del clientelismo por parte del Gobierno. Para ilustrar esto, la siguiente reflexión resulta esclarecedora:

El objetivo declarado de la estrategia del Gobierno actual es dar realce a la cultura popular de un pueblo que es cristiano y que, como cristiano, es bendecido por Dios, según repite el discurso oficial que diariamente escuchamos. Pero el objetivo político de esa estrategia es fortalecer el control social de un pueblo que es pobre y tiene escasa educación, valiéndose de la promoción de una conciencia religiosa mítica. Si el Gobierno actual está promoviendo el primer paradigma, la visión actual de la Iglesia católica está, en general, muy anclada también en ese paradigma. (Aragón 2018, párr. 11)

En el resto de Centroamérica, la relación entre religión y poder político es menos contenciosa que en Nicaragua. Los líderes políticos, en general, buscan mantener una buena relación con los grupos religiosos; una muestra de ello es su defensa generalizada de las posiciones religiosas en contra del aborto, del matrimonio entre personas del mismo sexo, etc.

En Panamá, la Iglesia católica cuenta con una amplia aceptación social entre los líderes políticos y sociales. Sirve regularmente como mediadora en conflictos sociales como garante del compromiso y buena fe de los involucrados. Como actor dominante en cuanto a cantidad de adeptos (cerca del 60% de la población se declara católica), recibe también recursos económicos importantes en forma de subvenciones por parte de los gobiernos de turno. Se privilegia la comprensión mutua en la relación entre Iglesia y política. Los políticos reconocen el poder de convocatoria de las iglesias, las visitan durante las campañas electorales y también les subsidian sus actividades, sin necesariamente exigir transparencia. Así lo declara Berríos (2020):

La relación Estado-Iglesia es evidente en Panamá. Se hacen invocaciones religiosas en actos públicos, otorgando puestos de honor a sacerdotes, se destinan millones de dólares a organizaciones religiosas con mínima o nula fiscalización, la religión católica se enseña en las escuelas públicas, e incluso se establece constitucionalmente la moral cristiana como barómetro para determinar qué es correcto o no. Los políticos son ungidos en templos de denominaciones religiosas que no profesan, y al asumir el poder toman decisiones sobre educación, salud pública y otros temas de interés para toda la población. (párrs. 2 y 3)

En la actualidad, El Salvador es otro ejemplo clásico de la relación entre política e Iglesia, en donde se trata de coreografiar una interacción armoniosa de manipulación mutua entre las esferas más altas de ambas instituciones. El presente Gobierno salvadoreño goza de amplia simpatía popular, lo que se traduce en un respaldo que prácticamente abarca todas las capas de la sociedad. En este sentido, la mayoría de los líderes religiosos, tanto católicos como protestantes, generalmente apoyan las decisiones más controvertidas de los políticos, con la excusa de que representan la opinión generalizada del pueblo.

En contrapartida, el presidente y su partido también han evitado antagonizar con estos líderes religiosos, incluso a costa de abandonar posturas personales sobre el aborto o el matrimonio entre personas del mismo sexo, por ejemplo. Además, tanto las altas esferas políticas como las religiosas adoptan una concepción mítica de la religión. En este sentido, ambos sectores están promoviendo una fe desenraizada, alejada de la tradición católica salvadoreña más reciente, caracterizada por un compromiso social activo, desde las esferas religiosas. De esta manera, quedan en una posición marginalizada quienes, desde la sociedad o las esferas religiosas, tanto católicas como protestantes, abogan por una reflexión crítica sobre la actuación de la esfera política, iluminada por una mirada social de la fe.

Honduras, por su coyuntura política particular actual, se encuentra en un momento de redefinición de la relación entre la religión y las autoridades estatales. Esto se debe al cambio político reciente de gobierno. El expresidente hondureño Juan Orlando Hernández había hecho de su vínculo con la religión uno de los pilares fundamentales de su gobierno. Con una población protestante en aumento, que ya representa más del 50% de la población, Hernández aprovechaba cada ocasión en sus discursos oficiales para expresar su concepción mítica de la fe. Este enfoque también fue adoptado sin mayores problemas por varios líderes religiosos católicos y evangélicos del país.

La fraseología política de la nueva gobernante, Xiomara Castro, quien juró como presidente de Honduras el 27 de enero de 2022, no se ajusta a la visión que pregonaba Hernández y sus aliados. Es más, muchos de los movimientos religiosos de base que estuvieron detrás, y que continúan respaldando al nuevo Gobierno, profesan una perspectiva diametralmente opuesta a la mítica. Para estos grupos, siguiendo la terminología de Aragón (2018), la fe exige compromisos sociales activos, en línea con los principios del Concilio Vaticano II. Sin embargo, surge la interrogante: ¿podrá el gobierno de Castro mantenerse en la lógica de los cristianos comprometidos socialmente o tendrá que ajustarse a la perspectiva mítica de la fe? Estas son preguntas de investigación que la práctica real del poder ayudará a desenmarañar.

En Guatemala se ha mantenido la dinámica destacada por Schäfer *et al.* (2013), según la cual la religión ofrece espacios de participación a sectores sociales subalternos y de legitimación a los políticos. Estos autores observan una importante diversificación del campo religioso, lo que ha llevado a una merma en la influencia de la Iglesia católica. Este cambio ha reconfigurado las relaciones de fuerza entre los grupos religiosos, al tiempo que ha acentuado su importancia en la vida política. Desde esta perspectiva, Guatemala no escapa de esta religiosidad intimista, aunque bastante influyente en las instituciones de gobierno, particularmente en torno a temas como la sexualidad o la ampliación de los derechos individuales (Dary, 2022).

En el siglo XXI, algunos candidatos a la presidencia de Guatemala no escondieron su vinculación religiosa evangélica en su búsqueda del poder. Al contrario, como sostiene Dary (2022, p. 279), reivindicaban esta adscripción para convencer de sus intenciones y capacidad para llevar a cabo la reforma moral que, a su juicio, necesita el país. Todavía se debate en Guatemala sobre el peso que tuvo la identificación como cristianos evangélicos en la llegada al poder de los tres presidentes que profesaban esta confesión. Sin embargo, resulta evidente que la religión, en general, es una fuerza importante en la dinámica política guatemalteca. Las últimas contiendas electorales dejaron evidencias claras que temas valóricos como la familia tradicional, la unión entre personas del mismo sexo y el aborto ocuparon un lugar destacado en la comunicación de los principales candidatos (Dary, 2022, p. 284).

Costa Rica muestra quizá el mayor nivel de interacción formalizada entre la política y la religión en la región centroamericana. Sus éxitos y fracasos, que incluyen la estela de escisiones que han tenido, han marcado con una impronta indeleble la política del país en los últimos años. Más allá de analizar las causas de estas divisiones, como las que se han producido entre partidos y movimientos evangélicos, el acceso a la segunda vuelta electoral de Fabricio Alvarado en 2018 muestra la capacidad que tienen los sectores religiosos para movilizar a una porción importante del electorado en momentos de suma polarización política y social.

Es indudable que los temas valóricos y una visión mítica de la vida son los elementos dominantes en esta irrupción de la religión en la política. La presencia de los cristianos, tanto católicos como evangélicos, en la vida social se fundamenta en la idea de limpiar a las sociedades del mal y «reinar sobre los impíos» (Zúñiga, 2022). Esta concepción del papel de los religiosos marca sin duda la política y, particularmente en Costa Rica, obligó en su momento a los sectores sociales no religiosos o menos radicales a plantearse seriamente su postura política personal ante la posibilidad concreta de que un actor religioso de la envergadura de Fabricio Alvarado asumiera el poder.

Sin embargo, el fracaso de Fabricio Alvarado en la segunda vuelta de las elecciones no implica el fin de la cuestión religiosa en la disputa por el poder político en Costa Rica, único país católico por disposición constitucional en Centroamérica. Al contrario, abre nuevas preguntas sobre las que la sociedad se encuentra debatiendo en estos días: ¿Cuáles son los límites aceptables para la ciudadanía costarricense sobre la influencia religiosa en la política? ¿Está la mayoría dispuesta a sucumbir a los cantos de sirena de *moralización* de la vida pública en el altar de las frustraciones coyunturales de la violencia o de la corrupción de los políticos tradicionales? ¿Tiene sentido en estos días plantear una separación entre la política y los valores morales individuales? Estas preguntas son, sin duda, acuciantes en la democracia más longeva de América Latina.

Conclusiones

Estas reflexiones sobre la relación entre el poder político y el mundo religioso en Centroamérica han dejado al menos tres ideas claras, que constituyen desafíos a futuro para ambas esferas. En primer lugar, queda claro que en la región la identificación concreta con una religión no es un asunto del pasado. En todos los países, una mayoría abrumadora se declara cristiana. También hay una práctica religiosa asidua declarada. Sin duda, un desafío metodológico es dilucidar si la pregunta por la cantidad de veces que se participa en cultos o misas captura muy bien esta práctica; aun así, es un hecho que muchos centroamericanos participan en estos ritos.

También se ha observado que el mundo evangélico de la fe se ha expandido en la región. Por decirlo de alguna manera, los católicos ya tienen competidores. La Iglesia católica ya no se puede considerar como la religión dominante y sin rivales en su relación con el mundo inmanente de la política. Aún más, los datos de 2018 indican que ya en algunos países son mayoritarios los ciudadanos que se declaran como protestantes.

La importancia de la religión en las sociedades centroamericanas no se limita al número de adeptos y a la asiduidad con que estos participan en los servicios religiosos. Su influencia también se fundamenta en la cantidad de bienes manejados por sus líderes. Aunque el valor exacto del patrimonio de las Iglesias centroamericanas no se conoce, el tamaño de sus templos, la generosidad de sus fieles y los recursos obtenidos de organizaciones eclesiásticas internacionales ofrecen indicios de su solidez financiera. Sin embargo, en contraste con la Iglesia católica, donde los recursos son de propiedad común debido a que los sacerdotes y obispos no tienen oficialmente familias ni bienes a su nombre, en el mundo protestante la situación es distinta. Normalmente, son los pastores quienes ejercen control y toman decisiones sobre los recursos económicos de la congregación. ¿Cuál es el papel que desempeña el dinero en las Iglesias, particularmente protestantes de Centroamérica? ¿Hay diferencias sustanciales entre los pastores con mayor capital y los que tienen menos, en términos de su visión de la sociedad o las causas políticas y sociales que abrazan? ¿Podría la disparidad en la riqueza entre las congregaciones explicar la incapacidad para cohesionar el movimiento protestante en su influencia política? Estas son algunas de las preguntas que sin duda valdría la pena explorar a partir de lo analizado en este texto.

Por otro lado, la presencia masiva de la religión en los hogares y entre los centroamericanos plantea la interrogante de qué pueden hacer los fieles al saberse numerosos. Al mismo tiempo, desafía a los políticos a definir su relación con este mundo religioso en un contexto en el cual las sociedades se ven envueltas, cada vez con mayor frecuencia, en los debates propios de la inclusión de poblaciones de la diversidad sexual (LGTBI+), la salud reproductiva, la igualdad de derechos para las mujeres (así como la llamada ideología de género combatida por la Iglesia católica) y la educación sexual en las escuelas e institutos secundarios. Los autores que estudian la religión y su relación con el mundo de la vida indican que estos hechos observados no deberían ser anodinos. Estos grupos tienen poder político e influencia en todos los niveles (Gaskill, 1997). La religión incide en los posibles cambios políticos, en la adopción de políticas públicas o, simplemente, en la posibilidad de la consolidación de las instituciones democráticas y sus valores dominantes.

La religión puede encubrir la persistencia o promover la reemergencia de actitudes autoritarias que dicen a los ciudadanos que se deben ocupar del cielo y no de lo que sucede en la tierra. Los líderes religiosos desempeñan un papel primordial porque son quienes, con sus sermones, animan a los fieles a adoptar o no una determinada actitud frente al poder. Se ha visto que el protestantismo puede reforzar roles tradicionales de género, de obediencia frente al poder y dominación de clase, así como desincentivar la participación política (Burdick, 1993; Smith, 1994). El desafío es promover una cultura cívica (Diamond, 1992), diferente de una relación patrón-cliente, alejada de la cultura tradicional y autoritaria (Bastian, 1986; Gaskill, 1997)

En esta tesitura, se ha visto que predomina una concepción tradicional de la religión, impulsada por la mayoría de los líderes políticos y religiosos, que tiende a ser más de corte intimista que social, en contradicción con la tradición de las luchas sociales emprendidas desde el mundo religioso en la región. Esta concepción de lo religioso crea tensiones fuertes en Nicaragua, con un Gobierno que se apropia de los aspectos populares y tradicionales de las celebraciones religiosas y que, aprovechando las contradicciones internas de los líderes religiosos, castiga con penas severas a quienes se atreven a cuestionar su dominio social y político. En el resto de Centroamérica la relación ha sido menos conflictiva: ambas esferas buscan acomodarse y aprovecharse lo más posible de la nueva realidad. Costa Rica y, en menor medida, Guatemala, son los dos países donde la organización política directa de las religiones evangélicas parece tener, de momento, la mejor posibilidad de constituirse en fuerza política. A través de sus alianzas, estas fuerzas podrían disputar el poder a los otros actores sociales, políticos y religiosos de otras denominaciones.

Todo lo anterior nos invita a hablar de una dialéctica de la relación entre las autoridades políticas y lo religioso, sobre las influencias mutuas ejercidas entre ambas dimensiones. Lo que queda como desafío para estos dos actores se ilustra bastante bien en el fracaso de la candidatura de Fabricio Alvarado en la segunda vuelta de las elecciones costarricenses y se resume en la siguiente pregunta: ¿Qué están dispuestos a ceder tanto los ciudadanos como los religiosos de las diferentes denominaciones para crear una coalición ganadora que haga frente a los desafíos sociales planteados a la política en la región? Como lo ha reconocido el mismo Alvarado, citado en Zúñiga (2022): «La respuesta de mayor moralización de la vida social no es suficiente» (p. 208).

La violencia y sus manifestaciones en Centroamérica

Leticia Salomón

Introducción

La inseguridad, con los diversos adjetivos con los que se le ha conocido hasta ahora —pública, ciudadana, humana—, se ha convertido en un tema fundamental en la región centroamericana desde hace unas tres décadas. Esta compleja y creciente situación ha capturado la atención de estudiosos, diseñadores de políticas públicas y de los organismos internacionales que ven con preocupación el deterioro de la convivencia social y el aceleramiento de indicadores de las tasas de homicidios por cada 100 000 habitantes que ha conducido a clasificar a los países según su condición de país más o menos violento.

El fenómeno de la inseguridad muestra dos vertientes interrelacionadas, pero que mantienen cierta independencia: la criminalidad y la violencia, de tal forma que no puede estudiarse una sin la otra. A menudo, los periodistas y más de algún analista hablan de violencia y la reducen a homicidios y lesiones, sin considerar que esto está ligado a la intensificación de la criminalidad en sus distintos niveles: menor, intermedia y mayor. Esta conexión nos permite afirmar que un país no solo es inseguro por la cantidad de muertos, sino también por la intensificación de fenómenos como la extorsión, el sicariato, los robos, los asaltos, las lesiones intra y extrafamiliares, entre otros delitos ilustrados en la figura 1. De la misma manera, es esencial considerar el involucramiento de policías y militares con la criminalidad, así como su conversión en instrumentos de represión política y social por los gobiernos de turno.

Figura 1. Componentes de la inseguridad

Fuente: Elaboración propia

La crisis económica y social de la década de 1980, denominada por la CEPAL como la *década perdida*, inició un período de acumulación de carencias. Esta situación sentó las bases para una proliferación de la delincuencia menor, en la que el robo se convirtió en una estrategia elemental de sobrevivencia que, con el paso del tiempo, no solo aumentó en número, sino que también se diversificó y adquirió mayor intensidad. Lo anterior, sumado a la ausencia de respuestas efectivas a la pobreza y la profunda desigualdad derivada de la misma, intensificó la migración hacia Estados Unidos primero y hacia Europa después, en busca de las oportunidades que los centroamericanos dejaron de encontrar en su país.

La exclusión social, junto con la deformación y deterioro del sistema de justicia que involucra a policías, fiscales y jueces, se entrelazó con el debilitamiento del Estado de derecho y la consecuente deformación y deterioro del sistema judicial. Estas condiciones crearon un entorno propicio para el fortalecimiento del crimen organizado, expresado básicamente en maras y narcotráfico, contribuyendo de esa manera a la impunidad como fenómeno generalizado.

Las maras, un fenómeno que afecta principalmente a tres países de Centroamérica: El Salvador, Honduras y Guatemala, experimentaron un proceso de mutación que las llevó a superar la simple lucha territorial, que caracterizó sus primeros años. Estos grupos han evolucionado desde ser socios menores para convertirse luego en socios independientes de los narcotraficantes y otras redes de corrupción, intensificando otros delitos, como la extorsión y el sicariato, cuya característica fundamental era y sigue siendo el uso de la violencia, traducida en el incremento de los homicidios por cada 100 000 habitantes.

La respuesta estatal no ha estado a la altura de la gravedad del problema: los líderes políticos tienen mirada corta, justo lo que duran sus gobiernos. Esto los lleva a priorizar tácticas represivas que tienen resultados visibles e inmediatos. La noción de atender la prevención no les resulta atractiva, ya que ella apunta más al largo plazo, cuando ellos hayan salido del Gobierno. Esto ha provocado una polarización entre los gobiernos (compuestos por políticos, fuerzas policiales y militares) que enfatizan en la represión, porque produce resultados inmediatos y de fuerte impacto, y la sociedad civil, que clama por la prevención, enfatizando en mejorar las condiciones de empleo, salud y educación. En esencia, se trata de determinar cómo evitar que un niño nacido hoy en condiciones de pobreza y exclusión se convierta en un delincuente en un plazo de doce o quince años. Este desafío requiere una intervención oportuna y eficiente por parte de las instituciones de prevención social del Estado.

Lo anterior ha llevado a los políticos a incorporar a los militares en el combate contra la delincuencia sin que estos tengan la visión y preparación suficiente y diferenciada para tratar con delincuentes y no con enemigos, escenario que ha conducido a la militarización de la seguridad, al desplazamiento de los policías de sus funciones constitucionales y al protagonismo de los militares para enfrentar la criminalidad y violencia. Todo esto ocurre en medio de fuertes denuncias ciudadanas de corrupción y violación de los derechos humanos, principalmente atribuidas a policías y militares.

Lo planteado ha conducido a poner en precario la lucha por la defensa de los derechos humanos en general y a cuestionar a la ley como un obstáculo para combatir a los criminales. De manera equivocada, se ha afirmado que los defensores de derechos humanos protegen los derechos de los delincuentes en detrimento de los de las víctimas y que las leyes y garantías constitucionales impiden la obtención de mejores resultados. Estas perspectivas se han traducido en la adopción de medidas extremas, como la suspensión de garantías individuales, imposición del estado de sitio o toques de queda, tanto de forma generalizada como en territorios conflictivos. Además, se ha observado un aumento en la cantidad y rigurosidad de las cárceles, entre otros.

Mientras la inseguridad crece con sus componentes de criminalidad y violencia, la sociedad sigue presionando a los gobiernos. Estos, en respuesta, terminan priorizando la represión del delito antes que la prevención, incorporando a más militares en la lucha contra este flagelo, restringiendo las garantías constitucionales en la búsqueda de resultados de impacto. Sin embargo, este enfoque no hace más que debilitar las ya frágiles democracias que requieren respuestas estatales diferentes, con apego al Estado de derecho y con visión estratégica y de largo plazo.

Criminalidad y violencia en el contexto de inseguridad

Contexto de la inseguridad

La región centroamericana salió de una época de persecución ideológica que fomentó el uso y abuso de la violencia estatal para perseguir y reprimir a los críticos y opositores, quienes fueron rápidamente etiquetados como enemigos del Estado que atentaban contra la estabilidad política, económica y social. Esta situación derivó en enfrentamientos armados de larga duración en Guatemala, El Salvador y Nicaragua, con su saldo de asesinados, detenidos y desaparecidos. Honduras y Costa Rica también se vieron involucrados de manera directa e indirecta. En el caso de Honduras, el país facilitó su territorio, incluidas sus fronteras, para acciones relacionadas con el conflicto, además de implementar medidas internas para romper vínculos y destruir redes de solidaridad. Por otro lado, en Costa Rica, el impacto se evidenció a través de la inmigración de nicaragüenses que huían de la guerra y la persecución.

La firma de los acuerdos de paz en Guatemala y El Salvador al inicio de los años noventa y el viraje de la situación en Nicaragua

con la pérdida electoral de los sandinistas de ese entonces introduje-
ron tranquilidad en la región y abrieron las puertas para disminuir la
polarización ideológica y fomentar el acercamiento a través del diálogo.

De forma paulatina pero creciente, la violencia emanada del
Estado para reprimir a los opositores fue siendo sustituida en protagonismo primero por la violencia del accionar de las maras y después por la narcoactividad. Estas nuevas formas de agresión volvieron a disparar las cifras de homicidios, detenidos y desaparecidos
manifestadas de forma cruda por la saña con la que se producían y
por la forma de asesinatos colectivos expresados en masacres. De
igual manera, esta tendencia dio paso a asesinatos y persecución
sistemática contra defensores de los derechos humanos, periodistas,
ambientalistas, opositores políticos y grupos sociales que protes-
taban en las calles, lo que volvió peligroso su accionar. La falta de
respuestas adecuadas por parte de los organismos correspondientes
(policías, militares, fiscales y jueces) y la impunidad asociada con
estas nuevas formas de violencia volvieron difícil identificar a los
responsables de tales crímenes. Sin embargo, en la conciencia colectiva se atribuyen estos actos a policías, militares, dueños de empresas extractivas, narcotraficantes, mareros y delincuentes comunes.

La violencia emanada del Estado disminuyó la intensidad ideológica, aunque fue adquiriendo matices político-partidarios vinculados
con irregularidades en procesos electorales y protestas callejeras. También incorporó matices sociales relacionados con las reivindicaciones
demandadas por diversos sectores sociales. Además, surgieron matices político-económicos en defensa de la industria extractiva junto
con matices delincuenciales al asociarse con maras y narcotraficantes.
Esta transformación convirtió a estas instituciones del Estado en parte del problema y no en parte de la solución (ver figura 2 para más
detalles).

Figura 2. Responsables y víctimas de la inseguridad

Fuente: elaboración propia.

Esta violencia que comenzó a expandirse e intensificarse en las primeras dos décadas del presente siglo, va de la mano con el aumento de la criminalidad en sus diversos niveles, desde la de gran cuantía con mucha visibilidad y poco impacto económico relativo (pequeños robos, hurtos y asaltos) hasta la delincuencia mayor (grandes robos y asaltos, extorsión, secuestros, delitos financieros) con características totalmente opuestas a la primera: menor cuantía, poca visibilidad y fuerte impacto económico relativo. Además, se intercala una capa intermedia que está en transición, dejando de ser considerada como menor, pero que aún no llega a convertirse en criminalidad mayor.

El aumento de la criminalidad y de la violencia crea un clima de inseguridad que genera zozobra en la ciudadanía, fenómeno sobredimensionado desde la sociedad por la influencia de los medios de comunicación, el discurso de los opositores y el impacto de los hechos violentos, lo que lleva a una percepción de inseguridad que muchas veces supera la realidad. No obstante, en general, la situación de la inseguridad, sea por criminalidad o violencia, se ha constituido en un verdadero problema en la región centroamericana, la cual presenta rasgos muy similares a nivel del continente en el que «con un poco más del 8% de la población global, América Latina y el Caribe aportan más del 30% de los homicidios que se cometen en el mundo» (Chinchilla, 2023). Todavía en 2014, la seguridad seguía percibiéndose como el principal problema en Centroamérica con porcentajes bastante altos: El Salvador, 65.2%; Honduras, 47.9%; Guatemala, 45.6%; Panamá, 25.7%; Costa Rica, 21.4%; y Nicaragua, 4.7% (LAPOP, 2014).

Los datos sobre la tasa de homicidios en Centroamérica y República Dominicana durante 2022, proporcionados por Infosegura (2022), nos indican que la tasa es de 18.4 por cada 100 000 habitantes, dos puntos por encima de la tasa de Latinoamérica y el Caribe que es de 16.4. El informe destaca que un promedio de veinticinco personas mueren diariamente en esta región, acumulando un total de 9027 personas al año. Asimismo, señala que el 44% de los homicidios involucra a jóvenes entre dieciocho y treinta años; que cuatro de cada cinco homicidios se produjeron con arma de fuego y nueve de cada diez fueron hombres. Otro dato interesante destacado en dicho informe señala que tanto El Salvador como Honduras experimentaron una reducción en la cifra de los homicidios entre 2021 y 2022, mientras que Costa Rica y Guatemala experimentaron un aumento relativo. Los territorios que experimentaron un aumento de la tasa de homicidios son los ubicados en las zonas fronterizas, en el caso de Costa Rica en la frontera con Nicaragua, mientras que en Honduras se manifiesta en las fronteras con El Salvador y Nicaragua. Estos hallazgos sugieren de manera clara que la alteración del contexto interno de cada país puede constituirse en factor de expulsión hacia países vecinos, situación que se concentra en la zona fronteriza.

Causas de la inseguridad

Es muy difícil encontrar causas únicas que expliquen la proliferación de la inseguridad entendida como la combinación de la criminalidad y violencia que se observa en la región centroamericana. La explicación más fácil, que se confunde con la ignorancia o la irresponsabilidad, es la que atribuye el fenómeno a la intensificación de la pobreza y a la desaparición o debilitamiento de los valores religiosos en las familias. La referencia a la pobreza puede vincularse a la proliferación de la delincuencia menor, entendida como estrategia de sobrevivencia ante la pobreza y exclusión que abate a vastos sectores de la región. Sin embargo, no explica la criminalidad mayor que involucra más recursos, inteligencia, planificación, armamento y equipo sofisticado, alto riesgo y peligrosidad, así como una intrincada red de contactos y complicidad con autoridades civiles, militares y policiales. La alusión a la pérdida de valores religiosos luce desesperada, rústica o inapropiada porque podría significar, y de hecho lo hace, que solo la intervención divina podría controlar el fenómeno y resolver los problemas terrenales de la inseguridad de la región. Con más propiedad, podría encontrarse una mayor relación con la inexistencia o el debilitamiento de valores democráticos como el pluralismo, la tolerancia, el respeto a la diversidad, la solidaridad y el respeto a la ley. Todo ello puede servir para entender algunos aspectos de la criminalidad y violencia que caracteriza a la región, pero es insuficiente para comprender sus manifestaciones más extremas.

Para facilitar la comprensión del fenómeno podemos señalar algunos aspectos que pueden aproximarnos a las causas sin descartar otras que circulan por ahí con cierto peso para poder considerarlas.

La impunidad, asumida como falta de castigo oportuno y apropiado a los que cometen un delito o realizan actos de violencia

Esto se produce cuando personas de diversos sectores políticos, sociales y económicos cometen delitos de distinta gravedad y no reciben el castigo correspondiente en tiempo y forma adecuada. A medida que esta dinámica se generaliza y normaliza, se genera la certeza de que podrán continuar siempre de manera impune. Esto ocurre cuando tales comportamientos adquieren rango de normalidad y empiezan a invertirse los valores con los que son percibidos: en lugar de recibir cuestionamiento, rechazo y vergüenza, reciben reconocimiento, admiración y respeto, todo lo cual termina estimulando la violencia y la criminalidad como parte de un mundo en el que sobreviven los más agresivos, fuertes y poderosos.

El debilitamiento o deformación del Estado de derecho

Cuando la estructura sobre la cual se sostiene el Estado de derecho, compuesta por leyes, reglamentos, personas calificadas, íntegras e independientes, así como instituciones adecuadas, se deforma o se debilita por la presión de intereses diversos, se produce una especie de protección hacia aquellos que delinquen, en función de su grado de cercanía con las figuras que ejercen el poder político o las que ocupan altos cargos en el poder judicial. Esto da lugar a la complicidad entre funcionarios, individuos y grupos, legales o ilegales, cuyo resultado es la impunidad en su más cruda manifestación.

Muchas veces la impunidad se produce por la falta de voluntad para intervenir y tomar las mejores decisiones en términos de sanción, pero también puede ser consecuencia de la falta de pericia, equipos o armamento necesarios para saber qué hacer, cómo y cuándo. Ambas situaciones son las dos caras del mismo fenómeno; de ahí que atender a una sin considerar a la otra resulta insuficiente para enfrentar adecuadamente la situación de criminalidad y violencia que enfrenta la región. Esto explica muy bien los escasos resultados obtenidos de los intensos y costosos programas de capacitación de policías, fiscales y jueces, en su mayoría asumidos por la cooperación internacional con una visión incompleta de las causas de la inseguridad que caracteriza a la región en la actual coyuntura.

La corrupción de los responsables del control de la inseguridad

Si las instituciones encargadas de garantizar la seguridad de la ciudadanía entran en alianza con los criminales o con quienes cometen actos violentos, y los resultados de las actividades de investigación, procesamiento y castigo suelen ser muy limitados, se despierta en la ciudadanía la certeza de que, o son tan malos que no saben hacer su trabajo o están involucrados en los delitos que supuestamente persiguen. Esta percepción va minando la confianza en el papel de las instituciones, refuerza la idea del abandono o indefensión y promueve la decisión de prepararse para la protección y defensa privada que sustituye la incompetencia policial militar. Es en este punto cuando las personas comienzan a armarse, a aprender técnicas de defensa personal, a comprar y contratar servicios de seguridad a nivel de casa, cuadra, barrio, colonia, propiedades y vehículos, para lo cual tienen que invertir un alto porcentaje de los ingresos familiares.

La pobreza, exclusión social, desigualdad y falta de oportunidades

El deterioro de la situación económica de un país, asociado a la falta de empleo, encarecimiento del costo de la vida y cierre de oportunidades para la sobrevivencia o el ascenso social, puede empujar —y, de hecho, empuja— a las personas a buscar estrategias de sobrevivencia basadas en la comisión de delitos que le reditúen ingresos mínimos para cubrir los gastos diarios y, de ser posible, semanales. Los robos y asaltos dirigidos a individuos con carteras, celulares, aretes, anteojos, relojes, computadoras, *laptops*, bolsos, juegos electrónicos y otros similares, proliferan en puntos de alta concentración de personas, lugares solitarios y espacios que distraen la atención y el cuidado de las pertenencias. Estos delitos tienen visibilidad extrema y acentúan la sensación de inseguridad e indefensión ante la criminalidad, intensificando el reclamo ciudadano y la exigencia de mayor control y desempeño por parte de las autoridades civiles, militares y policiales. La situación, además, se agrava cuando los delitos se producen con armas de fuego o instrumentos cortopunzantes.

El debilitamiento de la educación como vía de ascenso social

El acceso a vías rápidas de generación de ingresos que no requieren cualificación educativa por parte de los involucrados deja sin efecto la tradición de ascenso social típica de dos o tres generaciones anteriores, mediante la cual personas de muy bajos ingresos económicos podían llegar a ocupar puestos importantes en la vida pública o privada gracias al estudio de carreras universitarias en sus diversos niveles, desde pregrado hasta posgrado, lo cual se traduciría, en un tiempo relativamente corto, en una mejoría en las condiciones de vida del núcleo familiar. Sin embargo, este modelo, que funcionó muy bien en tiempos pasados, se ha debilitado enormemente en la actualidad ante la disminución del acceso a empleos dignos y proporcionales al esfuerzo de la inversión en educación en tiempo y recursos. A esto se añade, de forma altamente competitiva, la posibilidad de enriquecimiento rápido que ofrece el involucramiento en actividades delictivas, entre las cuales destaca la narcoactividad y las maras con sus delitos conexos: extorsión, sicariato y lavado de dinero.

La ausencia o deterioro de los valores democráticos

Detrás de la criminalidad y la violencia se esconde una verdadera crisis de valores que se deben fomentar desde la familia, la escuela, la comunidad y los medios de comunicación. Principios como el pluralismo, la tolerancia, la solidaridad y el respeto a los que son y piensan diferente requieren de la existencia de sociedades abiertas, plurales y diversas en las que la convivencia armónica de personas con intereses distintos y hasta antagónicos se vuelve una necesidad. Contrariamente a lo que se espera de sociedades del siglo XXI, las de la región centroamericana y más allá de ella, se presentan altamente polarizadas, divididas, ideologizadas, fragmentadas y confrontadas, lo que pone a prueba la fortaleza de los valores y la calidad democrática de sus promotores —familia, escuela, medios de comunicación, iglesias, comunidad—. Si estos están contagiados de la polarización, corrupción, intolerancia, irrespeto a los demás y a las diferentes opciones políticas, religiosas, sexuales e ideológicas, no están en posición de inculcar valores en los que no creen y, por tanto, no practican. Esto nos indica fallas sustanciales en la capacidad formativa de las instancias básicas de socialización de una sociedad.

La proliferación y permisividad de las armas de fuego

En este cuadro de pobreza, exclusión, desigualdad y falta de oportunidades; rápido acceso al dinero fácil y al enriquecimiento ilícito; grave deterioro de los valores democráticos, y sociedades altamente polarizadas, se observa la generalización de la impunidad como rasgo central de la vida cotidiana. Además, se evidencia la ineficiencia y deformación de las instituciones encargadas de garantizar la seguridad, así como la debilidad y deformación del Estado de derecho. En este escenario, la proliferación y permisividad de las armas de fuego, tanto por parte del Estado como de la sociedad, actúan como poderosos catalizadores de la criminalidad en todos sus niveles y de la violencia en todas sus manifestaciones.

Los datos mencionados anteriormente, que indican que cuatro de cada cinco homicidios son producidos por arma de fuego y que el 44% de las víctimas son jóvenes entre dieciocho y treinta años (Infosegura, 2022), deberían constituirse en una alerta para que el Estado intervenga de forma decisiva en el control de la posesión y porte de armas por parte de la ciudadanía en general, así como de los delincuentes en las zonas geográficas con mayor incidencia de delitos y violencia. Sin embargo, eso no ocurre, y en cambio se aprueban leyes permisivas que se sustentan en lo que ellos mismos denominan *el derecho de la gente a portar armas para defenderse*. Esta postura da lugar a una espiral de causas, efectos, circunstancias y resultados que interfiere en cualquier iniciativa estatal de controlar la espiral de criminalidad y violencia.

El deterioro del sistema de partidos para atender las demandas de la sociedad

Hasta ahora, y con escasas excepciones, el combate a la criminalidad y la violencia se ha producido de forma unilateral por los gobiernos de turno, con exclusión de las instancias de la sociedad civil involucradas en el trabajo directo con grupos, sectores económicos y zonas geográficas. La creación de instancias y mecanismos de concertación o convergencia en el tema del combate a la inseguridad ha sido escasa y ha respondido más a la necesidad de parecer incluyentes, abiertos y colaborativos.

En este contexto, y ante la alternabilidad de partidos políticos en el ejercicio del poder, la ciudadanía ha observado el fracaso de unos y de otros para disminuir sustancialmente la percepción y la realidad de la inseguridad. A esto se suma la incapacidad de darle una sacudida a las políticas de erradicación de la pobreza, la creación de empleos, y el fortalecimiento del acceso a la salud, educación y vivienda como requisito fundamental en la lucha contra la criminalidad y la violencia. Si bien estos aspectos son condición indispensable en cualquier política de seguridad, resultan insuficientes por sí solos. Es urgente concretar una visión estratégica a largo plazo que combine la prevención con la represión del delito; el castigo con la rehabilitación y reinserción; y la atención a los diferentes tipos de delitos y violencia. La atención unilateral a uno u otro de estos enfoques desnaturaliza sus alcances e impide mejorar la imagen ante la sociedad, así como disminuir la desconfianza y el recelo de la ciudadanía.

Origen de la inseguridad

Todo lo expuesto lleva a la conclusión de que la inseguridad, en sus componentes de criminalidad y violencia, puede tener su origen tanto en la sociedad como en el Estado, produciendo un doble papel: de víctimas y victimarios en el caso de la sociedad y de victimarios y responsables en el caso del Estado (ver figura 3 para más detalles).

Figura 3. Origen de la inseguridad

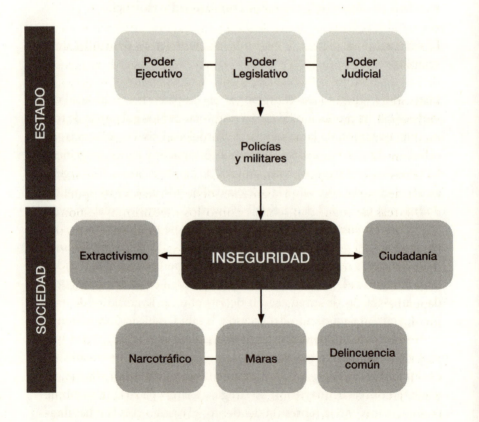

Fuente: elaboración propia.

Corresponde al Estado la responsabilidad de garantizar la seguridad de las personas y de sus bienes, tanto en términos de prevención como de represión, castigo, rehabilitación y reinserción, garantizando un mínimo de respeto por los derechos humanos de los presuntos delincuentes. Sin embargo, no siempre es así y en muchas ocasiones se percibe un involucramiento directo o indirecto en el estímulo o la impunidad de la delincuencia. Las instancias del Estado empiezan a funcionar como victimarias, es decir, como generadoras de víctimas, sea de la violencia o de la delincuencia.

Este fenómeno es evidente en los tres poderes del Estado: en el Poder Ejecutivo, con las decisiones de alto nivel para combatir la delincuencia, mismas que incluyen: suspensión de garantías, toque de queda, estado de sitio, órdenes de reprimir manifestaciones o de encubrir torturas, asesinatos y desaparecidos. En el Poder Legislativo, con la aprobación de leyes que criminalizan ciertos actos, como la asociación de delitos comunes con terrorismo, por ejemplo, así como el endurecimiento de penas para ciertos delitos y la reducción de penas para otros. En el Poder Judicial, con la aplicación de penas inferiores a las que corresponden; la autorización para ser juzgados en libertad; el dictamen de sobreseimientos definitivos; la judicialización de hechos que pertenecen al ámbito social y que requieren soluciones a nivel político, etc.

Estas tres instancias desempeñan el papel que les corresponde a través de los policías y, últimamente, de los militares incorporados a las tareas de seguridad, ambas como los mecanismos responsables sobre los cuales recae la acción de controlar los delitos. A los tres les corresponde ejercer el combate al crimen y la violencia, cada una desde el ámbito de su competencia, lo que puede producir un doble papel —como victimarias y responsables de garantizar la seguridad— dependiendo de las circunstancias, de la coyuntura y de su nivel de involucramiento con la criminalidad.

Por su parte, también en la sociedad se puede observar ese doble papel. En cuanto a su condición de víctimas, se incluye a la ciudadanía en general dentro de la cual se van perfilando con intensidad creciente las mujeres, los jóvenes, la población LGTBI, así como las diferentes etnias. Además, en distinto orden, de acuerdo con los países y sus coyunturas particulares, también aparecen: defensores de derechos humanos, ambientalistas, periodistas, manifestantes en las calles por diversos motivos y opositores políticos. En el segundo caso, el de victimarias, se encuentran el narcotráfico, las maras, la delincuencia común y el extractivismo, todos ellos con diversos niveles de intensidad de acuerdo con los países y las ciudades dentro de ellos.

La respuesta estatal a la inseguridad

La complejidad del manejo de la inseguridad se ha convertido en un verdadero desafío para los gobernantes centroamericanos, más allá de sus diferencias políticas e ideológicas. Han puesto en marcha medidas desesperadas para enfrentar los distintos retos de los dos componentes de esta: la criminalidad y la violencia, reaccionando a veces de forma apresurada ante la presión ciudadana por enfrentar satisfactoriamente la situación.

La primera iniciativa, sostenida con el paso de los años, aunque utilizando modalidades diferentes, fue la utilización de militares en tareas de seguridad, primero como apoyo a la fuerza policial y después como conductores de las estrategias. El desafío más urgente fue controlar a las maras que habían aumentado su visibilidad, agresividad y violencia, especialmente en El Salvador y Honduras, y con menor intensidad en Guatemala. Posteriormente, la lucha contra el narcotráfico presentó desafíos similares, siendo Honduras el país más afectado, seguido, con una distancia considerable, por Guatemala y El Salvador. Costa Rica destacó siempre por tener la tasa más baja, a pesar de experimentar fluctuaciones ligeras de un año a otro. Nicaragua sigue siendo la excepción en materia de inseguridad, específicamente en lo concerniente a las maras y a la delincuencia común y organizada, aunque en los últimos años, en el tema de corrupción, se coloca junto a Honduras y Guatemala.

Más allá de los análisis particulares de cada país centroamericano, las tasas de homicidio en general presentaron una fuerte reducción en los últimos tiempos. La tasa de homicidios por cada 100 000 habitantes se convirtió en el principal tormento de los gobernantes hasta que, finalmente, lograron presentar cifras más aceptables, incluidos Honduras y El Salvador, este último con datos muy pronunciados, pese al señalamiento de que las fuentes oficiales no son confiables y que no incluyen las muertes de mareros en enfrentamientos con la policía (Silva Ávalos, 2023). No obstante, los gobernantes han tenido que enfrentar varios desafíos, y al tomar decisiones en uno u otro sentido, han pagado un costo —político en el caso de ellos y social en el caso de la ciudadanía—. Veamos esos desafíos.

Militarización

Al crecer el fenómeno de la inseguridad, en general o en cualquiera de sus componentes, sumado a múltiples problemas acumulados, la policía resultó insuficiente para enfrentar la dimensión del reto, dejando en evidencia su ineficiencia e incapacidad de resultar ganan-ciosa ante una amenaza de estas dimensiones. La primera reacción de la policía y de los gobernantes fue adjudicar la incompetencia a la falta de recursos tanto humanos como logísticos. Esto condujo a elevar los presupuestos asignados creando un desbalance en relación con los objetivos del desarrollo y los de la defensa. Como resultado, esto se tradujo en una disminución de los fondos destinados al desarrollo y en un aumento de los de seguridad y defensa, en la medida en que fueron asignando a las Fuerzas Armadas más funciones de seguridad.

Esto tuvo un impacto en el balance presupuestario, ya que asignó porcentajes menores a necesidades centrales como salud, educación, trabajo, agua potable, vialidad, entre otros, mientras que los destinados a seguridad y defensa aumentaron, situación que terminó agudizando las deficiencias sociales que se visibilizaron con fuerza durante la pandemia, así como los azotes de las tormentas más recientes. Lo interesante a destacar es que el crimen y la violencia requieren de la intervención policial más que de la militar, razón por la cual los militares comenzaron a *migrar* de sus funciones tradicionales de defensa de la soberanía e integridad territorial a desempeñar tareas policiales, acción que les permitió recuperar presencia y asumir una cuota del presupuesto destinado a combatir la inseguridad.

Lo anterior propició la presencia militar en tres ejes fundamentales: 1) combate al narcotráfico; 2) control de las maras; 3) control de los centros penitenciarios. Esta tendencia se marcó con mayor o menor énfasis en los países centroamericanos, particularmente en los del triángulo norte, El Salvador, Honduras y, con menor visibilidad, en Guatemala. Las Fuerzas Armadas, que incluyen sus ramas terrestre, aérea y naval, se involucraron en el combate al narcotráfico (con mayor énfasis en Honduras). Asimismo, desempeñaron un papel en el control de las maras, vinculado al control de centros penitenciarios, principalmente en El Salvador y, más recientemente, en Honduras.

Una decisión como la descrita terminó reduciendo el protagonismo policial en el combate contra la criminalidad y la violencia, al mismo tiempo que fortaleció el papel central de los militares. Para estos últimos, la lucha contra los narcotraficantes y mareros era similar al combate de los enemigos externos o internos, en línea con la concepción ideologizada de la seguridad nacional del siglo pasado. Al subordinar los policías a los militares en sus funciones constitucionales y trasladar la toma de decisiones de las estrategias de seguridad a estos últimos, se pospuso consciente o inconscientemente la tarea urgente de depurar a la policía cuya imagen se había deteriorado, presentando altos niveles de corrupción, complicidad con los delincuentes y deterioro institucional.

Criminalización

De forma paralela al enfrentamiento de narcotraficantes y mareros, se ha producido un aumento de la protesta social, con un enfoque más acentuado en la lucha ambiental centrada en la protección del territorio, los ríos y el medio ambiente. Esta tendencia ha dado lugar a una rápida criminalización de dichas protestas, expresada en tres ejes centrales: 1) represión puntual y selectiva, llevada a cabo por militares y policías; 2) judicialización, mediante la aplicación de leyes antiterroristas y similares, lo que ha permitido el involucramiento de fiscales, jueces y magistrados; 3) control ideológico, encabezado por los medios de comunicación e iglesias evangélicas, que se encargaron de complementar las acciones militares, policiales y judiciales.

Todo lo mencionado ha adquirido mayor visibilidad en Guatemala y Honduras, situación que persiste en este último país, sin que se haya logrado avanzar a su sustracción del ámbito judicial y su devolución al ámbito político y social en el que debe encontrarse su solución. Una situación similar se produjo en Nicaragua con la protesta social iniciada en 2018 que movilizó a jóvenes universitarios y otros sectores sociales. Estos manifestantes fueron víctimas de una criminalización llevada al extremo que no solo involucró represión, judicialización y control ideológico, sino que llegó hasta el exilio, la pérdida de la nacionalidad, la expropiación de bienes y la eliminación de la oposición política.

Acciones estatales como estas, que implican la criminalización de las protestas y el uso de militares en el combate a maras, tienen como requisito el control de instancias como el Ministerio Público o la Procuraduría, la Corte Suprema de Justicia y el Poder Legislativo (Congreso o Asamblea). Además, se sustentan en la complicidad de líderes religiosos, por lo general de iglesias evangélicas, así como en las fuentes oficiales de información y algunos medios de comunicación de fuerte impacto. Además, intervienen ciertos *intelectuales orgánicos* encargados de legitimar acciones abiertamente ilegales. Estos patrones se han observado con claridad en la Honduras de Juan Orlando Hernández, El Salvador de Nayib Bukele y la Nicaragua de Daniel Ortega, lo que ha llevado a señalar que el precio del control de la inseguridad y la protesta social conlleva un alto precio en materia de garantías constitucionales y fortalecimiento democrático.

Restricción de garantías

Un punto central en esta política de la militarización del combate contra las maras y el narcotráfico, así como de la criminalización del derecho a la protesta, es la suspensión de determinadas garantías constitucionales (como la libertad de movimiento y de expresión, el derecho de asociación o al debido proceso, entre otros). Estas garantías se convierten en un *obstáculo* en el momento de perseguir, detener o buscar a personas en viviendas a cualquier hora y sin orden judicial por simple sospecha o deducción (tatuajes, por ejemplo) y privarlas de libertad sin tener pruebas y sin ser sometidas a juicio, someterlas a tratos inhumanos, tortura incluida, así como negarles atención médica, aislarlas de la sociedad y negar información a familiares, entre muchos otros.

Una decisión como esta, de suspender garantías constitucionales, presenta tres problemas graves: 1) su prolongación en el tiempo, ya

que se aprueba por un período corto y luego se renueva repetida-
mente; 2) que la ejercen militares y policías que a menudo consideran que aquellos que cuestionan la ley o rompen el orden público no
deben tener garantías constitucionales; 3) que no existen instancias
de seguimiento y control del desempeño militar/policial en este espacio de peligroso libre albedrío.

Es indudable que enfrentar la criminalidad y la violencia presenta
un alto nivel de complejidad y riesgo político. Hacerlo supone una
voluntad esencialmente autoritaria que trasciende las diferencias políticas, ideológicas y culturales, que coloca en el mismo nivel a Daniel
Ortega, Nayib Bukele y Juan Orlando Hernández. El desafío más
importante se presenta para los gobernantes posteriores a estos seño-
res, como Xiomara Castro en Honduras, política e ideológicamente
distante del anterior mandatario, o el nuevo presidente de Guatemala, para no incluir a otros países, como Costa Rica y Panamá, cuyos
niveles de inseguridad se mantienen aún en niveles manejables.

Prevención o represión

En el contexto actual de la región centroamericana, la gran ausente
parece ser la prevención como política de Estado integral y de largo
plazo. Hasta ahora, el énfasis se ha centrado en la represión que, a pesar de tener resultados en el corto plazo, conlleva un costo político
bastante alto, además de no ser sostenible en el tiempo. Esto significa
que al aflojar un poco los niveles de represión (caracterizada por militarización, criminalización y suspensión de garantías), el fenómeno
vuelve a recuperar su ritmo y complejidad. Pensar en la prevención
es un esfuerzo que trasciende la intencionalidad de un Gobierno porque supone la activación de toda la institucionalidad del Estado dedicada a la atención de necesidades sociales. Además, implica asignar
presupuesto, quitándoselo a seguridad y defensa, lo cual anuncia una
disminución del énfasis en la represión, situación que se vuelve difícil
cuando el problema sigue presente y el poder legislativo sigue controlado por la oposición política con la cual hay que negociar.

Las iniciativas de prevención suponen la incorporación de otros
sectores políticos con posibilidades de llegar al Gobierno en el futuro cercano, para darle continuidad a la inversión que suele ser cuan-

tiosa y con metas muy difíciles de alcanzar. No obstante, esto es prácticamente imposible en sociedades fuertemente polarizadas y confrontadas que anulan toda posibilidad de diálogo, concertación o convergencia. Asimismo, supondría la incorporación de sectores sociales para que acompañen el proceso y aporten su experiencia y visión desde el área en la que trabajan. Esta participación también se vuelve difícil en ambientes repletos de desconfianza, recelo, rechazo, acomodos y reacomodos de las lealtades.

Corto o largo plazo

La decisión sobre el balance entre prevención y represión está ligada a la importancia de actuar sobre el corto y el largo plazo. El corto plazo persigue acciones concretas y logros de impacto inmediato, mientras que el largo plazo está relacionado con movimientos de ejecución lenta y de resultados aún más tardíos, pero que aseguran mayor durabilidad y permanencia. Lo anterior se puede observar más fácilmente en la idea expuesta previamente: cómo garantizar que un niño nacido hoy no se convierta en marero o delincuente en quince o veinte años. Para lograr este objetivo hay que activar toda la institucionalidad del Estado, que supone atención a las necesidades sociales para asegurarle alimentación, techo seguro, cuidados cuando la madre trabaje fuera del hogar, acceso a un centro educativo, manejo apropiado del ocio, atención primaria en salud, formación en valores democráticos, acceso a áreas de recreación, arte y deportes, acceso a carreras técnicas a nivel medio o superior y trabajo seguro. Cuando el Gobierno en el que nace termine, este niño tendrá cuatro u ocho años, dependiendo de la posibilidad de reelección, lo que significa que deben transcurrir de tres a cuatro administraciones para que se vean los resultados, razón por la cual hay que mantener los programas adecuados. Lo anterior significa que, sin articulación de esfuerzos, establecimiento de pactos políticos y sociales y conciencia sobre la importancia de unirse para conseguir el objetivo de tener una sociedad segura, libre del miedo y respetuosa de la convivencia social, va a ser muy difícil avanzar en el tema de seguridad, lo que puede extender por años y décadas el debate sobre la mejor manera de abordarlo.

Tendencias y perspectivas

En lo expuesto anteriormente podemos perfilar algunas tendencias muy marcadas:

- Los problemas más graves de criminalidad y violencia se encuentran en los tres países ubicados al norte de Centroamérica, Guatemala, Honduras y El Salvador, unidos por historias similares de convulsión social, golpes de Estado, debilidad institucional, corrupción, impunidad y fragilidad del Estado de derecho.
- Esos países han experimentado una reducción de sus tasas de homicidios por cada 100 000 habitantes, más drástica en el caso de El Salvador y un poco menos en Honduras, pero siempre dentro de la tendencia indicada.
- Costa Rica, Panamá y Nicaragua presentan alguna tendencia al alza, pero siempre dentro de su condición de inseguridad mínima que arroja las cifras más bajas de la región.
- Nicaragua mantiene bajas sus cifras de criminalidad y violencia, pero se asemeja a los tres países del norte de la región en temas de corrupción y, más recientemente, criminalización de la protesta y suspensión de garantías constitucionales.
- La llegada al poder de la presidenta Xiomara Castro en Honduras ha llenado de expectativas de cambio el ambiente nacional. Sin embargo, estas se ven nubladas por la utilización de iniciativas similares a las del anterior mandatario hondureño y del vecino presidente de El Salvador para controlar la inseguridad, como la militarización y la suspensión de garantías individuales. Además, a la espera de ver si logra marcar una diferencia sustancial en el tema del combate a la corrupción y narcotráfico y en la eliminación de la criminalización de la lucha ambiental que parece tener su propia dinámica.
- En los tres países del norte el fenómeno de las maras se volvió muy complejo por cuanto mutaron de su concepción original (defensa de los territorios) y se involucraron en otras actividades delictivas como extorsión, sicariato y narcoactividad.

- Lo anterior explica la superación de las iniciales formas de abordaje del fenómeno mediante el trabajo comunitario y el abordaje integral desde las organizaciones sociales e instituciones estatales. En su lugar, se ha observado un desplazamiento hacia formas más agresivas de control vía represión.
- La prevención y la visión de largo plazo siguen siendo las grandes ausentes en la lucha contra la criminalidad y la violencia. Incorporarlas implica la construcción de espacios de tolerancia y respeto, que no abundan en una época de fuerte polarización y confrontación.
- La militarización de la seguridad lleva dos riesgos: 1) el fortalecimiento de la presencia militar en el espacio público y el peligro de que aumente su condición de amenaza a la estabilidad política y social; 2) la anulación de la policía como instancia constitucional para garantizar la seguridad por cuanto se pospone la iniciativa de depuración y profesionalización como ente independiente del ámbito castrense.
- La existencia de leyes e instancias que aseguran la criminalización de la protesta social y anulan su derecho constitucional se convierte en un peligro creciente, peor si dependen de gobernantes de acentuados rasgos autoritarios.

En este contexto se pueden perfilar algunas perspectivas que pueden ayudar a visualizar los grandes desafíos para el combate de la criminalidad en contextos democráticos. Veamos:

- La obtención de resultados positivos y sostenibles en el mediano plazo de la militarización, criminalización y restricción de las garantías constitucionales puede llegar a constituirse en un modelo a seguir y generalizarse no solo en Centroamérica, sino también en América Latina.
- Lo anterior permitiría deducir que vale la pena sacrificar un poco la democracia para conseguir resultados positivos en la lucha contra la criminalidad y la violencia. Sin embargo, esta perspectiva también abre las puertas al autoritarismo, a la continuidad gubernamental (a pesar de la prohibición constitucional) y a la restauración del poder de los militares en el Estado y ante la sociedad.

- Las organizaciones sociales en su diversidad deben estar atentas a la evolución de esta tendencia y a la evaluación de los resultados. Esto incluye a los organismos de defensa de los derechos humanos, quienes deben analizar a profundidad la recepción positiva que tales tendencias han tenido y siguen teniendo, para volverse interlocutores y no solo opositores de las iniciativas del Estado y la satisfacción sigilosa de la sociedad.

- Los gobiernos deben abrir espacios de diálogo para avanzar en el enfrentamiento de la criminalidad y de la violencia sin contaminarse de la represión fácil y de la prepotencia de militares y policías, quienes a veces asumen que son los únicos que saben enfrentar la situación, excluyendo la visión civil que siempre debe estar por encima de ellos.

Bibliografía

GOBERNABILIDAD Y ESTADO DE DERECHO EN CENTROAMÉRICA: EL PULSO
ENTRE DEMOCRACIAS Y DICTADURAS; ENTRE JUSTICIA E IMPUNIDAD

Arauz, S., y Labrador, G. (23 de julio de 2018). *El Faro*. Obtenido de «Hicimos sentencias que son irreversibles»: https://elfaro.net/es/201807/el_salvador/22239/hicimos-sentencias-que-son-irreversibles.htm

Botella, J. (2006). *Transiciones democráticas en América Central: 1979-1995*. Universidad Autónoma de Barcelona, 9-15.

Comisión Internacional contra la Impunidad en Guatemala (2017). *El financiamiento privado de la política en Guatemala y sus efectos en la democracia*. Guatemala.

Freedom House (15 de julio de 2022). Obtenido de Global Freedom Scores: https://freedomhouse.org/countries/freedom-world/scores

Global Witness (2017). *Honduras: el país más peligroso del mundo para el activismo ambiental*. Londres.

Grupo Interdisciplinario de Expertos Independientes (2018). *Informe sobre los hechos de violencia ocurridos entre el 18 de abril y el 30 de mayo de 2018*. Washington D. C.: Organización de Estados Americanos.

Gutiérrez, E. (19 de agosto de 2023). *Diario El País*. Obtenido de «La batalla decisiva contra las élites depredadoras de Guatemala»: https://elpais.com/opinion/2023-08-19/la-batalla-decisiva-contra-las-elites-depredadoras-de-guatemala.html

La Oficina en Washington para Asuntos Latinoamericanos WOLA. (21 de Julio de 2022). *www.wola.org*. Obtenido de WOLA: https://www.wola.org/es/analisis/lista-engel-que-mensaje-envia-estados-unidos-a-centroamerica/

La Oficina en Washington para Asuntos Latinoamericanos WOLA. (27 de marzo de 2023). *WOLA*. Obtenido de «Un año sin libertades civiles en El Salvador: cuando la excepción se convierte en regla»: https://www.

wola.org/es/2023/03/ano-sin-libertades-civiles-el-salvador-cuando-excepcion-convierte-regla/

Labrador, G. (28 de septiembre de 2021). *Gatopardo*. Obtenido de https://gatopardo.com/reportajes/bukele-el-autoritario-cool/

Luna, Y. (19 de abril de 2021). *El Confidencial*. Obtenido de abril de 2018: «Las primeras 55 víctimas de la masacre del régimen Ortega-Murillo»: https://confidencial.digital/nacion/abril-2018-las-primeras-55-victimas-de-la-masacre-del-regimen-ortega-murillo/

Maldonado, A. (octubre de 2022). *Agencia Ocote*. Obtenido de «Persecución y Criminalización»: https://www.agenciaocote.com/blog/2022/10/06/jueces-fiscales-periodistas-ciudadanos-perseguidos-guatemala/

Nodo 50.org. (s.f.). Obtenido de https://www.nodo50.org/mlrs/Biblioteca/otto/vamonos.pdf

Oficina del Alto Comisionado de las Naciones Unidas para los Derechos Humanos (18 de enero de 2023). «Guatemala: el alto comisionado de la ONU para los Derechos Humanos, Volker Türk, expresa su profunda preocupación por la persecución de funcionarios de justicia». Obtenido de https://oacnudh.org.gt/2023/01/18/guatemala-el-alto-comisionado-de-la-onu-para-los-derechos-humanos-volker-turk-expresa-su-profunda-preocupacion-por-la-persecucion-de-funcionarios-de-justicia/

Oficina del Alto Comisionado de las Naciones Unidas para los Derechos Humanos (15 de agosto de 2023). «Espacio cívico y defensores de derechos humanos». Obtenido de https://www.ohchr.org/es/topic/civic-space-and-human-rights-defenders#:~:text=El%20espacio%20c%C3%ADvico%20constituye%20el,pol%C3%ADticas%20que%20afectan%20sus%20vidas.

Organización de Estados Americanos (mayo de 2013). Obtenido de «El acceso a la información pública, un derecho para ejercer otros derechos»: https://www.oas.org/es/sap/dgpe/concursoinformate/docs/cortosp8.pdf

Rivas, E. T. (2010). «Las democracias malas de Centroamérica. Para entender lo de Honduras, una introducción a Centroamérica». *Nueva Sociedad*.

Rojas, A. C. (1993). *Centroamérica en la estrategia militar norteamericana en la administración de Carter*. Universidad de la Rioja, 141-166.

Terán, S. C. (2013). *La reforma de la justicia en Centroamérica*. Buenos Aires: Centro Interuniversitario de Estudios Latinoamericanos y Caribeños Fundación Friedrich Ebert.

UDEFEGUA. (2022). *Informe situación de personas, organizaciones y comuni-*

dades defensoras de derechos humanos en Guatemala. Guatemala: UDEFE-
GUA.

Véliz, R. (17 de abril de 2015). «La defraudación aduanera: el corazón del
proyecto militar y del PP». Obtenido de *Nómada*: https://nomada.gt/
pais/la-defraudacion-aduanera-el-corazon-del-proyecto-militar-y-
del-pp/

ESTADOS UNIDOS Y CENTROAMÉRICA: LOS LÍMITES DE LA INFLUENCIA

Abi-Habib, M. (5 de mayo de 2022). Nicaragua's Secretive Ruling Family
Reaches Out Quietly to the U.S. *New York Times.* https://www.nyti
mes.com/2022/05/05/world/americas/nicaragua-ruling-family-us.
html

AFP. (28 de marzo de 2013). EUA apoyará a la Policía de Honduras, pero
no al director. *La Prensa* (Honduras).

Arnson, C. J., y Olson, E. L. (Ed. noviembre de 2011). Organized Crime
in Central America: The Northern Triangle. *Woodrow Wilson Center
Reports on the Americas,* 29.

Associated Press (17 de marzo de 2013). Honduras Police Accused of Dea-
th Squad Killings. *New York Times.*

Azpuru, D. (12 de diciembre de 2022). Guatemala's Authoritarian Slide
Under Giammattei is Putting Biden in a Bind. *World Politics Review.*

BBC News (3 de mayo de 2021). US concerned over removal of top Sal-
vadorean judges.

Bello (26 de junio de 2021). Daniel Ortega tears up all presence of democracy in Nicaragua. *The Economist.* https://www.economist.com/the-
americas/2021/06/26/daniel-ortega-tears-up-all-pretence-of-democra
cy-in-nicaragua

Beteta, H. (agosto de 2012). *Central American Development: Two Decades of
Progress and Challenges for the Future (Informe N.° 3-88).* Wilson Center
and Migration Policy Institute, Regional Migration Study Group.

Biden, J. R., Jr. (30 de enero de 2015). A Plan for Central America. *New
York Times.*

Breda, T. (septiembre de 2019). Curtain Falls on Guatemala's International
Commission Against Impunity. *International Crisis Group.*

Brewer, S. (3 de mayo de 2023). Biden is Rebranding Trump's Border
Policies, Not Dismantling Them. *World Politics Review.*

Brigida, A.-C., *et al.* (21 de abril de 2022). Former Honduras president
Juan Orlando Hernández extradited to U.S. *Washington Post.*

Bukele, N. [@nayibbukele]. (1 de mayo de 2021). A nuestros amigos de la Comunidad Internacional: Queremos trabajar con ustedes, comerciar, viajar, conocernos y ayudar en lo que podamos. Nuestras puertas están más abiertas que nunca. Pero con todo respeto: Estamos limpiando nuestra casa. ...y eso no es de su incumbencia. [Tweet]. Twitter. https://twitter.com/nayibbukele/status/1388705685689540615?ref_src= twsrc%5Etfw%7Ctwcamp%5Etweetembed%7Ctwterm%5E13887056 8568954061...

Bush, L. (17 de junio de 2018). Separating children from their parents at the border 'breaks my heart. *Washington Post.*

Call, C. (junio, 2020). *Fleeting Success: The Legacy of Honduras' International Anti-Corruption Mission* (Working Paper n.° 27). American University, Center for Latin American and Latino Studies.

Call, C., y Hallock, J. (enero de 2020). *Too Much Success? The Legacy and Lessons of the International Commission Against Impunity in Guatemala* (Working Paper n.° 24). American University, Center for Latin American and Latino Studies.

Campos Madrid, G. (28 de octubre de 2023). EUA cambia discurso sobre reelección presidencial en El Salvador dos años después. *Associated Press.*

Cantizzano, I. (30 de noviembre de 2021). Inseguridad alimentaria subió 4 puntos en Triángulo del Norte de C.A. a causa de la pandemia. *El Economista* (México).

Chappell, B. (26 de marzo de 2021). «"Predatory Elite" Also Bear the Blame for Migrant Crisis, NSC's Juan González Says». National Public Radio. https://www.npr.org/2021/03/26/981284187/predatory-elite-also-bear-the-blame-for-migrant-crisis-juan-gonzalez-says?t=1616 853945346

Chishti, M., y Bush-Joseph, K. (26 de enero de 2023). *Biden at the Two-Year Mark: Significant Immigration Actions Eclipsed by Record Border Numbers.* Migration Policy Institute.

Congressional Research Service. (n.d.). R44812, 15.

Cruz, J. M. (2011). Criminal Violence and Democratization in Central America: The Survival of the Violent State. *Latin American Politics and Society, 53*(4), 1-33.

Cruz, J. M., Fernández de Castro, R., y Santamaría Balmaceda, G. (2012). Political Transition, Social Violence, and Gangs: Cases in Central America and Mexico. In C. J. Arnson (Ed.), En *The Wake of War: Democratization and Internal Armed Conflict in Latin America* (pp. 317-349). Stanford, CA: Stanford University Press.

De Córdoba, J. (30 de marzo de 2021). Brother of Honduras President Sentenced to Life in Drug Trafficking Case. *Wall Street Journal*.

ECLAC (17 de septiembre de 2021). Comprehensive Development Plan for El Salvador, Guatemala, Honduras, and south-southeast Mexico, 8.

González, D. (17 de marzo de 2002). Central America's Cities Grow Bigger and Poorer. *New York Times*. https://www.nytimes.com/2002/03/17/world/central-america-s-cities-grow-bigger-and-poorer.html

González, D. (24 de marzo de 2002). Central America Waiting to Reap Benefits of Peace. *New York Times*. https://www.nytimes.com/2002/03/24/world/central-america-waiting-to-reap-beneifts-of-peace.html

Gramer, R. (23 de noviembre de 2018). How One Top Diplomat Took a Stand Against Trump's Immigration Policy. *Washington Post*.

Hackman, M., & Montes, J. (19 de noviembre de 2019). Asylum Seekers at U.S. Southern Border Can Now Be Sent to Guatemala Instead. *Wall Street Journal*.

Injudicious judges (2 de abril de 2022). Central America's legal systems are increasingly corrupt. *The Economist*.

Inter-American Commission on Human Rights (18 de abril de 2022). *Press Release: Four Years into Nicaragua's Human Rights Crisis, the IACHR Stresses Its Commitment to the Country*.

Kim, S. M. (7 de agosto de 2014). Influx of migrant children slows. *Politico*.

Latell, B. (2019). *Central America 2019: Challenges for U.S. Interests* (Latin American and Caribbean Center, Florida International University, LACC Working Paper n.° 1/2019).

Meyer, P. J. (12 de noviembre de 2019). *U.S. Strategy for Engagement in Central America: Policy Issues for the Congress* (Informe n.° R44812). Congressional Research Service.

Meyer, P. J. (16 de febrero de 2021). U.S. Strategy for Engagement in Central America: An Overview (Informe n.° IF10371, p. 2). Congressional Research Service.

Meyer, P. J. (s.f.). *U.S. Strategy for Engagement*, pp. 20-22.

Miroff, N., Kim, S. M., & Partlow, J. (8 de mayo de 2018). WAPO: U.S. embassy cables warned against expelling 300 000 immigrants. Trump officials did it anyway. *Washington Post*.

Molinas, J. R., Paes de Barros, R., et al. (2010). *Do Our Children Have a Chance? The 2010 Human Opportunity Report for Latin America and the Caribbean*. Washington, DC: The World Bank.

Nakamura, D., y O'Keefe, E. (25 de julio de 2014). Little hope in White House for emergency funds to stem influx of migrants at border. *Washington Post*.

Nealon, J. D., *et al*. (2 de junio de 2021). Why corruption matters in Central America. *Univision*.

Olson, E. L., y Moffett, K. (2015). Executive Summary. En E. L. Olson (Ed.), *Crime and Violence in Central America's Northern Triangle. Wilson Center Reports on the Americas, 34*, pp. 1-17.

Olson, E. L., y Zaino, C. (2015). The Central America Regional Security Initiative: Losing the Good Fight: When Good Intentions are Not Enough. En Olson, E. L. (Ed.), *Crime and Violence in Central America's Northern Triangle*, p. 52.

Olson, E., y Zúñiga, R. (diciembre de 2020). Overview. En E. Olson (Ed.), *U.S. Foreign Aid to the Northern Triangle 2014-2019: Promoting Success by Learning from the Past.Wilson Center Reports on the Americas, 42*, pp. 6-9, 14-91.

Organization of American States, Inter-American Commission on Human Rights (21 de junio de 2018). *Gross Human Rights Violations in the Context of Social Protests in Nicaragua*.

Padgett, T. (4 de marzo de 2020). Trump's 'Proven' Partner in Honduras May Prove a Liability if Murder, Migrants Surge. *WLRN News*.

Programa de las Naciones Unidas para el Desarrollo (2009). *Informe sobre Desarrollo humano para América Central 2009-2010*. Nueva York: PNUD.

Putzel-Kavanaugh, C., y Ruiz Soto, A. (octubre de 2023). *Shifting Patterns and Policies Reshape Migration to U.S.-Mexico Border in Major Ways in 2023*. Migration Policy Institute.

Reuters (23 de mayo de 2017). Trump proposes deep U.S. spending cuts in Mexico, Central America.

Rios, K. I. (5 de abril de 2023). *Nicaragua* (Informe No. IF12247). Congressional Research Service. https://crsreports.congress.gov/product/pdf/IF/IF12247

Rivera, O., y Nealon, J. D. (10 de abril de 2019). The U.S. Helped Cut Honduras' Murder Rate in Half. Withdrawing Aid When the Good Guys are Gaining Ground Won't Help Honduras or the U.S. *Washington Post*.

Rogers, T. (4 de abril de 2013). Drug War Do-Over: Can the U.S. Push Trafficking Out of Central America? *Time*.

Roig, E. (s.f.). *An Overview of the Central American Regional Security Initiative (CARSI) to Reduce Violence and Strengthen Institutions in the Northern Triangle of Central America (NTCA)* (Report prepared for the Western Hemisphere Drug Policy Commission). Creative Associates, 2-6.

Ruiz Soto, A. (octubre de 2022). *Record-Breaking Migrant Encounters at the*

U.S.-Mexico Border Overlook the Bigger Story. Migration Policy Institute.

Schneider, M. (20 de julio de 2021). *Six Months On: Changes in U.S. Policy toward the Northern Triangle*. Center for Strategic and International Studies.

Secretary of State Mike Pompeo (4 de junio de 2018). *Remarks at the General Assembly of the Organization of American States*.

Seelke, C. R. (28 de enero de 2016). *El Salvador: Background and U.S. Relations* (Informe n.° R43616). Congressional Research Service.

Selee, A., Arnson, C. J., & Olson, E. L. (enero de 2013). *Crime and Violence in Mexico and Central America: An Evolving but Incomplete US Policy Response* (Informe n.° 5). Wilson Center and Migration Policy Institute, Regional Migration Study Group.

Semple, K. (25 de septiembre de 2019). Trump Attracts Central American Support for Hard-Line Migration Policies. *New York Times*.

Shear, M. D. (6 de febrero de 2023). Harris Announces Funding to Address Root Causes of Migration Crisis. *New York Times*.

Shear, M. D., y Kanno-Youngs, Z. (3 de Agosto de 2019). Guatemala Deal Divides Trump's Cabinet Officials. *New York Times*.

Sieff, K. (19 de febrero de 2022). This judge is one of the last U.S. allies in the Guatemala corruption fight. Politicians keep trying to sideline her. *Washington Post*.

Sullivan, M. P., Beittel, J. S., et al. (8 de enero de 2021). *Latin America and the Caribbean: U.S. Policy and Issues for the 116th Congress* (Informe n.° R46258). Congressional Research Service, 42.

Sullivan, P. (29 de junio de 2014). Border security: Key questions answered. *The Hill*.

The White House, Office of the Vice President. (15 de abril de 2018). Remarks by Vice President Pence at First Plenary Session of the Summit of the Americas.

The White House (13 de diciembre de 2021). Vice President Kamala Harris Announced New Commitments as Part of the Call to Action for the Private Sector to Deepen Investment in Central America, Now Totaling Over $1.2 Billion.

The White House (2 de noviembre de 2018). Remarks by National Security Advisor John R. Bolton on the Administration's Policies in Latin America. Miami Dade College.

The White House (27 de noviembre de 2018). Executive Order 13851: Blocking Property of Certain Persons Contributing to the Situation in Nicaragua.

The White House (28 de junio de 2018). Remarks by Vice President Pence, President Morales of the Republic of Guatemala, President Sánchez Cerén of the Republic of El Salvador, and President Hernández of the Republic of Honduras in Joint Press Statements.

The White House (7 de noviembre de 2021). Statement by President Joseph R. Biden, Jr. on Nicaragua's Sham Elections. Statements and releases. https://www.whitehouse.gov/briefing-room/statements-relea ses/2021/11/07/statement-by-president-joseph-r-biden-jr-on-nicara guas-sham-elections/

U.S. Customs and Border Protection (24 de noviembre de 2015). Southwest Border Unaccompanied Alien Children FY 2014.

U.S. Department of Homeland Security (2 de febrero de 2023). Fact Sheet: A Review by the Family Reunification Task Force on the Second Anniversary of Its Establishment.

U.S. Department of Justice (7 de junio de 2021). Attorney General Announces Initiatives to Combat Human Smuggling and Trafficking and to Fight Corruption in Central America. Press Release. https://www. justice.gov/opa/pr/attorney-general-announces-initiatives-combat-human-smuggling-and-trafficking-and-fight

U.S. Department of State, Bureau of Western Hemisphere Affairs (27 de diciembre de 2011). The Central America Regional Security Initiative: A Shared Partnership.

U.S. Department of State, Bureau of Western Hemisphere Affairs (14 de septiembre de 2021). U.S. Relations with Nicaragua.

U.S. Department of State, Tillerson, R. W. (2017, 15 de junio). Remarks at the Conference for Prosperity and Security in Central America Opening Plenary Session.

U.S. Department of State (16 de octubre de 2019). Press Statement: United States Resumed Targeted U.S. Foreign Assistance for El Salvador, Guatemala, and Honduras.

U.S. Department of State (20 de julio de 2021). Press Statement: Designations of former Honduran President Porfirio Pepe Lobo Sosa and Former First Lady Rosa Elena Bonilla Avila for Involvement in Significant Corruption.

U.S. Department of State (7 de agosto de 2023). Secretary Blinken and Salvadoran Foreign Minister Alexandra Hill Tinoco Before Their Meeting. https://www.state.gov/secretary-blinkens-meeting-with-el-salvadors-foreign-minister-hill/

U.S. Department of State (s.f.). Report to Congress on Foreign Persons who have Knowingly Engaged in Actions that Undermine Democratic Processes or Institutions, Significant Corruption, or Obstruction of

Investigations into Such Corruption in El Salvador, Guatemala, and Honduras, pp. 1-8.

U.S. Department of the Treasury (27 de noviembre de 2018). Press Release: Treasury Targets Nicaraguan Vice President and Key Advisor Over Violent Response to Protests.

U.S. Embassy in Nicaragua (17 de abril de 2019). Stand for Democracy and Human Rights in the Western Hemisphere.

U.S. General Accountability Office (septiembre de 2021). Northern Triangle of Central America: The 2019 Suspension and Reprogramming of U.S. Funding Adversely Affected Assistance Projects (Informe No. GAO-21-104366).

UN Economic Commission for Latin America and the Caribbean (s.f.). *Latin America and the Caribbean: Population estimates and projections: Country's demographic profile.* Recuperado de https://www.cepal.org/en/subtopics/demographic-projections/latin-america-and-caribbean-population-estimates-and-projections/countrys-demographic-profile

UN Economic Commission on Latin America and the Caribbean (ECLAC/CEPAL) (2021). *Preliminary Overview of the Economies of Latin America and the Caribbean 2020.* Santiago, Chile: United Nations, 117.

UN Human Rights Council (febrero de 2007). Report of the Special Rapporteur on extrajudicial, summary, or arbitrary executions, Philip Alston. En *Civil and Political Rights, Including Questions of Disappearances and Summary Executions, Addendum, Mission to Guatemala 21-25 August 2006* (A/HRC/4/20/Add.2).

USAID (4 de noviembre de 2021). *Announces Local Initiative to Empower Local Partners in El Salvador, Guatemala, and Honduras.*

USAID (julio de 2018). El Salvador Country Fact Sheet, 1. https://2017-2020.usaid.gov/sites/default/files/documents/1862/El_Salvador_External_Fact_Sheet_July_2018.pdf

Villiers Negroponte, D. (mayo de 2009). *The Merida Initiative and Central America: The Challenges of Containing Public Insecurity and Criminal Violence* (Working Paper n.° 3). Foreign Policy at Brookings, Brookings Institution.

Wilhelm, B. (28 de mayo de 2021). *Biden's 'Root Causes' Approach to Migration Meets Resistance in Central America.*

World Bank. (s.f.). *Worldwide Governance Indicators.* https://info.worldbank.org/governance/wgi/Home/Reports.

¿QUÉ SIGNIFICA SER MUJER EN CENTROAMÉRICA?

ACNUR (marzo de 2023). Datos oficiales movimientos flujos mixtos.

Acuña, Maureen; Ceciliano, Carolina; Cruz, Alejandra; Gómez, Agustín; Hernández, Natalia; Mena, Elisabet; Rodríguez, Jorge y Vargas, Fiorella (2020). *Sistematización de información para la identificación de rutas migratorias de las poblaciones indígenas ngäbe y miskita en Costa Rica.* Observatorio del Desarrollo. UCR. https://migracion.go.cr/Documentos %20compartidos/DIDH/2020%20Rutas%20migratorias%20ind%C3 %ADgenas%20en%20CR.pdf

Alcaraz, Florencia; Beck, Ingrid y Rodríguez, Paula (2022). *Violencia de género en línea hacia mujeres con voz pública: impacto en la libertad de expresión.* Alianza Regional por la Libre Expresión e Información y ONU Mujeres. https://lac.unwomen.org/es/digi-tal-library/publications/ 2022/11/violencia-de-genero-en-linea-hacia-mujeres-con-voz-publi ca-impacto-en-la-libertad-de-expresion

Amnistía Internacional (16 de diciembre de 2022). *Guatemala: Presa de conciencia Virginia Laparra es condenada a cuatro años de cárcel.* Comunicado de prensa https://www.amnesty.org/es/latest/press-release/2022/12/ guatemala-presa-de-conciencia-virginia-laparra-es-condenada-a-cuatro -anos-de-carcel/

Artículo 66 (8 de marzo de 2022). 14 mujeres están presas en Nicaragua por «ejercer sus derechos a la protesta y la libre expresión». https://www. articulo66.com/2022/03/08/presas-politicas-mujeres-encarceladas- nicaragua-regimen-ortega/

Barrantes, Mónica (2012). La percepción de las mujeres migrantes nicaragüenses como sujetas del derecho de acceso a la justicia: caso La Carpio. 2012. *Revista Latinoamericana de Derechos Humanos, 23.* https:// www.revistas.una.ac.cr/index.php/derechoshumanos/article/view/ 5293

BBC News (10 de febrero de 2021). Caso Keyla Martínez: la indignación en Honduras por la muerte de una estudiante de enfermería tras ser detenida «por incumplimiento del toque de queda». https://www.bbc. com/mundo/noticias-america-latina-56004728

BBC News Mundo (22 de febrero de 2022.) Aborto en América Latina: en qué países es legal, está restringido o prohibido. https://www.bbc.com/ mundo/noticias-america-latina-45132307

BBC News (21 de junio de 2022). Berta Cáceres: condenan a 22 años de cárcel al autor intelectual del asesinato de la ambientalista. https:// www.bbc.com/mundo/noticias-america-latina-61881524

Benavides, Wilmer (25 de noviembre de 2022). Ortega mantiene bajo tortura a más de 20 presas políticas. *Artículo 66*. https://www.articulo66.com/2022/11/25/presas-politicas-nicaragua-sometidas-torturas-daniel-ortega/

Brenes, María José (28 de mayo de 2021). Brecha salarial en Centroamérica: Ellas tienen mejor nivel educativo, pero peor trabajo y salario. *Efeminista*. https://efeminista.com/brecha-salarial-centroamerica/

Carrasco, Haydi (4 de diciembre de 2021). Las mujeres vuelven a ser minoría en el Congreso Nacional de Honduras. *El Heraldo*. https://www.elheraldo.hn/elheraldoplus/interactivos/mujeres-minoria-congreso-nacional-honduras-GYEH1505254

Centro de Derechos Reproductivos (s.f.). *Derecho a la salud de las mujeres embarazadas*. https://www.reproductiverights.org/sites/crr.civicactions.net/files/documents/Aurora%20Fact%20Sheet%20Final.pdf

Chacón, Vinicio (15 de noviembre, 2022). Agresión sufrida por trabajadoras de tienda Syr genera amplio rechazo e indignación. *Semanario Universidad*. https://semanariouniversidad.com/pais/agresion-sufrida-por-trabajadoras-de-tienda-syr-genera-amplio-rechazo-e-indignacion/

CIDH (2019) *Migración forzada de personas nicaragüenses a Costa Rica*. párr. 252 y 327. OEA. https://www.oas.org/es/cidh/informes/pdfs/MigracionForzada-Nicaragua-CostaRica.pdf

CIMAC Noticias. Periodismo con perspectiva de género (2 de marzo de 2010). Otorga CIDH medidas cautelares para que Amalia reciba atención. https://cimacnoticias.com.mx/noticia/otorga-cidh-medidas-cautelares-para-que-amalia-reciba-atencion/#gsc.tab=0

Colectiva de Mujeres Hondureñas (2021). *Informe de investigación. El impacto de COVID-19 en las trabajadoras de maquila en Honduras: reflexiones desde el enfoque de género*. 8-9. https://www.ohchr.org/sites/default/files/2022-02/CODEMUH1.pdf

Contrapunto, Diario digital (10 de marzo de 2023). Premio Simone Veil recibe Morena Herrera. https://www.contrapunto.com.sv/premio-simone-veil-recibe-morena-herrera/

Corte IDH (26 de marzo de 2021). *Caso Vicky Hernández y otras Vs. Honduras. Fondo, Reparaciones y Costas*. Sentencia. Serie C No. 422. https://www.corteidh.or.cr/docs/casos/articulos/seriec_422_esp.pdf

Corte IDH (27 de julio de 2022). *Caso Manuela y otros Vs. El Salvador. Interpretación de la Sentencia de Excepciones Preliminares, Fondo, Reparaciones y Costas*. Sentencia. Serie C No. 461.

Diario La Prensa (7 de febrero de 2021). Universitaria, detenida durante el toque de queda, muere en la zona occidental de Honduras. https://

www.laprensa.hn/sucesos/joven-muere-intibuca-honduras-celda-po
licia-escandalo-publico-violacion-pcm-NWLP1441095

Dirección General de Migración y Extranjería. Costa Rica. https://migra
cion.go.cr/Documentos%20compartidos/Categor%C3%ADa%20
Migratorias%20%28Extranjer%C3%ADa%29/Categor%C3%ADas%
20Especiales/Categor%C3%ADas%20Especiales/Trabajador%20de%
20Ocupaci%C3%B3n%20Espec%C3%ADfica%20para%20Trabajar%
20con%20Persona%20F%C3%ADsica%20Empleado%20Dom%C3%
A9stico%20%28a%29.pdf

DW (8 de febrero de 2018). Protestan padres contra la educación sexual
en Costa Rica. https://www.dw.com/es/protestan-padres-contra-la-
educación-sexual-en-costa-rica/a-42512722

Equipo de investigaciones laborales (EIL) (2020). *Maquila textil y confección:
los salarios mínimos en Centroamérica, canastas básicas y exportaciones a
EE.UU.* 2020. EIL-ICR-BMZ https://www.maquilasolidarity.org/
sites/default/files/attachment/Maquila_textil_y_confeccion_los_salarios
_de_centroamerica_dic2020_EIL.pdf

Espinoza, Claudia y LPG Datos (7 de febrero de 2023). 2022 reportó un
aumento en denuncias por violación en El Salvador. *La Prensa Gráfica.*
https://www.laprensagrafica.com/elsalvador/2022-reporto-un-aumen
to-en-denuncias-por-violacion-20230206-0090.html

FAO, FIDA, OPS, PMA y UNICEF (2023). *Panorama regional de la seguridad alimentaria y nutricional - América Latina y el Caribe 2022: hacia una
mejor asequibilidad de las dietas saludables.* pp. 20, 21 y 31. Santiago de
Chile. https://doi.org/10.4060/cc3859es

Fernández, Mariana; Delbono, Andrea; Moreira, Constanza; Pedetti, Ga-
briela (2022) . *Desafíos y perspectivas para una sociedad del cuidado en América Latina y el Caribe: Aportes para la Reflexión.* Articulación Feminista
Marcosur y ONU Mujeres. 25-30. https://lac.unwomen.org/es/digital-
library/publications/2022/12/desafios-y-perspectivas-para-una-socie
dad-del-cuidado-en-america-latina-y-el-caribe-aportes-para-la-refle-
xion

Fonseca, Karina (2008). Feminismo y mujeres migrantes en Costa Rica.
Articulaciones pendientes en torno al trabajo doméstico remunerado.
Encuentro, 80, 57-70. https://camjol.info/index.php/ENCUENTRO/
article/view/3635/0

Fontenla, Marta (2008). ¿Qué es el patriarcado? *Mujeres en Red. El Periódico
Feminista.* https://www.mujeresenred.net/spip.php?article1396

Frontline Defenders (s.f.). *Historia del caso: Berta Cáceres.* https://www.
frontlinedefenders.org/es/case/case-history-berta-c%C3%A1ceres

Frontline Defenders (28 de enero de 2021). *Preocupación por la situación de defensoras mayas de derechos humanos en el nororiente de Guatemala.* https://www.frontlinedefenders.org/es/statement-report/growing-concerns-regarding-situation-women-human-rights-defenders-northeast

Fundación Gabo (8 de marzo 2022). *La feminización de los cuidados genera un círculo vicioso para el desarrollo de las mujeres. Entrevista a Nasheli Noriega.* https://fundaciongabo.org/es/noticias/articulo/la-feminizacion-de-los-cuidados-genera-un-circulo-vicioso-para-el-desarrollo-de

Grupo Asesor Internacional de Personas Expertas (GAIPE) (2017). *Represa de violencia: el plan que asesinó a Berta Cáceres.* https://www.gaipe.net/wp-content/uploads/2017/10/Represa-de-Violencia-ES-FINAL-.pdf

Hernández, Breidy (8 de febrero de 2023). Keyla Martínez: dos años de su asesinato, dos años de su impunidad. *Criterio.hn.* https://criterio.hn/keyla-martinez-dos-anos-de-su-asesinato-dos-anos-de-impunidad/

Hernández, Evelia (16 de mayo de 2021). 100 niñas llegaron a la sala de partos en los primeros tres meses de 2021. *Diario El Salvador.com.* https://historico.elsalvador.com/historico/838724/100-ninas-llegaron-sala-partos-primeros-tres-meses-2021-violacion.html

Iniciativa Mesoamericana de Defensoras de Derechos Humanos (30 de junio de 2022). *Condenan a 2 años de cárcel conmutables a la defensora maya Q'eqchi María Choc.* https://im-defensoras.org/2022/06/alerta-defensoras-guatemala-condenan-a-2-anos-de-carcel-conmutables-a-la-defensora-maya-qeqchi-maria-choc/

Iniciativa Mesoamericana de Defensoras de Derechos Humanos (14 de junio de 2022b). *Criminalizan a la defensora Claudia Paz por investigar graves violaciones de derechos humanos y luchar contra la corrupción durante su etapa como Fiscal General de Guatemala.* https://im-defensoras.org/2022/06/alerta-defensoras-guatemala-criminalizan-a-la-defensora-claudia-paz-por-investigar-graves-violaciones-de-derechos-humanos-y-luchar-contra-la-corrupcion-durante-su-etapa-como-fiscal-general-de-guat/

Iniciativa Mesoamericana de Defensoras de Derechos Humanos (2022). *El Pacto de Cuidarnos. 2010-2021: La protección integral feminista en mesoamérica desde la IM-Defensoras.* https://im-defensoras.org/wp-content/uploads/2022/12/IMD-PactoDeCuidarnos-Diciembre2022.pdf

Iniciativa Mesoamericana de Defensoras de Derechos Humanos (2023). *Registro mesoamericano de agresiones contra defensoras. Datos anuales preliminares El Salvador, Honduras, México y Nicaragua, 2022.* https://im-defensoras.org/2023/04/registro-mesoamericano-de-agresiones-contra-defensoras-2022-datos-anuales-preliminares/

López Marmolejo, Arnoldo; Ruiz-Arranz y Ochoa, Elizabeth. (2021). *Cerrando brechas de género en el mundo del trabajo. Centroamérica, México, Panamá y República Dominicana*. BID. https://publications.iadb.org/es/ cerrando-brechas-de-genero-en-el-mundo-del-trabajo-centroameri-ca-mexico-panama-y-republica

Luna, Yader (2021). Mujeres trans exigen justicia por asesinato de Lala: «Estamos expuestas todos los días». *Confidencial digital*. https://confi-dencial.digital/nacion/mujeres-trans-exigen-justicia-por-asesinato-de-lala-estamos-expuestas-todos-los-dias/

Mediavilla, Manu (2 de marzo de 2022). *Berta Cáceres, defensora ambientalista hondureña. Se cumplen 6 años de su brutal asesinato*. Amnistía Internacional. https://www.es.amnesty.org/en-que-estamos/blog/historia/ articulo/6-anos-del-asesinato-berta-caceres/#:~:text=Berta%20recibi% C3%B3%20el%20Premio%20Goldman,a%C3%B1o%20antes%20de% 20su%20asesinato.

Médicos sin fronteras (s.f.). *Las consecuencias del aborto no seguro*. https:// www.msf.es/las-consecuencias-del-aborto-no-seguro

Mujeres activas contra la violencia de género en Centroamérica (El Salvador, Guatemala, Honduras y Nicaragua) (octubre-diciembre de 2022). *3*, https://observatoriodeviolenciaormusa.org/descargar/168/publica ciones/14BlthqOH56spjOnn4YFvX8Ni9BpLVpP8/Proyecto%20Mu jeres%20contra%20la%20violencia%20en%20C.A.%20No.%203%20 octubre%20diciembre%202022.pdf

Méndez, Ana María (8 de marzo de 2023). Ola Regresiva para las Mujeres en Centroamérica. *Wola*. https://www.wola.org/es/analisis/ola-regre siva-mujeres-centroamerica/

Muñoz Solano, Daniela (21 de abril de 2023). Tribunal libera a dos acusados del feminicidio de María Luisa Cedeño e impone 50 años de cárcel a otro. *Semanario Universidad*. https://semanariouniversidad.com/pais/ tribunal-libera-a-dos-acusados-del-feminicidio-de-maria-luisa-cedeno -e-impone-50-anos-de-carcel-a-otro/

Naciones Unidas (2004). Convención de las Naciones Unidas contra la delincuencia organizada transnacional y sus protocolos. https://www. unodc.org/documents/treaties/UNTOC/Publications/TOC%20Con vention/TOCebook-s.pdf

Observatorio de Igualdad de Género para América Latina y el Caribe (2021). *Índice de feminidad en hogares pobres*. ONU. https://oig.cepal. org/es/indicadores/indice-feminidad-hogares-pobres

Observatorio de Igualdad de Género para América Latina y el Caribe (26 agosto 2021b). ONU. https://oig.cepal.org/es/indicadores/propor

cion-tiempo-dedicado-al-trabajo-domestico-cuidado-no-remunerado -desglosado-sexo

Observatorio de Igualdad de Género para América Latina y el Caribe (2023) *Poder ejecutivo: porcentaje de mujeres en los gabinetes ministeriales.* ONU. https://oig.cepal.org/es

Oficina de Naciones Unidas Contra la Droga y el Delito (UNODC) (2022). *Informe Global sobre Trata de Personas.* 97-106. https://www. unodc.org/documents/data-and-analysis/glotip/2022/GLOTiP_2022 _web.pdf

OMCT (7 de febrero de 2022). *Honduras: A un año de su muerte, pedimos justicia por el femicidio y tortura de Keyla Martínez.* https://www.omct. org/es/recursos/comunicados-de-prensa/a-un-año-de-su-muerte-pedimos-justicia-por-el-femicidio-y-tortura-de-keyla-mart%C3%AD nez

Onda Cero (15 de marzo de 2023). *La violencia sexual, un motivo para migrar en Centroamérica.* https://www.ondacero.es/noticias/mundo/violencia -sexual-motivo-migrar-centroamerica_202303156411c13f96c07c000 18351c2.html.

Oquendo, Catalina (11 de febrero de 2023). Un informe de la ONU denuncia que autoridades de Panamá abusaron sexualmente de migrantes que cruzaron el Darién. *Diario El País.* https://elpais.com/america-co lombia/2023-02-11/un-informe-no-revelado-de-la-onu-denuncia-que-autoridades-de-panama-abusaron-sexualmente-de-migrantes-que -cruzaron-el-darien.html

Organización Internacional para las Migraciones (OIM) (2022) *Tendencias migratorias en Centroamérica, Norteamérica y el Caribe.* https://rosanjose. iom.int/sites/g/files/tmzbdl1446/files/documents/_tendencias_11_jul _2022.pdf

Organización Internacional para las Migraciones et al. (2016). *Factores de riesgo y necesidades de atención para las mujeres migrantes en Centroamérica. Estudio de actualización sobre la situación de la violencia contra las mujeres migrantes en la ruta migratoria en Centroamérica, 2016.* SICA. https:// kmhub.iom.int/sites/default/files/factores_de_riesgo_y_necesidades_ de_las_mujeres_migrantes_en_centroamerica_-_web.pdf.

OXFAM (s.f.). *263.000 mujeres explotadas en las maquilas de Centroamérica.* Oxfam International. https://www.oxfam.org/es/263000-mujeres-explotadas-en-las-maquilas-de-centroamerica

Perdomo, Marcia (14 de diciembre de 2022a). Dos años tienen trabajadoras domésticas esperando que Corte resuelva recursos que garantizan sus derechos. *Criteriohn.* https://criterio.hn/dos-anos-tienen-trabajado

ras-domesticas-esperando-que-corte-resuelva-recursos-que-garantizan
-sus-derechos/

Perdomo, Marcia (6 de diciembre de 2022b). Urgen a Corte hondureña reconocer y proteger derechos laborales de trabajadoras domésticas. *Criteriohn.* https://criterio.hn/urgen-a-corte-hondurena-reconocer-y-proteger-derechos-laborales-de-trabajadoras-domesticas/

Pichel, Dalia (11 de mayo de 2019). Mujeres son aún minoría en el órgano Legislativo. *La Prensa.* https://www.prensa.com/impresa/panorama/Mujeres-minoria-organo-Legislativo_0_5301969778.html

Programa Estado de la Nación (2021). Sexto Estado de la Región 2021: versión ampliada (Informe Estado de la Región; n.° 06 – 2021). CONA-RE-PEN. https://repositorio.conare.ac.cr/handle/20.500.12337/8115

Quintela, Carmen (18 de junio de 2019). Menos del 20% de diputadas mujeres en la próxima legislatura. *Agencia Ocote.* https://www.agenciaocote.com/blog/2019/06/18/menos-del-20-de-diputadas-mujeres-en-la-proxima-legislatura/

Ruiz, Mercedes (consultora) (2022). Asociación Nacional Contra el Maltrato Infantil (CONACMI). *Análisis estadístico sobre violencia en niños, niñas y adolescentes, Guatemala abril 2022.* https://conacmi.org/wp-content/uploads/2022/05/Abril.pdf

Salud con Lupa (7 de diciembre de 2019). *Las mentiras sobre la educación sexual en América Latina.* https://saludconlupa.com/comprueba/las-mentiras-sobre-la-educacion-sexual-en-america-latina/

Swissinfo.ch. (15 de octubre de 2020). *Falta de crédito para vivienda condena a mujeres a la pobreza en Centroamérica, afirma IFC.* https://www.swissinfo.ch/spa/afp/falta-de-cr%C3%A9dito-para-vivienda-condena-a-mujeres-a-la-pobreza-en-centroam%C3%A9rica--afirma-ifc/46100028

Toro, David (11 de diciembre de 2018). Criminalización hacia las mujeres xincas y las debilidades de la justicia. *Prensa comunitaria.* https://prensacomunitaria.org/2018/12/criminalizacion-hacia-las-mujeres-xincas-y-las-debilidades-de-la-justicia/.

Toro, David (12 octubre, 2022). Las niñas víctimas de violencia sexual en Guatemala son invisibles para el Estado. *Efeminista.* https://efeminista.com/ninas-violencia-sexual-guatemala-invisibles/

Tovas, Ariadna (3 de marzo de 2017). Berta Cáceres y las heridas abiertas de Honduras. *El País.* https://elpais.com/elpais/2017/03/01/planeta_futuro/1488369676_109689.html

Tribunal Supremo Electoral (El Salvador) (5 de julio de 2021). *Las mujeres siguen siendo electas en menos del 30%: Resultados de personas inscritas y electas para diputaciones Asamblea Legislativa.* https://www.tse.gob.sv/noti

cia/2021/Las-mujeres-siguen-siendo-electas-en-menos-del-30-por-ciento

Vega, Paola (4 de marzo de 2023). Twitter. https://twitter.com/paolavegar/status/1632035434002874369?s=46&t=QpZyJ1Km9Bo-ZTpwF-debg

Villalobos, Paulo (13 de setiembre de 2022). Los 8 detalles revelados por la Fiscalía sobre la espantosa tortura vivida por la doctora Cedeño. *Diario digital Crhoy.com.* https://www.crhoy.com/nacionales/los-8-detalles-revelados-por-la-fiscalia-sobre-la-espantosa-tortura-vivida-por-la-doctora-cedeno/

100% Noticias (17 de noviembre de 2022). Mujeres agredidas en tiendas SYR en Costa Rica podrían ser de origen nicaragüense. https://100noticias.com.ni/nacionales/119859-agresion-mujeres-tiendas-syr-costa-rica-nicaragua/

LAS *CUENTAS* DE CENTROAMÉRICA EN LA GESTIÓN DEL AGUA: ENTRE LA ESCASEZ Y LA ABUNDANCIA Y EL DILEMA DE LA GOBERNANZA

BCIE, Global Water Partnership, Unión Europea, ZONAF (abril de 2011). *Situación de los recursos hídricos de Centroamérica hacia una gestión integrada.* https://es.slideshare.net/ANA-Nicaragua/situacin-de-los-recursos-hdricos-en-centroamrica

Cartagena, C. (2020). *Instrumento de encuesta sobre el indicador 6.5.1 de los ODS en el país Honduras* [Archivo PDF]. http://iwrmdataportal.unepdhi.org/country-reports

Ceron, R. (2020). *Informe sobre el Indicador Mundial 6.5.2 El Salvador* [archivo PDF]. https://unece.org/sites/default/files/2021-11/El%20Salvador_2ndReporting_SDG652_2020_web.pdf

Concepción, M. (2020). *Instrumento de encuesta sobre el indicador 6.5.1 de los ODS en el país Panamá* [archivo PDF]. http://iwrmdataportal.unepdhi.org/country-reports

Cotto, J. (2020). *Instrumento de encuesta sobre el indicador 6.5.1 de los ODS en el país Guatemala* [archivo PDF]. http://iwrmdataportal.unepdhi.org/country-reports

Gil, A. (2020). *Instrumento de encuesta sobre el indicador 6.5.1 de los ODS en el país El Salvador* [archivo PDF]. http://iwrmdataportal.unepdhi.org/country-reports

Global Water Partnership (2019). *Política Pública de las Aguas Transfronterizas en Centroamérica.* GWP Centroamérica.

Global Water Partnership South America (27 de julio de 2022). *¿Qué es la*

GIRH?. https://www.gwp.org/es/GWP-Sud-America/ACERCA/como/Que-es-la-GIRH/

Hurrell, A. (1993). La política internacional del ambiente. In Guhl, Ernesto & Juan Tokatian (eds.). *Medio Ambiente y Relaciones Internacionales.* Tercer Mundo Editores. Bogotá, Colombia.

Juárez, C. (2020). *Informe sobre el Indicador Mundial 6.5.2 Nicaragua* [archivo PDF]. https://unece.org/sites/default/files/2021-12/Nicaragua_2nd Reporting_SDG652_2020_web.pdf

López, A. (2023). *La gobernanza de las cuencas transfronterizas: un reto allende del Estado Nación.* EUNA. Heredia, Costa Rica.

López, A. (2009). *Política de la subregión centroamericana Hacia el V foro mundial del agua.* Banco Mundial. Programa Hidrológico Internacional. PH/UNESCO. Unión Europea, Programa Regional para la Reducción de la Vulnerabilidad y la Degradación Ambiental. Estambul, 2009.

López, A y Hernández, A. (2005) *Fronteras y ambiente en América Central: los desafíos para la seguridad regional.* Ponencia presentada para la Fundación Dr. Guillermo Manuel Ungo. Seminario Internacional la Agenda de Seguridad en Centroamérica. San Salvador, 14-15 de julio 2005.

López, Alexander (ed.) (2002). *Cuencas internacionales en Centroamérica: repensando la soberanía nacional.* Universidad Nacional, Universidad de Costa Rica, Fundación KUKULKAN y FUNPADEM. San José, Costa Rica.

Ministerio de Agricultura, Ganadería y Alimentación (2020). *Informe sobre el Indicador Mundial 6.5.2 Guatemala* [archivo PDF]. https://unece.org/sites/default/files/2021-11/Guatemala_2ndReporting_SDG652_2020_web.pdf

ONU (2018). *Sustainable Development Goal 6. Synthesis Report on Water and Sanitation.*

ONU-Agua (2020). *Guía de monitoreo integrado del ODS 6. Metodología de monitoreo paso a paso para el indicador 6.5.2 de los ODS.* https://www.unwater.org/publications/step-step-methodology-monitoring-transboundary-cooperation-6-5-2/

PHI-OEA-UNESCO (2014). *Estrategia regional para la evaluación y gestión de los sistemas acuíferos transfronterizos en las Américas.*

Sadoff, Claudia y Grey, David (2005). *Cooperation on International Rivers: A Continuum for Securing and Sharing Benefits.* International Water Resources Association. Vol. 30, n.° 4, Pages the World Bank, Washington, diciembre de 2005.

SICA https://datosmacro.expansion.com/paises/grupos/sistema-integracion-centroamericana

UNESCO (2010). *Socio-economic, Environment and Climate-related aspects of the Transboundary Aquifer Systems in the Americas.* Libro 3 PHI-VII/serie ISARM Américas n.° 3.

UNESCO-CODIA (2022). *Cooperación en materia de aguas transfronterizas en América Latina y el Caribe.* Documento Técnico n.° 45. América Latina y el Caribe. Montevideo, Uruguay.

Victoria, J. (2020). *Informe sobre el Indicador Mundial 6.5.2 Panamá* [archivo PDF]. https://unece.org/sites/default/files/2021-11/Panama_2nd Reporting_SDG652_2020_web.pdf

Zeledón, J. (2020). *Informe sobre el Indicador Mundial 6.5.2 Costa Rica* [archivo PDF]. https://unece.org/sites/default/files/2021-12/Costa%20Rica _2ndReporting_SDG652_2020_web.pdf

HISTORIAS, EXCLUSIONES Y DESAFÍOS: LOS PUEBLOS INDÍGENAS Y AFRODESCENDIENTES DE CENTROAMÉRICA

Alvarenga, Patricia (2004). Los indígenas y el Estado: alianzas y estrategias políticas en la construcción del poder local en El Salvador, 1920-1944. En *Memorias del mestizaje. Cultura política en Centroamérica de 1920 al presente.* Euraque, Darío; Gould, Jeffrey y Hale, Charles (Ed.). CIRMA.

Anderson, M., Hale, C. y Gordon T. (2000). *Organizaciones indígenas y negras en Centroamérica: sus luchas por reconocimiento y recursos.* CCARC.

Asamblea Nacional (2011). *Pueblos indígenas y afrodescendientes, Legislación básica en Nicaragua.* Nicaragua: PNUD. https://www.poderjudicial. gob.ni/pjupload/leyes/Libro_Indigenas_y_Afrodescendientes_final. pdf

Associated Press (2 de mayo de 2023). Guatemala: dejan fuera de elecciones a partido de izquierda. *Voz de América.* https://www.vozdeamerica .com/a/guatemala-dejan-fuera-de-elecciones-a-partido-de-izquierda /7075947.html

Banco Mundial (2000). *Perfil de los pueblos indígenas de Costa Rica.* Consultores: Marcos Guevara Berger y Juan Carlos Vargas. Costa Rica: Banco Mundial.

Banco Mundial (2000). *Perfiles indígenas Honduras.* Honduras.

Banco Mundial (2001). *Perfil de los pueblos: maya, garífuna y xinka de Guatemala.* Consultora: Marcela Tovar. Guatemala: Banco Mundial.

Banco Mundial (2002). *Perfil de los pueblos indígenas de Panamá.* Panamá.

Banco Mundial (2003). *Perfil de los pueblos indígenas en El Salvador.* San Salvador: El Salvador.

Barre, Marie-Chantal (1982). Políticas indigenistas y reivindicaciones indias en América Latina 1940-1980. En *América Latina: Etnodesarrollo y Etnocidio*. (Bonfil, G. y otros). Costa Rica: FLACSO.

Barry, Tom y Preusch, Deb. (1986). *The Central America fact book*. Grove Press.

Bartolomé, Miguel Alberto (2006). *Procesos interculturales. Antropología política del pluralismo cultural en América Latina*. Siglo XXI Editores.

Bonfil Batalla, Guillermo (1981). *Utopía y revolución: el pensamiento político contemporáneo de los indios en América Latina*. Editorial Nueva Imagen.

Bonilla Alvarado, J. M. (2004). *Primera Reunión Intergubernamental Institucionalidad y Políticas Públicas de América Latina y El Caribe orientada a Pueblos Indígenas*. Informe de la República de El Salvador. Brasilia.

Burguete, Araceli (2007). *Cumbres Indígenas en América Latina: Cambios y continuidades en una tradición política. A propósito de la III Cumbre Continental Indígena en Guatemala*. CIESAS-Sureste: México.

Cambranes, Julio (1992). El clamor por la tierra, el clamor por una vida mejor, el clamor por la reforma agraria. En *500 Años de lucha por la Tierra*. Editor J. Cambranes (ed.). Tomo II. pp. 263-348. Guatemala: FLACSO.

Carmack, Robert. (1991). *Guatemala, cosecha de violencias*. San José, Costa Rica. FLACSO.

Casanova, Rafael y Macias, Roberto (1999). *Línea basal de los pueblos indígenas de Nicaragua según su ascendencia en las regiones Pacífico, Centro Norte y Caribe*. Nicaragua.

CEPAL (2013). *La salud de los pueblos indígenas y afrodescendientes en América Latina*. Naciones Unidas.

Colom, Yolanda (1998). *Mujeres en la alborada: guerrilla y participación femenina en Guatemala, 1973-1978*. Artemio y Edinter.

Comisión para el Esclarecimiento Histórico (CEH) (1999). *Guatemala: Memory of Silence. Report of the Commission for Historical Clarification. Conclusions and Recommendations*. Guatemala.

Declaración de Quito (julio de 1990). *I Encuentro continental de los Pueblos Indios. Cumbre Continental de Pueblos y Organizaciones Indígenas*. Quito: Ecuador.

Documento de convocación Campaña continental por el autodescubrimiento de nuestra América. (1989). Bogotá.

Encuentro Continental de Pueblos Indígenas (1990). Resolución. Quito: Ecuador. https://iris.paho.org/bitstream/handle/10665.2/28264/AF-bol_afroindige na_spa.pdf?sequence=1&isAllowed=y

García, Lourdes (21 de septiembre de 2021). Indígenas protestan por pro-

yecto Barro Blanco, exigen cumplir con acuerdo tras desalojos de tierras. *La Estrella de Panamá*. https://www.laestrella.com.pa/nacional/
210921/indigenas-protestan-proyecto-barro-blanco-exigen-cumplir
-acuerdos-desalojo-tierras

Gobierno de El Salvador (2007). *Resultados de: Censo de Población y Vivienda
2007*. https://www.bcr.gob.sv/documental/Inicio/busqueda/145

Gordon, Edmund (1998). *Disparate Diasporas: Identity and politics in an Afri-
can Nicaraguan community*. University of Texas Press.

Gould, Jeffrey (1998). *To die in this way: Nicaraguan Indians and the myth of
mestizaje, 1880-1965*. Duke University Press.

Gould, Jeffrey (2004). Nacionalismo revolucionario y memoria local en El
Salvador. En *Memorias del mestizaje. Cultura política en Centroamérica de
1920 al presente*. Euraque, Darío; Gould, Jeffrey y Hale, Charles (ed.).
CIRMA.

Guatemala Nunca Más (1998). *Informe del Proyecto Interdiocesano de Recuperación de la Memoria Histórica (REMHI)*. Oficina de Derechos Humanos
del Arzobispado de Guatemala: Guatemala.

Gutiérrez, Raquel y Escárzaga, Fabiola (coord.) (2006). *Movimiento indígena en América Latina: resistencia y proyecto alternativo, 2*. Casa Juan
Pablos.

Hale, Charles R. (2004). *El protagonismo indígena, las políticas estatales y el
nuevo racismo en la época del 'indio permitido'*. Ponencia para la conferencia Construyendo la paz: Guatemala desde un enfoque comparado organizado por MINUGUA. Guatemala.

Hernández, Isabel y Calcagno, Silvia (2003). *Los pueblos indígenas y la sociedad de la información en América Latina y el Caribe. Un marco para la acción*.
CEPAL: Santiago de Chile.

Ibarra, Mario (1982). Organismos internacionales: instrumentos internacionales relativos a las poblaciones indígenas. En *América Latina: etnodesarrollo y etnocidio*. (Bonfil, G. y otros). Costa Rica: FLACSO.

Instituto Nacional de Estadística Guatemala (INE) (diciembre de 2019).
*Resultados Censo 2018. XII Censo Nacional de Población y VII de Vivien-
da*. https://www.ine.gob.gt/sistema/uploads/2021/11/19/20211119
2139096rGNQ5SfAlepmPGfYTovW9MF6X2turyT.pdf

Instituto Nacional de Estadística y Censos (INEC) (2011). *Censo 2011*.
Costa Rica.

Instituto Nacional de Estadística (2004). *IV Censo Agropecuario: Caracterísi-
cas generales de las fincas censales y de productoras y productores agropecuarios
(resultados definitivos)*. Tomo I. Guatemala.

Instituto Nacional de Estadísticas y Censos (INEC) (2005). *VII Censo de*

Población y IV de Vivienda. Gobierno de Nicaragua. https://www.inide. gob.ni/docu/censos2005/VolPoblacion/Volmen%20Poblacion%201-4 /Vol.I%20Poblacion-Caracteristicas%20Generales.pdf

International Work Group for Indigenous Affairs (IWGIA) (12 de mayo de 2022). *El mundo indígena 2022: Panamá*. https://www.iwgia.org/ es/panama/4794-mi-2022-panama.html#_edn16

Juncosa, José (comp.) (1992). *Documentos indios. Lanzamiento de la campaña 500 años de resistencia indígena y Popular*. Tomo II. Ediciones Abya Yala.

La Gaceta (23 de enero de 2003). *Ley del Régimen de Propiedad Comunal de los Pueblos Indígenas y Comunidades Étnicas de las Regiones Autónomas de la Costa Atlántica de Nicaragua y de los ríos Bocay, Coco, Indio y Maíz. Ley n.° 445*. Nicaragua.

La Gaceta (18 de agosto de 2016). *Estatuto de Autonomía de las dos regiones de la Costa Atlántica de Nicaragua*. Ley n.° 28. (publicada en La Gaceta 155). https://siteal.iiep.unesco.org/sites/default/files/sit_accion_files/10003 .pdf

Laird, Kelly (2006). *MDG Reports and Indigenous Peoples: A desk Review. For the Secretariat of the UN Permanent Forum on Indigenous Issues*.

Langer, Erick y Elena Muñoz (2003). *Contemporary Indigenous Movements in Latin America*. SR Books.

MacLeod, Murdo J. (1985). Los indígenas de Guatemala en los siglos XVI y XVII: tamaño de la población, recursos y organización de la mano de obra. En *Población y mano de obra en América Latina*. Nicolás Sánchez-Albornoz (ed). Alianza Editorial.

Manz, Beatriz (2004). *Paradise in ashes: a Guatemalan journey of courage, terror, and hope*. University of California Press.

Naciones Unidas (4 de abril de 2006). *Observaciones finales del Comité para la Eliminación de la Discriminación Racial*. 68.° período de sesiones. 20 de febrero al 10 de marzo de 2006. CERD. Caso El Salvador. CERD/C/ SLV/CO/13.

Naciones Unidas (29 de junio de 2006). *Declaración de las Naciones Unidas sobre los derechos de los pueblos indígenas. Resolución 2006/2 del Consejo de Derechos Humanos*.

Nelson, Diane M. (1999). *A finger in the wound: body politics in quincentennial Guatemala*. University of California Press.

No Ficción (17 de junio de 2019). *Ocho departamentos votan por Thelma Cabrera en primer o segundo lugar*. https://www.no-ficcion.com/projects/ ocho-departamentos-votan-thelma-cabrera-presidencia consultado mayo 01.05.2023

Oficina Internacional del Trabajo (OIT) (1991). *C169- Convenio sobre pue-*

blos indígenas y tribales, 1989 (núm. 169). Países que no han ratificado este convenio. https://www.ilo.org/dyn/normlex/es/f?p=NORMLEXPUB: 11310:0::NO::P11310_INSTRUMENT_ID:312314

Oficina Internacional del Trabajo (OIT) (2006). *Trabajo infantil y pueblos indígenas. El caso de Panamá.*

Omi, Michel y Winant, Howard (1986). *Racial Formation in the United States.* Routledge.

ONIC (1989). *Memoria del I Encuentro Latinoamericano de Organizaciones Campesinas e Indígenas.* Bogotá, Colombia.

Ortega, Manuel (1982). El Conflicto Etnia-Nación en Nicaragua. Un acercamiento teórico a la problemática de las minorías étnicas de la costa Atlántica. En *América Latina: etnodesarrollo y etnocidio.* (Bonfil, G. y otros). Costa Rica: FLACSO.

Palma, Gustavo, Taracena, Arturo y Aylwin, José (2002). *Procesos agrarios desde el siglo XVI a los acuerdos de paz.* Guatemala: FLACSO, MINU-GUA y CONTIERRA.

Patrinos, Harry; Skoufias, E. y Lunde, Trine (mayo de 2007). *Indigenous Peoples in Latin America: Economic Opportunities and Social Networks.* World Bank Policy Research Working Paper 4227.

Pérez B., Héctor (2005). *La dinámica demográfica de las poblaciones indígenas del trópico húmedo en América Central (censos 2000).* Documento presentado a la vigésima quinta Conferencia Internacional de la Unión Internacional para el Estudio Científico de la Población, Tours, 18 al 23 de julio de 2005.

PNUD (2005a). *Informe Nacional de Desarrollo Humano 2005. Diversidad Étnico-Cultural: La ciudadanía en un Estado Plural.* Guatemala.

PNUD (2005b). *Informe Nacional de Desarrollo Humano 2005. Las Regiones Autónomas de la Costa Caribe ¿Nicaragua asume su diversidad?* Managua.

Sam Colop, Enrique (1992). *Jub'aq omay kuchum k'aslemal.* Guatemala: Seminario Permanente de Estudios Mayas.

Schulz, Donal E. y Graham, Douglas (1984). *Revolution and Counterrevolution in Central América and the Caribbean.* Westview Press.

Secretaría Operativa Continental (1991). *Memoria del II Encuentro continental de la Campaña 500 años de resistencia indígena, negra y popular.* (1991). Quetzaltenango, Guatemala.

Secretaría Operativa Continental (1992). *Memoria del III Encuentro continental de la Campaña 500 años de resistencia indígena, negra y popular.* Managua, Nicaragua.

Secretariat of the UN Permanent Forum on Indigenous Issues. (2007). *MDG Reports and Indigenous Peoples: A desk Review.*

Sistema de las Naciones Unidas (PNUD) Guatemala (2002). *Informe Nacional de Desarrollo Humano*. Guatemala: Desarrollo Humano, Mujeres y Salud. Guatemala.

Sistema de las Naciones Unidas (PNUD) Guatemala (2003). *Informe Nacional de Desarrollo Humano. Guatemala: Una Agenda para el Desarrollo Humano*. Editorial Sur.

Smith, Carol. A. (2004). Las contradicciones del mestizaje en Centroamérica. En *Memorias del Mestizaje. Cultura política en Centroamérica de 1920 al presente*. Euraque, Darío; Gould, Jeffrey y Hale, Charles (edit.). Guatemala: CIRMA.

Stavenhagen, Rodolfo (2000). *Derechos humanos de los pueblos indígenas*. México: Comisión Nacional de los Derechos Humanos.

UNICEF y Mundo Afro (2006). *Manual de los afrodescendientes de las Américas y el Caribe*. Panamá: UNICEF.

UNICEF (2004). *Igualdad con dignidad. Hacia nuevas formas de actuación con la niñez indígena en América Latina*. Panamá: Oficina Regional para América Latina y el Caribe.

UNICEF (2006). *Niñez y adolescencia indígena en Costa Rica: su derecho a la salud y a la educación*. Costa Rica.

Velásquez Nimatuj, Irma A. (2003). «*¿Quién nos ha representado?*». En Cardoner, Facultad de Teología, Universidad Rafael Landívar. Guatemala.

Visweswaran, Kamala (2001). Is there a Structuralist Analysis of Racism? On Louis Dumont's Philosophy of Hierarchy. En *Race*. R. Bernasconi (ed.), pp. 205-217. Blackwell Publishers.

Warren, Kay y Jackson, Jean (2002). *Indigenous movements, Self-representation, and the state in Latin America*. University of Texas Press.

CENTROAMÉRICA Y REPÚBLICA DOMINICANA: UNA VISIÓN SOBRE MIGRACIÓN Y DESARROLLO ECONÓMICO

Banco Central de República Dominicana (2023). *Sector turismo, datos sobre turismo de dominicanos no residentes*. https://www.bancentral.gov.do/a/d/2537-sector-turismo.

Creative Associates (2019). *New Study Reveals Factors That Drive Migrants To Leave Central America's Northern Triangle*. Washington. https://www.creativeassociatesinternational.com/stories/saliendo-adelante/

Diálogo Interamericano (2008 y 2014). *Encuestas de migrantes*.

Diálogo Interamericano (2014). *Encuesta de 1000 migrantes*.

Fondo Internacional para el Desarrollo Agrícola (FIDA/IFAD) (s.f.). *Diaspora Investment in Agriculture (DIA) Initiative.* <http://goo.gl/fUk0rw

Fondo Internacional para el Desarrollo Agrícola (FIDA/IFAD) (s.f.). *Diaspora Investment in Agriculture (DIA) Initiative.* http://goo.gl/fUk0rw. https://www.thedialogue.org/analysis-remittances-migration-development/.

IOM UN Migration (2019). *Why Migrants Risk It All.* Regional Office for Central, North America and the Caribbean. https://rosanjose.iom.int/en/blogs/why-migrants-risk-it-all

Morales, Sergio (20 de julio de 2022). Matrícula escolar cae mientras cifras de migración de niños y adolescentes aumentan. *Prensa Libre.* https://www.prensalibre.com/guatemala/comunitario/matricula-escolar-cae-mientras-cifras-de-migracion-de-ninos-y-adolescentes-aumenta/

Office of Refugee Resettlement (28 de julio de 2023). https://www.acf.hhs.gov/orr/about/ucs/facts-and-data

Orozco, Lowell, Bump y Fedewa (2006). Encuesta de migrantes latinoamericanos y caribeños en EEUU. *Transnational Engagement, Remittances and their Relationship to Development in Latin America and the Caribbean.*

Orozco, Manuel (2022b). Los nicaragüenses en Estados Unidos: del escape a la represión a la separación. *Confidencial.* https://confidencial.digital/opinion/los-nicaraguenses-en-estados-unidos-del-escape-a-la-represion-a-la-separacion/

Orozco, Manuel y Jewers, Mariellen (diciembre de 2021b). *Economic Insecurity & Irregular Migration from El Salvador.* Creative Associates International.

Orozco, Manuel y Jewers, Mariellen (marzo de 2021a). *Migration, the Economy, and Remittances in Central America.* Creative Associates International.

Orozco, Manuel (2013). *Migrant Remittances and Development in the Global Economy.* Reinner.

Orozco, Manuel (2019). *Latin American and Caribbean Migration from Weak and Failing States.* IAD.

Orozco, Manuel (2021). *Survey of El Salvadorans about their intention to migrate.* Forthcoming.

Orozco, Manuel (2022a). *A Push for Freedom: Ensuring A democratic transition in Nicaragua through international pressure.* IAD

Orozco, Manuel (2022c). *Los migrantes nicaragüenses en Costa Rica: vulnerabilidad e implicaciones de su integración.*

Orozco, Manuel (2023). *Pairing Migration Enforcement With Foreign Policy.* IAD.

Sassen, Saskia. (2018). *Expulsions.*

Slooten, Beatriz (2012). Trabajo doméstico, normas y representaciones sociales. *Revista FLACSO.*

The Dialogue (2023). *Analysis on Remittances, Migration and Development.*

Vivek, Wadhwa, Vivek (27 de abril de 2011). Why Migrant Entrepreneurs are Leaving the US. *Bloomberg BusinessWeek,* http://goo.gl/HGCPsk

¿Un nuevo momento Esquipulas para una Centroamérica en crisis? Elementos para un nuevo enfoque en las relaciones con la Unión Europea

ACNUR (2021). *Nicaragua Situation. Operational update.* Alto Comisionado de Naciones Unidas para los Refugiados.

Alvarado (19 de mayo de 2022). *El conflicto Rusia-Ucrania y sus efectos sobre Centroamérica.* Blog de ICEFI, Instituto Centroamericano de Estudios Fiscales.

Barragán, A. (3 de diciembre de 2021). México rompe el récord de detenciones de migrantes en un año. *El País.* https://elpais.com/mexico /2021-12-03/mexico-rompe-el-record-de-detenciones-de-migrantes -en-un-ano.html

Beauregard, L. P. (3 de diciembre de 2021). Estados Unidos anuncia inversiones millonarias en Centroamérica para frenar la migración. *El País.* https://elpais.com/internacional/2021-12-14/estados-unidos-anuncia -inversiones-millonarias-en-centroamerica-para-frenar-la-migracion. html

BID (2023). *Remesas hacia América Latina y el Caribe en 2022: ¿el crecimiento llegó a su techo?* Banco Interamericano de Desarrollo. https://blogs. iadb.org/migracion/es/remesas-hacia-america-latina-y-el-caribe-en- 2022-el-crecimiento-llego-a-su-techo/

BKP Economic Advisors (2022). *Ex-Post evaluation of Part IV of the Association Agreement (trade pillar) between the EU and its member states and Central America.* Comisión Europea, DG Trade.

Bonilla, A. y Sanahuja, J. A. (eds.) (2022). *Unión Europea, América Latina y el caribe: Cartografía de los acuerdos de Asociación.* Fundación Carolina / Fundación EU-LAC. https://reporting.unhcr.org/sites/default/files/ Nicaragua%20situation%20factsheet%20January-June%202021.pdf

Castillo, R. (2019). El Plan de Desarrollo para Centroamérica: metamorfosis regional o propuesta de transformación. *Documento de Trabajo, 23.* Fundación Carolina.

CEPAL (2021a). *Plan de Desarrollo Integral para El Salvador, Guatemala, Honduras y el sur-sureste de México*. Síntesis (LC/TS.2021/7). Santiago.

CEPAL (2021b). *La paradoja de la recuperación en América Latina y el Caribe. Crecimiento con persistentes problemas estructurales: desigualdad, pobreza, poca inversión y baja productividad*. Santiago.

CEPAL (2022a). *Panorama social de América Latina y el Caribe 2021*. Santiago de Chile. Documento LC/PUB.2021/17-P.

CEPAL (2022b). *Panorama social de América Latina y el Caribe 2022*. Santiago de Chile. Documento LC/PUB.2022/15-P.

CEPAL (2023). *Estudio Económico de América Latina y el Caribe, 2023. El financiamiento de una transición sostenible: inversión para crecer y enfrentar el cambio climático*. Santiago de Chile. Documento LC/PUB.2023/11-P

Child, J. (1992). *The Central American Peace Process, 1983-1991: Sheathing Swords, Building Confidence*. Lynne Rienner.

Deutsche Welle (24 de octubre de 2022). *Récord de migrantes detenidos en Estados Unidos*. https://www.dw.com/es/récord-de-migrantes-detenidos-en-estados-unidos/a-63542117

Domínguez, R. (2015). *EU Foreign Policy towards Latin America*. Palgrave Mcmillan.

Eguizábal, Cristina; Espinoza, Ana Yancy y Benavides, Tatiana (2017). *La paz en Centroamérica, 1987-1990. El Plan Arias desde dentro*. CEXECI.

EIU (2021). *Democracy Index 2020. In sickness and in health?* Economist Intelligence Unit.

EIU (2022a). *The Outlook for Latin America amid the Ukraine war. Can the region grow faster?* Economist Intelligence Unit.

EIU (2022b). *Democracy Index 2021. The China challenge*. Economist Intelligence Unit.

EIU (2023). *Democracy Index 2022. Frontline democracy and the battle for Ukraine*. Economist Intelligence Unit.

EP (3 de marzo de 2022a). El Salvador sostiene que «pequeños países» no deberían «tomar partido» en el conflicto de Rusia y Ucrania. *Europa Press*. https://www.europapress.es/internacional/noticia-salvador-sostiene-pequenos-paises-no-deberian-tomar-partido-conflicto-rusia-ucrania-20220303140136.html.

Estado de la Región (2021). *Sexto informe Estado de la Región*. Programa Estado de la Nación. CONARE-PEN.

FAO (2021a). *Guatemala. Plan de Respuesta Humanitaria 2021-2022*. Representación de la FAO en Guatemala. CB6911ES/1/10.21.

FAO (2021b). *Honduras. Plan de Respuesta Humanitaria 2021-2022*. Representación de la FAO en Honduras. CB6912EN/1/09.21.

Giles, Rosa (2021). La oportunidad de una cláusula ambiental de elementos esenciales en acuerdos comerciales de la Unión Europea con Estados terceros, a propósito del Acuerdo Unión Europea-Mercosur. *Documentos de Trabajo, 44.* Fundación Carolina Madrid.

Grieger, Gisela (2019). *El comercio de la Unión Europea con América Latina. Panorama general y cifras.* Servicio de Estudios del Parlamento Europeo, PE 644.219.

IDEA (2021). *El estado de la democracia en el mundo 2021.* IDEA Internacional. Estocolmo.

Infosegura (14 de marzo de 2023). *Análisis sobre la situación de la seguridad ciudadana en Centroamérica y República Dominicana 2022.* Infosegura. Gestión de información sobre seguridad ciudadana basada en evidencia, USAID-PNUD.

Latinobarómetro (2021). *Informe 2021. Adiós a Macondo.* Corporación Latinobarómetro. Santiago de Chile.

Latinobarómetro (2023). *Informe 2023. La recesión democrática de América Latina.* Corporación Latinobarómetro, Santiago de Chile.

Moreno, D. (1994). *The Struggle for Peace in Central America.* University of Florida Press.

MundoSur (marzo de 2023). *Femi(ni)cidios bajo la lupa en América Latina y el Caribe en 2022: Violencia de género en los cuerpos de las mujeres migrantes.* https://mundosur.org/wp-content/uploads/2023/03/1o-INFORME-MLF-2023-1.pdf

Nieto Parra, S., y Da Costa, R. (2022). Desarrollo en Transición en América Latina en tiempos de la COVID-19, en Sanahuja, J. A. (ed.) *Relanzar las relaciones entre América Latina y la Unión Europea. Autonomía estratégica, cooperación avanzada y recuperación digital, verde y social,* 125-158. Fundación Carolina.

OCDE/CEPAL (2019). *Perspectivas económicas de América Latina 2019: Desarrollo en transición.* OECD.

OCHA (enero de 2023). *Guatemala: Plan de Respuesta Humanitaria 2023.* https://reliefweb.int/report/guatemala/guatemala-plan-de-respuesta-humanitaria-2023-enero-2023

OCHA (enero de 2023b). *Honduras: Plan de Respuesta Humanitaria 2023.* https://honduras.un.org/es/217770-honduras-plan-de-respuesta-humanitaria-enero-2023-versi%C3%B3n-preliminar

OCHA (julio de 2021). *Humanitarian needs overview. Humanitarian Programme Cycle 2021. El Salvador, Guatemala & Honduras.*

OIM (2020). *Reporte Situacional de Sitios Colectivos Temporales en Alta Verapaz, Izabal, Chiquimula y Zacapa: DTM Tormenta Guatemala Ronda 1.*

https://triangulonorteca.iom.int/sites/g/files/tmzbdl1276/files/docu
ments/DTM_GT_Tormenta_R1_ReporteSituacional.pdf

Osborn, C. (11 de febrero de 2022). Can a New Central American Alliance Nudge Ortega? *Latin American Brief.* Foreign Policy.

Puerta, F.; Aikman, J. y Meyer, M. (18 de noviembre de 2021). *Monitor Centroamericano revela desafíos y oportunidades para el Estado de derecho, la seguridad ciudadana, y la protección de derechos humanos en el Triángulo Norte.* WOLA.

Rouquié, A. (1994). *Guerras y paz en América Central.* Fondo de Cultura Económica.

Sanahuja, J. A. (2022b). América Latina: una región ausente en un orden mundial en crisis, en Sanahuja, J. A. y Stefanoni, P. (eds.) *América Latina: Transiciones ¿Hacia dónde? Informe anual 2022-23*, pp. 105-120. Fundación Carolina.

Sanahuja, J. A. (ed.). (2022c). *Relanzar las relaciones entre América Latina y la Unión Europea. Autonomía estratégica, cooperación avanzada y recuperación digital, verde y social.* Fundación Carolina.

Sanahuja, J. A., Stefanoni, P. y Verdes-Montenegro, F. J. (2022). América Latina frente al 24-F ucraniano: entre la tradición diplomática y las tensiones políticas. *Documentos de trabajo, 62* (2.ª época). Fundación Carolina.

Sanahuja, J.A. (1994). Relations between the European Community and Central America in the 1990s: continuity, reactivation, or change? en Kees Biekart y Martin Jelsma (eds.). *Peasants beyond protest in Central America*, Pluto Press/Transnational Institute, Londres. 141-206.

Sanahuja, J.A. (2021). Pacto verde y «Doctrina Sinatra». ¿Por qué son importantes para América Latina? *Nueva Sociedad, 291*, 141-156. FES-Buenos Aires.

Sanahuja, J.A. (7 de septiembre de 2021). 35 años de Esquipulas: el papel de la diplomacia española. *Iberoamérica Global.* Fundación Carolina. https://www.fundacioncarolina.es/35-anos-de-esquipulas-el-papel-de-la-diplomacia-espanola/

Sanahuja. J. A. (29-30 de mayo de 2022). *La Unión Europea y América Latina en el interregno: autonomía estratégica, pacto verde y recuperación pospandemia.* Diálogo de Alto Nivel UE-ALC. Programa Eurosocial.

Santos, A. (1 de marzo de 2023). México bate récords como destino y origen de la migración en 2022. *El País.*

Silva, H. (26 de marzo de 2023). Candidaturas bloqueadas y persecución a opositores: cómo Guatemala pavimenta el camino de la ultraderecha a la presidencia. *Infobae.* https://www.infobae.com/america/america-latina/2023/03/26/candidaturas-bloqueadas-y-persecucion-a-oposito res-como-guatemala-pavimenta-el-camino-de-la-ultraderecha-a-la-presidencia/

Stefanoni, P. (22 de marzo de 2023). Bitcoin más mano dura: el fantasma de Bukele que recorre América Latina. *Iberoamérica Global.* Fundación Carolina. https://www.fundacioncarolina.es/bitcoin-mas-mano-dura-el-fantasma-de-bukele-que-recorre-america-latina/

Travis, Philip (2017). Oscar Arias and the Treaty of Esquipulas. *Oxford Research Encyclopedia of Latin American History,* https://oxfordre.com/latinamericanhistory/view/10.1093/acrefore/9780199366439.001.0001/acrefore-9780199366439-e-393

Tvevad, Jesper (2020). *The EU and Latin America and the Caribbean: towards a stronger partnership?* European Parliament. Policy Department for External Relations PE 639.314.

Verdes-Montenegro, F.J. (2022). La autonomía estratégica de la Unión Europea: ¿en qué lugar queda América Latina? *Documentos de trabajo,* 65 (2.ª época). Fundación Carolina.

WOLA (27 de marzo de 2023). *Un año sin libertades civiles en El Salvador: cuando la excepción se convierte en regla.*

WOLA (27 de septiembre de 2022). *Corrupción y régimen de excepción en El Salvador: una democracia sin oxígeno.*

RELIGIÓN, PODER POLÍTICO Y LA LUCHA POR DEFINIR EL RUMBO EN CENTROAMÉRICA

Aragón, R. (2014). ¿Influirá el Papa Francisco en la Iglesia de Nicaragua? *Envío, información sobre Nicaragua y Centroamérica, 388,* 15-22.

Aragón, R. (2018). La historia de las relaciones del Frente Sandinista con la religión ha sido siempre contradictoria. *Envío, información sobre Nicaragua y Centroamérica, 431.*

Barahona, M. (2019) ¿Retórica política, prédica religiosa o arenga militar? *Antología del pensamiento crítico hondureño contemporáneo,* 179-193. en Romero, R. (Ed.). *Antología del pensamiento crítico hondureño contemporáneo.* CLACSO. Último acceso 24/10/2023. https://www.jstor.org/stable/pdf/j.ctvnp0kc9.11.pdf

Bastian, J. (1986). Protestantismo popular y política en Guatemala y Nicaragua. *Revista Mexicana de Sociología, 48,* 181-199.

Berríos, A. (26 de enero de 2020). Religión y Estado, ¿es Panamá un estado laico? *Radar.* https://www.tvn-2.com/radar/religion-panama-laico-video_1_1207540.html

Burdick, J. (1993). *Looking for God in Brazil: The progressive Catholic Church in urban Brazil's religious arena*. University of California Press.

Dary, C. (2022). Guatemala: religión y política en un contexto de crisis social y de pandemia. *Pastores y políticos, el protagonismo evangélico en la política latinoamericana*. José Luis Pérez Guadalupe (ed.). pp. 273-306.

Di Stefano, R. (2010). Religion, politics, and law in 19th century Latin America. *Rechtsgeschichte-Legal History* (16), 117-120.

Diamond, L. (1992). *Political culture and democracy in developing countries*. Lynne Reiner.

Dodson, M. (1986). The politics of religion in revolutionary Nicaragua. *The ANNALS of the American Academy of Political and Social Science, 483* (1), 36-49.

Gaskill, N. J. (1997). Rethinking protestantism and democratic consolidation in Latin America. *Sociology of Religion, 58*(1), 69-91.

Gismondi, M. (1988). Conceptualizing religion from below. The Central American experience. *Social compass, 35*(2-3), 343-370.

LAPOP. (2018). The AmericasBarometer by the LAPOP Lab, www.vanderbilt.edu/lapop.

Levine, D. H. (2009). The future of christianity in Latin America. *Journal of Latin American Studies, 41*(1), 121-145.

Levine, D. H. (2012). *Politics, Religion & Society in Latin America*. Lynne Rienner Publishers.

Morello, G. (2019). Why study religion from a Latin American sociological perspective? An introduction to religions issue, «Religion in Latin America, and among Latinos Abroad». *Religions, 10* (6), 399.

Morello, G. (2007). Charles Taylor's 'imaginary' and 'best account' in Latin America. *Philosophy and Social Criticism, 33*, 617-639.

Nepstad, S. E. (2004). *Convictions of the soul: Religion, culture, and agency in the Central America solidarity movement*. Oxford University Press.

Ortiz, J. (2009). Does Religion Distribution Matter in the Economic Growth of Latin America? *International Journal of Business and Economics, 8*(3), 183-199.

Panotto, N. (2013). Religión y nuevas formas de militancia: pentecostalismo y política en Capital Federal. *Revista Proyecto, 24* (61-62), 203-221.

Putnam, R. (1993). *Making Democracy Work. Civic Traditions in Modern Italy*. Princeton University Press.

Schäfer, H., Tovar Simoncic, A. O., y Reu, T. (2013). Cambios en el campo religioso de Guatemala y Nicaragua: 1985 a 2013. *Revista Sendas: Instituto de Investigaciones del Hecho Religioso, 1*(1).

Smith, C. (1994). The Spirit and democracy: Base communities, Protestantism, and democratization in Latin America. *Sociology of Religion,* *55*(2), 119-143.

Steigenga, T. J. (2005). Democracia y el crecimiento del protestantismo evangélico en Guatemala: entendiendo la complejidad política de la religión «pentecostalizada». *América Latina Hoy, 41,* 99-119.

Taylor, C. (2004). *Modern Social Imaginaries.* Durham y Londres. Duke University Press.

Zúñiga, C. (2022). Los hermanos separados en la política evangélica costa-rricense. *Pastores y políticos, el protagonismo evangélico en la política latinoa-mericana, José Luis Pérez Guadalupe,* 197-238.

LA VIOLENCIA Y SUS MANIFESTACIONES EN CENTROAMÉRICA

Chinchilla, Laura (2023). *Seguridad ciudadana en Centroamérica y República Dominicana: certezas y dilemas. Una perspectiva desde las políticas públicas.* PNUD Infosegura. *https://infosegura.org/region/seguridad-ciudadana-cen-troamerica-rd-certezas-dilemas-una-perspectiva-desde-las-politicas-publicas*

Infosegura (2022). *Centroamérica y República Dominicana. Análisis sobre la si-tuación de la violencia y seguridad ciudadana. Enero a diciembre de 2022.* PNUD. https://infosegura.org/sites/default/files/2023-03/OP_RG_2022_ESP.pdf

LAPOP (2014). *Perspectivas desde el Barómetro de las Américas, 2014* (108). https://www.vanderbilt.edu/lapop/insights/IO908es_v3.pdf

Silva Ávalos, Héctor (22 de febrero de 2023). *Regímenes de excepción: ¿el nuevo modelo de seguridad en Centroamérica?* https://www.wola.org/es/analisis/regimenes-de-excepcion-nuevo-modelo-seguridad-centroamerica/

Notas biográficas

MARCIA AGUILUZ SOTO

Ana Marcia Aguiluz Soto es costarricense, madre, feminista, abogada y consultora internacional experta en Género y Derecho Internacional de los Derechos Humanos. Estudió Derecho en la Universidad de Costa Rica y obtuvo una Maestría en Derecho Internacional y Resolución de Conflictos en la Universidad Para la Paz de las Naciones Unidas en Costa Rica. Durante 13 años, laboró para el Centro por la Justicia y el Derecho Internacional (CEJIL). Por más de 3 años, trabajó como directora legal para América Latina en Women's Link Worldwide, organización dedicada a la defensa de los derechos de las mujeres. Ha colaborado como asesora legal externa de la Secretaría General de la Facultad Latinoamericana de Ciencias Sociales (FLACSO). Es especialista en resolución alternativa de conflictos y ha impartido cursos sobre este tema y sobre derechos humanos en diversas universidades, entre otras, la Universidad Nacional de Costa Rica, la Universidad La Salle de Costa Rica, el Colegio de Abogados de Costa Rica, el Programa FLACSO para República Dominicana, la Universidad Latina de Costa Rica, la Universidad de Coahuila (México), la Universidad Tecnológica Centroamericana y la Universidad para la Paz. Como parte de su compromiso con la democracia y los derechos humanos, integra el Foro de Justicia de Costa Rica como experta a título individual, es presidenta del Colectivo de Derechos Humanos Nicaragua Nunca Más y forma parte del Consejo Editorial de la Agenda Estado de Derechos y del Consejo Académico Asesor del Informe Estado de la Justicia.

CYNTHIA J. ARNSON

Estadounidense. La Dra. Cynthia J. Arnson es miembro distinguido y exdirectora del Programa Latinoamericano del Centro Woodrow Wilson en

Washington, D. C. Arnson es una experta reconocida en políticas latinoamericanas y relaciones internacionales, incluyendo políticas estadounidenses en el hemisferio occidental. En numerosas ocasiones ha sido invitada a dar testimonio ante los comités de relaciones exteriores del Senado y de la Cámara de Representantes del Congreso de Estados Unidos, sobre la situación en Centroamérica, Colombia, Venezuela, así como sobre la política de los Estados Unidos hacia América Latina. Obtuvo su maestría y doctorado en relaciones internacionales en la Escuela de Estudios Internacionales Avanzados de la Universidad Johns Hopkins (SAIS, por sus siglas en inglés), donde actualmente es profesora adjunta. Desempeñó el cargo de profesora asistente de relaciones internacionales en American University de 1989 a 1991. Es miembro del consejo editorial de *Foreign Affairs Latinoamérica* y miembro del consejo de asesores de Human Rights Watch/Americas, donde fue directora asociada entre 1990 y 1994. Es coeditora (con Carlos de la Torre) de *Latin American Populism of the Twenty-First Century* (Johns Hopkins, 2013), editora de *In the Wake of War: Democratization and Internal Armed Conflict in Latin America* (Stanford, 2012); y de *Comparative Peace Processes in Latin America* (Stanford, 1999). Es autora de *Crossroads: Congress, the President, and Central America, de 1976 a 1993* (Penn State, 2.ª edición, 1993)

CARLOS F. CHAMORRO

Periodista nicaragüense y fundador y director de *Confidencial* desde 1996, medio digital multimedia que combina periodismo de investigación con noticias de actualidad. Además, dirige el programa de televisión Esta Semana, que, censurado desde 2019, se transmite por medio de YouTube y Facebook. Vive exiliado en Costa Rica desde junio 2021, desde donde dirige Confidencial.digital, cuya redacción en Nicaragua fue asaltada, sin orden judicial, por la policía de la dictadura en 2018 y 2021 y, posteriormente, confiscada por el régimen de Daniel Ortega. Estudió Economía en la Universidad de McGill, Montreal, Canadá en 1977 y fue Knight Fellow en la Universidad de Stanford entre 1997-1998. También se desempeñó como profesor visitante en la maestría de periodismo de la Universidad de Berkeley de 1998 a 1999. Anteriormente, fue reportero del diario *La Prensa* de 1978 a 1979 y fue director del diario *Barricada* de 1980 a 1994. Obtuvo el Premio María Moors Cabot de la Escuela de Periodismo de la Universidad de Columbia en 2010 y en 2021 el Premio Ortega y Gasset del diario *El País*, a la trayectoria profesional. Es miembro del Consejo Rector de la Fundación GABO para el nuevo periodismo.

CARLOS DADA

Periodista salvadoreño, fundador y director de *El Faro*, conocido por sus crónicas que retratan la experiencia humana en zonas alejadas de los grandes centros de poder. Autor de *Los Pliegues de la Cintura Crónicas Centroamericanas*, actualmente trabaja en un libro sobre el asesinato de monseñor Óscar Romero. Es maestro de la Fundación Gabo y uno de sus Cronistas de Indias. Ha ejercido como profesor de periodismo en la Universidad de Yale, en Estados Unidos. Es Knight Fellow por la Universidad de Stanford, además de ser becario del Centro Cullman de la Biblioteca Pública de Nueva York.

Ha sido distinguido con el Premio María Moors Cabot por la Universidad de Columbia, nombrado Héroe Mundial de La Libertad de Expresión por el International Press Institute y galardonado con el Premio Internacional de Periodismo de *El Mundo*. Adicionalmente, ha recibido el reconocimiento por su trayectoria periodística del Centro Internacional para Periodistas (ICFJ) de Washington, D. C.

ALEXANDER LÓPEZ R.

Costarricense. Alexander López, doctor por la Universidad de Oslo, Noruega, es actualmente director de Asuntos Internacionales del Centro Latinoamericano de Administración para el Desarrollo (CLAD) y asesor para América Latina de la Convención del Agua de Naciones Unidas. Con más de 20 años de experiencia laboral en varios continentes, se ha especializado en temas relacionados con el agua y el cambio climático, así como en la interconexión entre ambos. Ha trabajado en países como Noruega, Vietnam, India, Sudáfrica, Brasil, México, República Dominicana y en toda Centroamérica. El Dr. López ha impartido conferencias y seminarios en más de cuarenta países de todo el mundo y ha publicado extensamente en español e inglés con editoriales como SAGE, Massachusetts Institute of Technology Press (MIT Press), Routledge Press, Earthscan y Kluwer Academic Publishers.

ANA MARÍA MÉNDEZ-DARDÓN

Abogada guatemalteca especializada en derecho internacional de los derechos humanos y magíster en Ciencias Políticas por la Universidad de Guelph. Actualmente, es directora para Centroamérica en la Oficina en Washington para Asuntos Latinoamericanos (WOLA) donde impulsa investigación e incidencia política en el fortalecimiento democrático, derechos humanos, estado de derecho e independencia judicial. Se desempeñó como asesora especial en la Comisión Internacional contra la Impunidad en Guatemala (CICIG) para abordar la corrupción y la impunidad estructural, así como para contribuir con los esfuerzos en la construcción de la paz. En 2013 fue nombrada Subsecretaria Privada y de Asuntos Estratégicos del Ministerio Público de Guatemala. Ha trabajado durante décadas para fortalecer el acceso a la justicia y promover los derechos humanos en Guatemala, Honduras y El Salvador con diversas organizaciones de la sociedad civil, incluyendo centros de pensamiento y grupos de base, las Naciones Unidas e instituciones gubernamentales. Es investigadora afiliada del Centro para el Estudio del Holocausto, el Genocidio y los Crímenes contra la Humanidad de la Universidad de la Ciudad de Nueva York. Fue columnista en medios como *Nómada* y *El Periódico* y coautora de *Mujeres Ante los Tribunales de Fuero Especial*, un análisis de las mujeres que fueron detenidas ilegalmente durante la dictadura de Efraín Ríos Montt en Guatemala entre 1982 y 1983.

MANUEL OROZCO

De nacionalidad nicaragüense. Es director del programa de Migración, Remesas y Desarrollo del Diálogo Interamericano y miembro principal del Centro para el Desarrollo Internacional de la Universidad de Harvard, además de ser asesor principal del Fondo Internacional para el Desarrollo Agrícola. Orozco ha realizado una amplia investigación y análisis de políticas, promoviendo temas relacionados con los flujos globales de remesas, así como con la migración y el desarrollo en todo el mundo. Es presidente de Centroamérica y el Caribe en el Instituto del Servicio Exterior de EE. UU. y es investigador principal en el Instituto para el Estudio de la Migración Internacional en la Universidad de Georgetown. Posee un doctorado en Ciencias Políticas de la Universidad de Texas en Austin, una maestría en administración pública y estudios latinoamericanos y una licenciatura en relaciones internacionales de la Universidad Nacional de Costa Rica.

ROODY RESERVE

Originario de Haití, Roodey Reserve es profesor de Ciencia Política en el Departamento de Sociología y Ciencias Políticas de la Universidad Centroamericana José Simeón Cañas de El Salvador. Dirigió la maestría en

Ciencia Política de la misma Universidad entre 2014 y 2021. Obtuvo su doctorado en Ciencia Política en la Pontificia Universidad Católica de Chile y es licenciado en Filosofía por la Universidad Centroamericana José Simeón Cañas. Además, es investigador asociado al Proyecto de Barómetro de las Américas del Departamento de Ciencia Política de la Vanderbilt University. Se especializa en temas de estatalidad, democracia, partidos políticos, opinión pública, políticas públicas y relaciones Ejecutivo y Legislativo. Ha publicado investigaciones en diversas revistas académicas, incluyendo la *Revista de Estudios Centroamericanos (ECA)*, *Realidad*, *Revista de Ciencia Política*, *Nueva Sociedad*, y publicaciones en CLACSO, entre otras. Ejerció como evaluador para el Latin American Research Review, Realidad, Revista de Ciencia Política, entre otras y desempeñó roles de investigador y consultor para el Latin American Public Opinion Project, el Alto Comisionado de las Naciones Unidas para los Derechos Humanos, el Democratic National Institute y el Programa de las Naciones Unidas para el Desarrollo.

LETICIA SALOMÓN

Socióloga y economista hondureña. Es coordinadora de investigaciones e investigadora asociada del Centro de Documentación de Honduras en temas de gobernabilidad, defensa y seguridad. Fue catedrática titular V y directora de Investigación Científica y Posgrado en la Universidad Nacional Autónoma de Honduras (actualmente, en situación de retiro). Coordinó el Consejo de Investigación del SIRCIP/Consejo Superior Universitario Centroamericano y fue integrante del Comité Directivo del Consejo Latinoamericano de Ciencias Sociales (CLACSO), donde también coordinó un grupo latinoamericano de investigadores sobre las Ciencias Sociales en América Latina. Ha publicado numerosos libros tanto de forma individual como en coautoría con otros investigadores nacionales e internacionales y numerosos artículos científicos en revistas académicas de la región. Buena parte de sus libros y artículos puede consultarse con acceso libre y gratuito en la página: http://www.cedoh.org/offsite/libros/, en Linkedin (linkedin.com/in/leticia-salomón-6b283a45) y en Facebook (Leticia Salomón).

JOSÉ ANTONIO SANAHUJA

Español, es doctor en Ciencias Políticas por la Universidad Complutense y M.A. en Relaciones Internacionales por la Universidad para la Paz de Naciones Unidas. Es catedrático de Relaciones Internacionales de la Universidad Complutense y profesor de la Escuela Diplomática de España, asumió la dirección de la Fundación Carolina en 2018. Desde abril de 2020 es asesor especial para América Latina y el Caribe del alto representante para Asuntos Exteriores y Política de Seguridad de la Unión Europea y vicepresidente de la Comisión Europea, Josep Borrell en calidad de *ad honorem*. Su trayectoria incluye ser investigador del Instituto Complutense de Estudios Internacionales (ICEI) y Robert Schuman Fellow del Instituto Universitario Europeo de Florencia. Ha colaborado con la Agencia Española de Cooperación Internacional para el Desarrollo (AECID) y la Federación Internacional de Cruz Roja, y ha sido investigador o consultor de la Comisión y el Parlamento Europeo, el PNUD, SEGIB, entre otras entidades. Posee una extensa lista de publicaciones en temas de relaciones internacionales, política exterior y de cooperación española y de la Unión Europea, así como en regionalismo e integración en América Latina.

LUIS GUILLERMO SOLÍS RIVERA

Costarricense y catedrático retirado de Historia y Ciencias Políticas de la Universidad de Costa Rica, también desempeñó roles como vicedecano de la Facultad de Ciencias Sociales y director del Programa Centroamericano en Ciencia Política de la misma institución. Coordinó la Investigación y Cooperación Internacional de la Facultad de Ciencias Sociales de la Facultad Latinoamericana de Ciencias Sociales (FLACSO). Ha sido profesor e investigador Fulbright y Distinguished Visiting Professor en las Universidades de Michigan e Internacional de la Florida, de cuyo Centro Kimberly Green para América Latina y el Caribe (LACC) fue director entre 2020 y 2022. Como diplomático fungió como jefe de Gabinete, embajador para asuntos centroamericanos y director general de Política Exterior de su país, así como representante de la Secretaría General Iberoamericana para Centroamérica y Haití. Es autor o coautor de múltiples libros y artículos especializados en historia, política y relaciones internacionales de Centroamérica. Fue el cuadragésimo séptimo presidente de la República de Costa Rica de 2014 a 2018.

IRMA A. VELÁSQUEZ NIMATUJ

Antropóloga Maya K'ichee' y PhD. Ha sido profesora invitada en prestigiosas universidades como Oregon, Stanford, Brown, Duke y la Universidad de Texas en Austin. Participa activamente en organizaciones de base y regionales, entre ellas ONUMujeres y UNICEF. En reconocimiento a su labor, fue galardonada en 2020 con el premio Martin Diskin Memorial Lectureship otorgado por LASA/Oxfam América.

FRANCISCO JAVIER VERDES-MONTENEGRO

De origen español, es profesor de Relaciones Internacionales en la Universidad Complutense de Madrid e investigador durante más de una década en el Instituto Complutense de Estudios Internacionales (ICEI-UCM en la Unión de Naciones Suramericanas [UNASUR]). Su área de especialización es América Latina, con un enfoque particular en problemáticas vinculadas con las dimensiones de paz, seguridad y desarrollo. Asimismo, cuenta con experiencia profesional como asesor parlamentario y gubernamental y ha sido investigador en el área de estudios y análisis de la Fundación Carolina. Ha impartido docencia en distintas universidades europeas y latinoamericanas. Entre sus últimas publicaciones se destacan *Militarización, militarismo y democracia: ¿nuevas tendencias en América Latina?* (Ed. Fundación Carolina, 2023), coordinado junto con Marcos Robledo, y *Cien Años de Relaciones Internacionales: Una Mirada Reflexiva* (Ed. Tirant Lo Blanch, 2020), coordinado junto con J. A. Sanahuja y Caterina García Segura.

«Para viajar lejos no hay mejor nave que un libro».

EMILY DICKINSON

Gracias por tu lectura de este libro.

En **penguinlibros.club** encontrarás las mejores
recomendaciones de lectura.

Únete a nuestra comunidad y viaja con nosotros.

penguinlibros.club